Patrimonio tangible e intangible mexicano: una reflexión

Edited by

Juan García Targa
Geiser Gerardo Martín Medina

BAR International Series 2854
2017

Published in 2017 by
BAR Publishing, Oxford

BAR International Series 2854

Patrimonio tangible e intangible mexicano: una reflexión

ISBN 978 1 4073 1564 5

Printed in England

BAR
PUBLISHING

BAR titles are available from:

BAR Publishing
122 Banbury Rd, Oxford, OX2 7BP, UK
EMAIL   info@barpublishing.com
PHONE   +44 (0)1865 310431
FAX   +44 (0)1865 316916
www.barpublishing.com

Contents

Prologo

Dentro de los eventos asociados a Festival Internacional de la Cultura Maya desarrollado en Mérida el mes de octubre de 2014 se llevó a cabo el congreso *Cultura y Patrimonio Mexicano del siglo XXI* (días 23, 24 y 25) en el que se presentaron 17 ponencias elaboradas por 25 ponentes. El objetivo del congreso era reflexionar en torno a diferentes aspectos tipos de patrimonio (arqueológico, arquitectónico, documental), formas diferentes de gestión (institucional o bien privada, así como ejemplos de carácter comunitario).

El evento contó con la inestimable participación del Dr. Joan Santacana Mestre de la Universidad de Barcelona y claro referente en temas de patrimonio cultural en el contexto español y lationamericano que centró su plática en aspectos de educación vinculada al patrimonio. Cabe destacar la aportación del Dr. Nicholas James vinculado a la Universidad de Cambridge que llevó a cabo una interesante reflexión en torno a nuevos y diferenciados planteamientos sobre las unidades de habitación en sitios importantes de la cultura maya arqueológica.

Otras de las temáticas más específicas desarrollados por colegas mexicanos y yucatecos fueron: educación formal y arqueología, beneficios del estudio de patrimonio en ámbitos universitarios, reconsideraciones sobre la presentación al público de restos arqueológicos en los sitios mayas, vertientes legales del patrimonio arqueológico mexicano, estrategias pedagógicas para hacer atractivo el patrimonio, gestión , uso y disfrute del patrimonio, problemáticas y organización de exposiciones o aspectos significativos como la apropiación ciudadana de los espacios con evidencias arqueológicas y eco-museos gestionados por comunidades. Cabe destacar que se ofrece una visión interdisciplinaria en la que han tenido cabida arqueólogos, arquitectos, arquitectos paisajistas, museólogos, historiadores, pedagogos de diversas procedencias de la República Mexicana además de los tres foráneos.

Mi agradecimiento más sincero al Maestro Jorge Esma Bazán Director Ejecutivo del Festival Internacional de la Cultura Maya por sufragar el evento de forma íntegra y facilitar los recursos técnicos y humanos para su desarrollo. En este sentido mi gratitud a la Lic. Nery Sarabia Pacheco persona de referencia durante las semanas previas a la realización del evento. Así mismo mi agradecimiento a la dirección y personal de apoyo de la Facultad de Arquitectura de la Universidad Autónoma de Yucatán sede el evento.

Finalmente a ponentes y asistentes al evento por su interés y los debates que se generaron los días de trabajo.

Una vez finalizado el evento mi compromiso como coordinador del mismo era su publicación lo antes posible dentro de los términos habituales en el entorno arqueológico actual.

Los editores de este volumen Juan García Targa y Geiser Gerardo Martín Medina agradecen a British Arcaheological Reports el interés manifestado por el documento inicial del congreso y el trabajo desarrollado desde su aceptación hasta el momento de su publicación. Durante ese proceso algunos de los ponentes del evento declinaron su implicación en la publicación y se han incorporado algunas ponencias más quedando finalmente un volumen con 13 ponencias y 20 ponentes a los que agradecemos sinceramente el seguimiento e interés a lo largo de estos dos años de revisiones y reflexiones en torno a los contenidos iniciales de los días del congreso.

El título final del volumen de la colección de BAR es *Tangible and intangible heritage of México: a reflection* (Patrimonio tangible e intangible mexicano: una reflexión) que tiene como punto de interés esa reflexión sobre patrimonio, educación, sociedad y cultura como ejes vertebradores de la realidad actual de un país como México y una sociedad como la Yucateca jalonada de evidencias del pasado en todos sus pueblos y ciudades.

Esperamos que de forma periódica sigan generándose estos espacios de diálogo en torno al patrimonio mexicano y yucateco de forma tranquila, pausada en pequeños eventos y con profesionales de primer nivel como el que se celebró en Mérida en 2014 y ahora sale a la luz.

Prologue

The 21st century Congress of *Mexican Cultural Heritage* was part of the associated events of the International Mayan Cultural Festival, carried out in October 2014 in Mérida. The Mexican Cultural Heritage festival was held on the 23rd, 24th and 25th of the same month, in which there was presented 17 papers proposed by 25 speakers. The Congress's aim was to reflect on the different kinds of heritage (archaeological, architectural, documentary), and also the different ways of management (institutional or private, as well as examples of communal character).

The event counted on the invaluable support of Dr Joan Santacana, Professor of Universidad de Barcelona, and specialist in cultural heritage topics of Spanish and Latin American context, whose speech was mainly about education linked to heritage. The contribution by Dr Nicholas James from Cambridge University should be also highlighted. He carried out an interesting reflection on new and different approaches to housing from important archaeological Mayan heritage sites, and how to exhibit them within the museography of their own locations.

Other specific subjects developed by Mexican and Yucatecan colleagues were: formal education and archaeology, benefits from the study of public heritage in university fields, reconsidering public presentations of archaeological remains at Mayan sites, legal approaches towards Mexican archaeological heritage, educational strategies to make heritage more appealing, management, the use and enjoyment of heritage, difficulties and organisation of exhibitions, or main aspects like citizens' appropriation of archaeological evidence sites and eco-museums managed by communities. It should be highlighted that an interdisciplinary scope is offered in which have been accommodated archaeologists, architects, landscape architects, museologists, historians, educators from different locations of Mexican Republic, as well as three foreigners.

My most sincere gratitude to Master Jorge Esma Bazán, Executive Director of Mayan Heritage International Festival, for kindly sponsoring the whole event, and facilitating the technical and human resources for its development. In this sense my gratitude to the Lic. Nery Sarabia Pacheco, resource person during the weeks prior to the event. My thanks also to the board and support staff from the Facultad de Arquitectura de la Universidad Autónoma de Yucatán[1], headquarters of the event.

Finally, thanks to the speakers and the audience for their interest and for generating debates during the working days.

Once the event is finished, my compromise as a coordinator of such was to publish it the sooner within the complying terms as in the current archaeological environment.

The editors of this volume, Juan García Targa and Geiser Gerardo Martín Medina, thank British Archaeological Reports for their interest in the initial document of the congress and the developed work since its acceptance until its publication. During that process, some of the speakers at the event declined their involvement in the publication and some papers have been added, with a final volume of 13 papers and 20 speakers. We sincerely appreciate the follow-up and interest during these two years of reviews and reflections around the initial contents of the days of the congress.

The final title of the volume of the collection of BAR is Patrimonio tangible e intangible mexicano: una reflexión (Tangible and intangible Mexican heritage: a reflection) which has as its main point of interest the reflection on heritage, education, society and culture as the backbone of the current reality of a country like Mexico, and a society like the Yucatecan, marked by evidence of the past in all its towns and cities.

We hope these spaces of dialogue around the Mexican and Yucatecan heritage will continue to be generated on a regular basis in a relaxed way, moderated in small events, and with first level professionals as the one held in Merida in 2014 and now come to light.

---

[1] Faculty of Architecture of the Autonomous University of Yucatan

Educación e identidad: el patrimonio de la prehistoria

Dr. Joan Santacana
Universidad de Barcelona
Dra. Nayra Llonch
Universidad de Lleida
Dra. Tània Martínez
Universidad de Barcelona

Resumen

Quisiéramos presentar en este breve artículo una reflexión que a partir del concepto de patrimonio nos condujera a replantear qué es lo que consideramos 'identidad' y de qué forma el patrimonio tiene un alto potencial educativo. Y todo ello aplicado a un patrimonio aparentemente muy poco útil: el de la Prehistoria. A partir de aquí analizamos cómo la irrupción del mundo digital está produciendo transformaciones que van mucho más allá de simples cambios tecnológicos.

El artículo parte de diversos trabajos de los autores sobre la identidad individual y colectiva, construida sobre la base de productos históricos. La historia, como arma ideológica, ha sido uno de los materiales con los cuales se ha construido la identidad nacional de cada pueblo o grupo humano. Las nacionalidades son, como es bien sabido, construcciones identitarias basadas en valores que se extraen del pasado. Sin embargo, las identidades no son inmutables; muy al contrario, son construcciones mentales que se modifican a lo largo de la vida de un individuo y a lo largo de la Historia. Por esta razón, los ciudadanos, hoy igual que antaño, estamos sometidos a cambios de identidad, ya que es difícil mantener la identidad en estado 'fosilizado'. En la construcción de la identidad la Prehistoria también ejerce su papel, su rol, dado que proporciona la visión lejana, profunda del pasado. Esto es cierto, pero también lo es el hecho que en la construcción identitaria la Prehistoria tiene un peso menor que otras épocas del pasado histórico. En realidad, el pasado histórico es más fácilmente manipulable desde el punto de vista emocional que el pasado prehistórico. Por ello cabe preguntarnos aquí ¿qué función tiene la arqueología prehistórica en la educación ciudadana actual?

La Prehistoria como disciplina científica es deudora de muchas otras, desde la geología a la física atómica. Por ello, cuando se utiliza como recurso didáctico, se convierte en una herramienta transversal de conocimiento, que puede integrar a otras muchas disciplinas, pero su auténtico valor didáctico reside, precisamente, en que proporciona una buena fundamentación metodológica. Dicho de otra forma, el estudio de la arqueología prehistórica ayuda a conocer el método de análisis de las ciencias. Sin embargo, la Prehistoria tiene, además de su valor didáctico, un enorme valor educativo, ya que, a diferencia de la historia, representa un pasado común de toda la Humanidad; es una disciplina inclusiva, ya que cualquier pueblo se puede reconocer en este pasado remoto. Todos tenemos un pasado remoto similar. Mientras la historia suele ser un relato que divide a los humanos porque crea identidades a menudo enfrentadas, la Prehistoria muestra un relato en el que todos nos reconocemos. Este es uno de sus valores educativos fundamentales.

Sin embargo, en el siglo XXI, se han producido unos cambios en la transmisión de conocimiento y de la información que afectan seriamente a la educación. La irrupción de la tecnología digital, especialmente a partir de la telefonía móvil y de las apps, no ha significado simplemente unos cambios en las formas de vida de las personas; en el presente artículo se debate sobre los cambios que afectan a las formas de pensar y a la misma naturaleza de la inteligencia. Los autores tratan de establecer cómo ha surgido una nueva forma de inteligencia, cuyas características son una forma de conocimiento fragmentario y un procesamiento de la información casi inmediato, cuya estructura conceptual no está jerarquizada. Esta nueva inteligencia requiere cada vez más cambiar las formas con las que intentamos enseñar y educar. Ello afectará no solo a la enseñanza reglada, académica, sino también a los grandes centros culturales, a los museos, a los parques arqueológicos, a la gestión del conocimiento en el patrimonio. Los autores plantean la posibilidad que la irrupción de la cultura digital será algo más que un cambio tecnológico o una simple fórmula rápida de acceder a las informaciones. A partir de ahí, las identidades individuales y colectivas van a sufrir cambios irreversibles y la arqueología y la enseñanza de la Prehistoria no podrán quedar al margen.

Palabras clave: patrimonio, identidad, educación, cultura digital, arqueología prehistórica

Joan Santacana, Nayra Llonch y Tània Martínez

Abstract

In this brief paper we want to outline the thinking which, starting from the concept of heritage, led us to rethink how we regard "identity" and how heritage has a great deal of educational potential. Moreover, this applies to a heritage which may appear to be of little use, namely, prehistoric heritage. Then we analyse how the digital explosion is producing changes that go way beyond mere technological changes.

The paper is based on various works by the authors on the subject of individual and collective identity, built on the foundation of historical products. As an ideological weapon, history has been one of the resources used to construct the national identity of every people or human group. It is well known that nationalities are identity constructs based on values drawn from the past. However, identities are not immutable. On the contrary, they are mental constructs that change throughout the life of an individual and throughout history. Thus today, just as in the past, we are subjected to changes in our identity, as it is difficult to keep identity in a "fossilised" state. Prehistory also plays its part, its role, in shaping identity, in as much as it provides a deep and distant insight into the past. However, while this is true, it is also the case that prehistory carries less weight in the construction of identity than other historical periods. In fact, the historical past is more easily manipulated from an emotional point of view than the prehistoric past. We must therefore ask ourselves: What role does prehistoric archaeology have in educating today's citizens?

Prehistory is a scientific discipline that is indebted to many others, ranging from geology to atomic physics. When it is used as an educational resource, it is therefore a cross-cutting knowledge tool, capable of integrating many other disciplines, although its real didactic value lies precisely in the fact that it provides a sound methodological foundation. In other words, the study of prehistoric archaeology helps us to learn the method of scientific analysis. However, besides its didactic value, prehistory has an enormous educational value because, unlike history, it represents a common past of the whole of humanity. It is an inclusive discipline, since any people can recognise themselves in that remote past. We all have a similar remote past. Whereas history is usually a narrative that divides human beings by often creating opposing identities, our prehistory reveals a narrative in which we can all see ourselves. This is one of its fundamental educational values.

Nevertheless, the 21st century has produced some changes in the transmission of knowledge and information that are having a serious effect on education. The digital technology explosion, especially mobile phones and apps, has not merely led to changes in the way people lead their lives. This paper discusses the changes that affect our ways of thinking and the very nature of intelligence. We try to establish how a new kind of intelligence has emerged that is characterised by a kind of fragmentary knowledge, almost immediate information processing and a non-hierarchical conceptual structure. This new intelligence requires more and more changes in the way we try to teach and educate. That will affect not only regulated, academic education but also the big cultural centres, museums, archaeological parks and heritage knowledge management. We raise the possibility that digital culture will be something more than a technological change or a simple, rapid formula for accessing information. This means individual and collective identities will undergo irreversible changes, and prehistoric archaeology and education will not be able to remain on the sidelines.

Keywords: heritage, identity, education, digital culture, prehistoric archaeology

Una cuestión de conceptos: el patrimonio cultural como herencia

No es este el lugar para definir lo que consideramos 'patrimonio'; basta con decir que este concepto no necesita aclaraciones cuando se va a casa del notario para legar o recibir una herencia (Fontal 2013). En estos casos se sobreentiende que lo que se hereda es un bien. Hay veces que lo heredamos, pero en otras ocasiones lo fabricamos nosotros o bien lo adquirimos, lo pagamos o nos lo apropiamos. En notaría no hay malas herencias, ya que si una herencia la consideramos mala, simplemente no la aceptamos.

Sin embargo, cuando acudimos al médico, éste puede revelarnos que padecemos males a causa de herencias incómodas, malas herencias, a las cuales no podemos renunciar. Las malas herencias, en genética, se padecen, se soportan, pero es muy difícil librarse de ellas. Es evidente que la herencia cultural tiene mucho parecido a la herencia que se nos transmite vía notario, pero también a la herencia que se transmite a través de la propia biología. En todo caso, *el patrimonio es una parte casi irrenunciable de la herencia cultural.*

Hay otra diferencia entre las herencias que se registran vía notariado y las herencias que se obtienen por la vía de la transmisión cultural: a través del notario, la herencia es siempre algo material; por el contrario, la herencia cultural puede ser un patrimonio material o bien un patrimonio inmaterial.

Para nosotros, la herencia cultural, ya sea material o inmaterial, es siempre una herencia colectiva; cuando una parte de la población se identifica con determinados legados patrimoniales estamos en presencia de una herencia colectiva. Es un tipo de herencia de la cual participan muchos. En ocasiones compartimos belleza, nos identificamos con determinadas formas artísticas que consideramos 'nuestras'; otras veces nos identificamos con sistemas de valores, de ideas compartidas, de formas de actuar.

Herencia cultural e identidad: las identidades cambiantes

Todo este conjunto de objetos, monumentos, restos materiales, obras de arte, imágenes, valores, normas e ideologías con los cuales nos identificamos de alguna forma constituyen las bases de nuestra identidad. En realidad, los humanos reconocemos la identidad de los demás observando los objetos que les rodean, las normas por las que se rigen, los valores que comparten y, por el contrario, los demás nos asignan identidad por las mismas razones. Cuando analizamos a los demás nos fijamos en cómo visten, qué y cómo comen, cómo se comportan en público, qué objetos les rodean en su casa, qué cosas les entusiasman… y gracias a todo ello les asignamos identidad. En la medida que todos estos elementos los compartimos con otras muchas personas, hablamos de una identidad colectiva. En el fondo podemos afirmar que si observamos lo que un grupo humano conserva del pasado, sabremos cómo es en el presente; sin embargo, los elementos que conservamos del pasado y que en algún momento ayudaron a formar la identidad colectiva, a veces, cambian de significado. En el *Rijksmuseum* de Ámsterdam, cuando se muestra el cuadro de Guillermo de Orange (1533-1584), en la aplicación móvil que sirve de guía a los visitantes y usuarios se les informa que este personaje fue un héroe, el auténtico padre de la patria holandesa. La razón de ello fue su resistencia a la dominación española que se materializó con una terrible guerra, al final de la cual los Países Bajos lograron su independencia y su libertad del

cruel dominio hispánico. En 1588 los Estados Generales de los Países Bajos proclamaron su decisión de no reconocer más al rey de España como su rey. En la aplicación informática del propio museo, el rostro de Guillermo se funde con el de Johan Cruyff, el popular jugador y entrenador de fútbol holandés, mientras que la locución comenta que el himno nacional de Holanda es el *Wilhelmus*, es decir, 'el Guillermo', en recuerdo de él, aunque mucha gente hoy lo asocie al fútbol y a la selección holandesa; se trata de la misma identidad pero con otro tipo de héroes. Y es que la identidad es algo que es susceptible de cambiar; es un carácter mutable, ya que nos identificamos con cosas distintas a lo largo del tiempo; ayer en torno a un héroe de la independencia y hoy a los héroes del césped. La función del patrimonio cultural de un pueblo es la de mantener la memoria colectiva y materializarla con la finalidad de preservar la identidad. Y es que en determinadas ocasiones, el patrimonio puede ser, en cierto modo, un intento de conseguir una 'identidad fosilizada' (Santacana y Martínez 2013, 47-60).

Sin embargo en la medida que la cultura no se puede fosilizar –si se fosiliza muere- y cambia constantemente, el concepto de identidad también cambia en función de las transformaciones de una sociedad. Y es que unas botas de un jugador de fútbol pueden contener a veces más emoción que la espada de un héroe victorioso. En este complejo mundo de identidades cambiantes, ¿qué rol juegan disciplinas como la Prehistoria? ¿Hasta qué punto se trata de disciplinas útiles para las generaciones presentes?

La Prehistoria: ¿una disciplina inútil o de alto valor educativo?

La función educativa del patrimonio consiste en saber seleccionar del 'almacén de la cultura' aquellos elementos de identidad que pueden ser útiles en cada momento. Esta selección es muy importante, porque depende de lo que se seleccione el patrimonio puede convertirse en un arma terrible, al servicio de grupos violentos, xenófobos, racistas o, por el contrario, puede ser un elemento de integración, de pacificación y de tolerancia. Porque es evidente que hay identidades que matan. Por ello, desde el punto de vista de la educación patrimonial solo existe acto educativo cuando se persigue como objetivo el respeto mutuo y conseguir el sentido de la justicia distributiva. Depende del tipo de patrimonio que elijamos, la manipulación emocional puede ser más fuerte o menos intensa.

Vamos a referirnos aquí a un patrimonio que esgrime pocos mensajes identitarios: el patrimonio de la arqueología prehistórica. ¿Qué función puede tener el patrimonio arqueológico? ¿Qué lecciones nos puede dar en este sentido la arqueología prehistórica? Cualquiera que esté familiarizado con la Prehistoria sabe que esta disciplina, quizás más que otras, requiere el concurso de múltiples técnicas procedentes de la física, de la química, de la antropología física, de la geología, de la antropología cultural, de la botánica, la zoología, etc. Se trata de una materia realmente interdisciplinar. Es por ello que suele ser considerada una investigación muy cara en términos estrictamente económicos; por cada metro cúbico de tierra que remueve un arqueólogo, un jardinero podría remover cincuenta en el mismo tiempo. Ante esta situación es lícito plantearse hasta qué punto tiene utilidad social la arqueología prehistórica. Pero su *función formativa indiscutible reside precisamente en la multitud de métodos que es necesario conocer y practicar para investigar el pasado prehistórico mediante técnicas arqueológicas.*

A ello hay que sumar otra consideración y es que, al igual que ocurre con la Historia, la Prehistoria con más razón nos ayuda a distanciarnos de nuestro propio tiempo y solo a través de la distancia podemos reconocernos en el espejo. Los espejos de aumento sirven para observar un detalle de nuestro rostro, pero no para ver cómo somos realmente; para ello necesitamos espejos grandes, que proporcionen distancia. Pero, mientras que la Historia se circunscribe a una determinada sociedad, la Prehistoria es aplicable a todos los seres humanos. En efecto, la historia de Sri Lanka tiene interés para los habitantes de aquel país, pero para un europeo el interés puede ser mucho menor, casi proporcional a la distancia geográfica y cultural. La razón de ello es que la Historia de Sri Lanka no es fundamental para explicar lo que ocurre hoy en mi país.

Pero hay un argumento a favor del estudio de la Prehistoria y es el hecho que mientras la Historia puede ser siempre un arma arrojadiza contra 'el otro', dado que todas las culturas –y, por lo tanto, todas las Historias Nacionales- son etnocéntricas en algún grado, la Prehistoria representa el pasado común a todos; el espacio en el cual nos reconocemos todos los pueblos del Planeta. La verdadera epopeya del Hombre la registra la Prehistoria y consiste en hacerse a sí mismo, desarrollar su propia inteligencia, usar hábilmente las manos, aprender a controlar los sonidos, formalizar el pensamiento y el lenguaje, organizar los rituales de vida y de muerte, descubrir fórmulas para aprovechar los recursos naturales y, en definitiva, avanzar hacia el control del medio. En la Prehistoria, África puede aportar mucha más que Europa y, como afirmaba Emiliano Aguirre, 'mucho se aprende en África' (Aguirre 2014, 15-26).

En realidad, todos los humanos, hombres y mujeres, de cualquier religión, creencia, etnia, independientemente del color de su piel, de la forma de su cráneo o de la propia organización social y familiar, pueden reconocer en los restos de sus antepasados prehistóricos o de los nuestros a los auténticos indicadores del progreso humano (Cavalli-Sforza 1997, 13-42). Y es que la Prehistoria representa el pasado común de todos nosotros (Santacana y Hernández 1999, 26).

Es por esta razón que esta materia permite promocionar la idea de la solidaridad humana, ya que proporciona a los individuos una larga perspectiva de sí mismos y de su propio grupo. Es como si la Prehistoria nos dijera: 'mira, desde hace millones de años los grupos humanos han tenido que elegir continuamente el camino a seguir entre otros muchos, pero en esta carrera, todos recorrimos un tramo común, que soy yo'. En conclusión, la Prehistoria nos muestra también un mensaje identitario, pero esta identidad no es otra que la del género humano.

Ahora bien, este patrimonio de la arqueología prehistórica si no es difundido, interpretado y transformado en recurso educativo se convierte en una carga insoportable para los pueblos y los estados. Porque solo conservamos aquello que tiene valor de contemporaneidad, es decir, aquello que nos puede servir para algo en el presente (Riegl 2007, 33).

De hecho, el estudio y conservación del patrimonio que nos enseña la Prehistoria tiene para nosotros las siguientes características y valores:

1. Un valor universal, aplicable a la experiencia de todos los pueblos.
2. Un valor didáctico si lo consideramos como una herramienta metodológica.
3. Un valor histórico, ya que nos ayuda a reconstruir la Historia de los pueblos y grupos humanos denominados 'sin Historia'.
4. Un alto valor formativo porque estimula la imaginación.
5. Un valor científico porque la arqueología prehistórica nos sitúa en las fronteras del conocimiento.
6. Finalmente, es importante por su alto potencial de ocio.

Para finalizar con este alegato en favor de un patrimonio como el de la Prehistoria, quisiéramos reproducir un fragmento de la defensa que hizo uno de los grandes prehistoriadores del siglo pasado, André Leroi-Gourhan (1911-1986), cuando dijo:

> *Se admite el interés que revisten las ciencias humanas. Pero la responsabilidad respecto a ellas es asumida de forma incompleta. A través de la psicología, la sociedad moderna ha tomado las recetas susceptibles de una adaptación inmediata a las técnicas de manipulación de masas, relegando a la honorífica penumbra de la investigación fundamental el estudio del hombre total, la aventura del cual comienza hace tres millones de años y se extiende desde las regiones árticas hasta la profundidad de las selvas ecuatoriales.*
>
> *No sabemos para qué puede servir el estudio de los aborígenes australianos, ni el interés que pueda ofrecer el conocimiento íntimo del*

Hombre de Neanderthal. Pero ante los resultados, a menudo descorazonadores de nuestra propia evolución, ante el fracaso del contacto de nuestra civilización y de la de las grandes masas [...] cabe preguntarse si no nos faltan realmente los instrumentos necesarios para una comprensión auténtica de la condición humana. Es necesario preguntarse si no ha llegado la hora de tomar conciencia del hecho que probablemente, al cabo de una generación, las ciencias humanas más gratuitas sean consideradas como las que hubiera sido de mayor utilidad desarrollar. Entonces pesará sobre nosotros la responsabilidad de haber comprendido demasiado tarde que había que estudiar al hombre, ante todo, como ser humano, y no primordialmente como un posible cliente (Leroi-Gournan 1974, 10-12)

Estos planteamientos sobre la utilidad o inutilidad de disciplinas tales como la Prehistoria se producen en los albores del siglo XXI, cuando tantas cosas están cambiando al mismo tiempo. Aunque no es nuestra intención analizar la profundidad de los cambios, sí que es importante señalar el hecho que existen algunas transformaciones que afectan a cosas importantísimas relacionadas con la educación y la cultura. Nos referimos al embate del mundo digital. La irrupción de la tecnología digital, con todo lo que supone e implica, puede que tenga más consecuencias de las inicialmente previstas.

De cómo la tecnología cambia la inteligencia

Hoy sabemos que si el cambio tecnológico que está derribando el viejo edificio de la cultura y que socaba los cimientos de la educación fuera simplemente una transformación de los medios de comunicación, es decir, de la tecnología, podríamos seguir manteniendo esquemas y pautas de aprendizaje que se han demostrado relativamente eficaces en los últimos dos siglos de escuela reglada. Y si estos cambios fuesen simplemente del aparato museográfico con el cual interpretamos el patrimonio, o la arqueología, o la prehistoria, los museólogos podrían continuar su andadura sin grandes conmociones. Substituir los paneles de texto que hay en los museos de arqueología o de prehistoria por hipertextos digitales es simplemente un cambio tecnológico. Substituir las viejas proyecciones o diaporamas con escenas de caza, de recolección, de grandes construcciones de edificios o templos por pantallas digitales es simplemente un cambio tecnológico. Colgar en la web PDFs con la información fundamental del museo, de la excavación arqueológica, es simplemente un cambio tecnológico; crear un Facebook con el logotipo del museo, es simplemente un cambio tecnológico; substituir una escenografía sobre la sociedad maya o sobre el paleolítico inferior por un montaje de realidad aumentada es simplemente un cambio tecnológico; colocar sensores para que activen sistemas de proyección más o menos escenográficos son cambios tecnológicos; substituir el catálogo por una descarga digital es simplemente un cambio tecnológico; substituir un guía por una audio guía digital es simplemente un cambio tecnológico; substituir el libro guía del parque arqueológico por una guía digital es, simplemente, un cambio tecnológico. La lista de cambios tecnológicos que la digitalización y la Red han introducido es inmensa y nuestras escuelas y museos han sido sujetos activos y pasivos de estos cambios (Di Tonto, Mattozzi y Nencioni 2013). De forma similar, la sustitución de la diligencia por el ferrocarril fue un cambio tecnológico; y la substitución de los veleros por los barcos de vapor fue también un cambio tecnológico; también fueron cambios tecnológicos la substitución de los rollos de papiro por los libros de pergamino y los manuscritos ilustrados por los textos impresos. ¿Qué más daba leer un texto impreso que leerlo manuscrito? Todo esto podemos decir que fueron cambios tecnológicos.

Un cambio tecnológico no tiene por qué cambiar el mundo (Santacana, Coma y Llonch 2014, 25-36); en la historia de las invenciones y de los descubrimientos ha habido cambios que han sido poco trascendentales aun cuando puede que hayan mejorado las condiciones de vida. Por todo ello cabe preguntarnos ¿qué tiene de distinto esta revolución digital, con respecto a las demás, que derrumba los viejos edificios de la cultura y la educación?

Lo más trascendental de las revoluciones, aquello que permanece y que impide que los retrocesos triunfen de forma absoluta, es que *cambian las formas de pensar*; no se piensa igual antes que después y esto ha ocurrido en todos los procesos de cambios revolucionarios. Sin embargo, hay un cambio todavía más profundo que la forma de pensar, y es aquel que afecta no solo al pensamiento sino a la propia inteligencia, es decir, a la máquina que genera este pensamiento. Y puede que esto sea lo que esté ocurriendo. Los cambios en las formas de pensar, así como las actitudes es el resultado de toda educación que se aprecie; sabido es que no existe acto educativo si no se reconocen cambios en las formas de pensar. Tanto la escuela como el museo, instituciones hijas de la Ilustración, nacieron en un siglo de revoluciones que efectivamente cambió la forma de pensar de la gente, y aunque en el pasado hubo retrocesos jamás fue posible detener la rueda de la Historia. Hoy, sin embargo, se vuelve a producir lo que en otras épocas del pasado ocurrió con algunos cambios. Y es que, con el medio, cambió el mensaje y la estructura de la mente. Este pensamiento mcluhaniano es hoy más cierto que nunca (McLuhan y Fiore 1967). La revolución digital y la irrupción de estas pequeñas máquinas móviles que nos acompañan en nuestro nomadismo están produciendo cambios profundos en la inteligencia de los nativos digitales. En efecto, el mundo de ayer se caracterizaba por la existencia de unos sistemas educativos que pretendían estructurar la mente con sistemas conceptuales completos; no se concebía de otra forma. Por el contrario, el mundo digital plantea inevitablemente fórmulas fragmentadas del conocimiento que nada tienen que ver con las estructuras completas y cerradas del ayer. Ya no es posible plantear currículos educativos cerrados en los cuales todo el mundo acceda a los mismos datos; si se afirma que Napoleón se enorgullecía de que todos los lunes a les nueve de la mañana en su Imperio todos los maestros iniciaban la clase de gramática francesa con la misma lección, hoy Bonaparte se desesperaría frente a Internet. Es cierto que viejos maestros retóricos y casposas elites políticas intentarán en vano este retroceso, pero ya no es posible porque el ayer es pasado y no vuelve nunca.

Si la inteligencia del ayer se basaba en un reposado proceso mental de interrelacionar parámetros mediante búsquedas laboriosas de datos e información, la nueva inteligencia digital apuesta por la inmediatez, las conexiones instantáneas y la renuncia a una erudición que se manifiesta estéril ante la velocidad con la que se realizan los procesos de aprendizaje.

Si en el mundo del ayer las relaciones humanas pasaban por largas etapas previas de tanteo, introspección y conocimiento del otro, en el mundo de hoy, a partir de la irrupción de la comunicación digital, estas fórmulas saltan hechas añicos ante nuevas fórmulas de relación en las cuales es posible intercambiar ideas, saludos, efectos y emociones con quienes simplemente son amigos en el ciberespacio.

Estos cambios profundos en las formas de buscar información, en las relaciones sociales, en la satisfacción de las necesidades, en el desarrollo de las propias capacidades, en el aprecio de lo bueno y lo malo, lo bello y lo feo, y, sobre todo, en el pensamiento abstracto y en la regeneración de emociones se concreta en una nueva inteligencia que poco o nada tiene que ver con la del ayer. Somos distintos porque nace en nosotros una inteligencia distinta, una forma nueva de ver y de interpretar el mundo.

Esta nueva inteligencia se manifiesta especialmente en los llamados 'nativos digitales', pero no es exclusiva de ellos, ya que penetra prácticamente en todos los grupos de edad y condiciona incluso los medios de información.

Acostumbrados a mensajes rápidos e inmediatos, a expresar emociones con emoticonos y a cambios acelerados en nuestras formas de actuar, ya no somos capaces de mostrar paciencia ante secuencias cinematográficas de más allá de quince minutos; el mundo del cine modifica sus largometrajes, el mundo de la música fragmenta sus largas series de sonidos, ¿cómo no va a afectar todo esto a la educación? ¿Cómo no transformará esta nueva inteligencia una superestructura tan débil como la de la cultura museística?

Es difícil describir esta nueva inteligencia porque es asistemática; no se basa en la acumulación de información, sino en la posibilidad de obtener de forma inmediata cualquier información, aunque, eso sí, de forma fragmentada. Es una inteligencia que no se basa en una red jerarquizada de conocimientos, sino en una red multi-nuclear, a-jerárquica y sin grandes elementos estructurantes; cada elemento subordinado de la red no necesariamente se enlaza con todos los demás; es accesible desde cualquier punto sin ningún orden preexistente. Si la inteligencia derivada de la galaxia Gutenberg requería una estructura prefijada y ordenada que se traducía en los índices de los libros (McLuhan 1962), con conceptos ordenados, jerarquizados y sistematizados ¿quién es hoy capaz de hacer lo mismo con la web? ¿Quién es capaz de buscar un orden jerárquico en la misma? Si ello no es posible, las mentes y las inteligencias de este futuro inmediato, adaptadas a esta no estructura, se le parecen. Ante esta falta de estructura no es posible ya hablar de inteligencia, sino que cada vez es más necesario hablar de inteligencias múltiples, que a su vez se fraccionan ad infinitum.

El resultado obvio de lo que hemos denominado inteligencias fragmentarias es que en un mundo globalizado en el que cabría esperar que todo el mundo se comportara igual, vistiera igual, comiera igual y pensara igual, probablemente habrá más variedad que en el mundo de ayer; ello quizá es así porque cada individuo configura su sistema mental en función de una elección de elementos dispersos en una red infinita y cambiante de conceptos. Por lo tanto, construimos nuestra inteligencia a medida que vivimos sin disponer de modelos prefijados ni para lo bueno ni para lo malo, ni para lo bello ni para lo feo. Por todo ello, en un mundo aparentemente global, surgen unas nuevas inteligencias cuyo motor es precisamente la Red. Y son estos aparatos móviles los que nos permiten relacionarnos especialmente con la Red, más incluso que los ordenadores sedentarios ante cuyas pantallas podemos permanecer algunas horas cada día, porque mientras ante el concepto estático de ordenador permanecemos tan solo algunas horas, el móvil nos acompaña incluso en sueños.

Otro factor que diferencia el ayer de la era digital es el hecho de que en el ayer la escuela disponía de unos métodos y medios de aprendizajes propios, a menudo distintos de la vida. Siempre fue difícil alcanzar el eslogan de 'una escuela para la vida'; escuela y vida fueron a menudo dos territorios tangentes y pocas veces llegaron a ser secantes. Por el contrario, en el mundo digital, el aprendizaje, incluso el escolar, y a pesar de la oposición de maestros, pedagogos y padres, no es posible ya para los nativos digitales sin estos aparatos nómadas. Por lo tanto, la barrera entre la escuela y la vida se está diluyendo y ello incide en una forma de inteligencia que no solo es más ágil, sino que es más adaptable. Y este concepto de adaptabilidad es otro de los factores que lleva implícito esta nueva inteligencia; al no basarse en esquemas de conocimiento prefijados es una inteligencia muy ágil y adaptable, de otra forma, no sobreviviría en un mundo de cambios tan rápidos (Santacana y López 2014).

En el mundo de ayer la inteligencia se adaptaba a una estructura y convertía a los individuos en buenos oficiales carpinteros, herreros, albañiles, mecánicos, electricistas o militares. Cualquier cerebro se preparaba y amoldaba para desarrollar una tarea durante largos años. Su formación se consideraba algo inexorablemente lento y aun cuando la vida está sujeta siempre a cambios, estos pocas vedes rompían el esquema conceptual. Con la revolución digital se ha enterrado definitivamente este sistema; la mente post-digital o es adaptable a cambios vertiginosos en donde no solo nada es eterno, sino que es imprevisible el mañana, o corre el riesgo de quedar marginada en el campo de la obsolescencia. Parece como si en el mundo de ayer los individuos hubiesen sido programados para realizar eficazmente una tarea, solo una, y que los cambios iban a ser causa de incertidumbre y de desasosiego; esta situación, no es ni tan siquiera concebible para la inteligencia post-digital, estructurada para una adaptación rápida a cambios a menudo imprevisibles (Gardner y Davis 2014).

La inteligencia del ayer	La inteligencia digital
Pautas y esquemas de aprendizaje cerrados y programados	Nuevas pautas de aprendizaje por descubrir, construir, abiertas, flexibles…
Sistemas conceptuales completos	Fórmulas fragmentadas del conocimiento
Se nutre de un conjunto de datos concretos, fijos y sellados que circulan por los currículos académicos y los libros	Se nutre de un conjunto de datos diversificados y crecientes que circulan por la red digital (las autopistas de la información)
Procesamiento de la información e interrelación de ideas de forma laboriosa, lenta, con limitadas conexiones	Procesamiento de la información e interrelación de ideas de forma rápida, inmediata, con innumerables conexiones instantáneas
Se mueve en un contexto real	Se mueve en el contexto real y en el ciberespacio
Se basa en la acumulación y asimilación de una información dosificada y controlada	Se basa en la selección y construcción de una nueva información accesible y dispersa
Se basa en una pirámide jerarquizada de conocimientos estructurados, ordenados y prefijados	Se basa en una red multi-nuclear, a-jerárquica y poco estructurada, sin orden aparente y cambiante
Se define por una única inteligencia	Se define por presentar inteligencias múltiples
Se construye en base a modelos preestablecidos y acotados en el tiempo	Se construye a medida que vivimos experiencias
Cuenta métodos y medios de aprendizaje procedentes de la escuela (el mundo académico), a menudo distintos de la vida	Cuenta con las nuevos métodos y medios (los digitales y nómadas) propios de la vida y también de la escuela
Preestablecida, anquilosada, rígida	Adaptable, ágil y flexible
Reacción lenta ante los cambios	Reacción inmediata y rápida ante los cambios
Centrada y programada para desarrollar muy bien una única tarea	Abierta y receptora de múltiples tareas de forma simultanea
Ante el cambio reacciona con incertidumbre y desasosiego	Ante el cambio reacciona de forma rápida, inmediata y sin temor

Tabla 1. Comparación entre la inteligencia pre-digital y la digital. (Fuente:Santacana & Coma, 2014: 31)

A modo de conclusión

Así pues, la irrupción del mundo digital está cambiando nuestro escenario; hoy, empresas de formato digital nacidas en los albores del segundo milenio, operando bajo nombres distintos se convierten en auténticas comunidades de opinión, a nivel mundial, con millones de miembros y centenares de millones de críticas sobre hoteles, restaurantes, atracciones y también elementos patrimoniales, incluyendo viajes (Jarvis 2012, 309-327). Los millones de opiniones que se vierten en estos portales, de carácter anónimo, no tienen un formato específico. Estas páginas web de viajes, en las cuales los clientes son los agentes fundamentales en la recopilación de la información, en la publicación de reseñas y opiniones y sobre todo en el funcionamiento de los fórums, sustituyen cada vez más 'las opiniones autorizadas'. Se trata de páginas web que prestan sus servicios gratuitos para los usuarios que aportan el contenido, mientras el lugar web está sostenido por un modelo de negocio basado en la publicidad. Ejemplos de este tipo de negocios hay muchos y su crecimiento hay que preverlo casi exponencial; uno de los que más opinión ha generado hasta la segunda década del siglo XXI es *Tripadvisor,* que con casi 2000 personas a su servicio, más de 50 millones de usuarios virtuales mensuales e ingresos que se acercan a los 1000 millones de dólares, pueden ser el paradigma de cuanto afirmamos. En otros casos, la web está estructurada como un 'comparador', que sitúa en paralelo precios y calidades y se comporta como una red social; en este caso, se cuenta con una inmensa comunidad de viajeros que suben a la Red los precios de los hoteles, sus opiniones e incluso fotografías. En realidad se trata de una guía de viajes hecha por el viajero y cualquier persona que busque un destino o un hotel puede fácilmente acudir a ellos. A diferencia del ejemplo anterior, estas webs llegan incluso a ofrecer incentivos a aquellos que de forma reiterada opinan y cuelgan sus opiniones en la Red. El ejemplo paradigmático de este tipo de web podría ser *Trivago*, que fundada también a principios del segundo milenio cuenta con una base de datos que sobrepasan el medio millón de hoteles en todo el mundo y que son visitados mensualmente por millones de personas.

En el mundo de la arqueología, de los museos y del patrimonio, estrechamente vinculado al turismo cultural, este modelo nacido para los viajes se está extendiendo con una velocidad que hace suponer que en menos de un lustro constituirá una de las brújulas a utilizar por quienes hagan del patrimonio un elemento más de consumo cultural. Por esta razón, la sociedad de la cultura digital seguirá en el patrimonio las pautas que marcan la elección de las vacaciones, la contratación de viajes, hoteles o restaurantes. Los foros de viajes, en algunos casos especializados, sustituirán la experta opinión de los autores acreditados de guías de viajes. De esta forma, la autoridad del experto puede quedar barrida por la abrumadora avalancha de anónimos informantes cuya opinión se basa en la experiencia reciente.

Ante esta realidad, uno de los cambios más importantes que pueden sufrir los parques arqueológicos, los museos y los equipamientos patrimoniales en un futuro inmediato es precisamente la irrupción de estas redes colaborativas, basadas en opiniones de millones de usuarios y que emitan sus veredictos sobre los conceptos explicados y expuestos, las teorías y las hipótesis vertidas por los arqueólogos, la calidad de la instalación cultural, la comodidad de la visita, el trato recibido y, en definitiva, el grado de interés del mismo. La irrupción de la cultura digital va a ser algo más que algunos cambios en la tecnología; van a significar cambios en la inteligencia y nuevos retos que nos obligarán a repensar nuestra visión del pasado remoto y las proyecciones sobre nuestra identidad en el futuro.

Bibliografía

Aguirre, E. "Mucho se aprende en África". En Domínguez-Rodríguez, Manuel y Enrique Baquedano (dir.). *La cuna de la humanidad. The cradle of humankind.* Madrid: Comunidad de Madrid, 2014.

Cavalli-Sforza, Luigi Luca. *Gens, pobles i llengües.* Barcelona: Proa, 1997.

Di Tonto, Giuseppe, Ivo Mattozzi y Paola Nencioni. *Storia con la LIM nella scuola primaria.* Trento: Erickson, 2013.

Fontal, Olaia (coord.). *La educación patrimonial. Del patrimonio a las personas.* Gijón: Ediciones Trea, 2013.

Gardner, Howard y Katie Davis. *La generación APP. Cómo los jóvenes gestionan su identidad, su privacidad y su imaginación en el mundo digital.* Barcelona: Paidós, 2014.

Jarvis, Jeff. *Y Google, ¿cómo lo haría?.* Barcelona: Ediciones Gestión 2000, 2012.

Leroi-Gourhan, André. *Al·legat en favor d'una disciplina inútil: la Ciència de l'Home. Manifiesto de 27 de marzo de 1974.* Barcelona: Societat Catalana d'Arqueologia, 1974.

McLuhan, Marshall. The Gutenberg Galaxy: the Making of Typographic Man. London: Routledge & Kegan Paul, 1962.

McLuhan, Marshall y Quentin Fiore. *The Medium is the Message.* New York: Random House, 1967.

Riegl, Aloïs. *El culto moderno a los monumentos.* Madrid: Antonio Machado Libros, 2007.

Santacana, Joan y Francesc Xavier Hernàndez. *Enseñanza de la arqueología y la prehistoria.* Lleida: Milenio, 1999.

Santacana, Joan y Tània Martínez, "Patrimonio, identidad y educación: una reflexión desde la Historia", en *Educatio siglo XXI* 31, n°1 (2013): 47-60.

Santacana, Joan, Laia Coma y Nayra Llonch. "El cambio hacia una nueva inteligencia y sus secuelas". En *El m-learning y la educación patrimonial*, editado por Joan Santacana y Laia Coma, 25-36. Gijón: Ediciones Trea, 2014.

Santacana, Joan y Victoria López. *Educación, tecnología digital y patrimonio cultural. Para una educación inclusiva.* Gijón: Ediciones Trea, 2014.

¿Debe un arqueólogo incidir en la educación formal?

Dra. Magdalena A. García Sánchez
Centro de Estudios Arqueológicos
El Colegio de Michoacán

Abstact

This paper underscores the need for archaeologists, as specialists in the study of ancient societies from their material culture, to take part in the formal education system. By this I mean the important space occupied by schools, by the curriculum and its contents, as well as the process of teaching and learning, in particular of History. I address the problem of the shortage of archaeologists needed to study and protect the archaeological heritage. I propose involving middle and high school teachers and students as a strategy for sharing the responsibility of preserving the archaeological and historical heritage. I also acknowledge the fact that in our schools there is a lack of interaction between Mexican history as it is taught here, and the results of historical research. Furthermore, the use of a technical language makes it difficult for students to link archaeology and History.

What I am proposing here is to use our historical and archaeological heritage as support for the history teacher. I mention several examples pertaining to the city of La Piedad, Michoacán (México), in which a playful perspective has allowed young people to enjoy their heritage while they acquire knowledge about the many elements that form part of their own heritage.

Introducción[1]

La pregunta que titula este trabajo surgió en el marco de una presentación de avances del investigación efectuada en el 2010 en el Centro de Estudios Arqueológicos, cuando luego de dar a conocer los avances de la LGAC [2] "Estudios para la protección del patrimonio arqueológico e histórico", la discusión se orientó hacia nuestro ámbito de acción principal ¿un arqueólogo sólo debe investigar? ¿debe investigar y participar en la docencia? Estas actividades además de la difusión de resultados de investigación en foros especializados, fueron ampliamente reconocidas como parte de nuestros quehaceres cotidianos, sobre todo porque están señaladas desde las instituciones en las que laboramos. Sin embargo, cuando tocamos el inevitable tema de si eran suficientes para enfrentar la vertiginosa destrucción del patrimonio arqueológico y el histórico, la discusión derivó en comentarios en donde los presentes aceptaban que había que trabajar en tareas dirigidas hacia el público no especializado e incluso al ámbito de la educación formal, pero la cuestión se planteó como ¿era necesario que fuera un arqueólogo quien las llevara a cabo? ¿era una institución como El Colegio de Michoacán la indicada para realizarlas? Si sí ¿por qué? Desde entonces a la fecha he planteado este problema en distintos foros, tanto académicos entre colegas especialistas como de divulgación entre el público general, en donde he hallado diversas posturas iniciales las que, finalmente, se inclinan hacia un consenso en la respuesta: sí.

Es objetivo de este trabajo presentar suscintamente una visión del papel de los arqueólogos en el México actual; asimismo, una reflexión acerca de la actuación de este gremio ante la destrucción del patrimonio arqueológico e histórico y de las nuevas necesidades que se reconocen en nuestro quehacer entre la sociedad contemporánea.

Los arqueólogos en la actualidad

La Arqueología en México tiene ya una historia centenaria, y como toda historia de largo aliento, ha tenido transformaciones en su devenir hasta nuestros días. No es mi intención hacer un recuento detallado de tal historia pues ésta ha quedado descrita por varios autores como los que cito adelante (y otros); la intención aquí es mostrar una mirada a los cambios cualitativos vistos desde una perspectiva diacrónica en el quehacer profesional de esta disciplina.

Inicialmente se perfiló como una disciplina científica en contraposición a los coleccionistas y anticuarios de los siglos anteriores, incluso de los ciudadanos de la recién fundada República Mexicana que veían en el pasado prehispánico cosas curiosas y de admirar. Aquella visión de principios del siglo XX contaba con un componente boasiano del que sobresalió notablemente el particularismo histórico y la noción de cultura tomada de la Antropología; pero lo más sobresaliente fue su matiz nacionalista. En efecto, Manuel Gamio el "padre de la Arqueología mexicana", participó desde esta trinchera en el movimiento general de la época para construir una nación. El objetivo era diseñar un México nuevo fundado a partir de la diversidad cultural representada en ese momento por la población indígena y por el resto de los habitantes del país; el argumento de mayor peso en esta labor fue el reconocimiento de un *pasado común* para todos los mexicanos (Matos

---

[1] La Dra. Magdalena García Sánchez es profesora investigadora del Centro de Estudios Arqueológicos de El Colegio de Michoacán, titular de la Línea de generación y aplicación del conocimiento *Estudios para la protección del patrimonio arqueológico e histórico*, la que forma parte del Programa de Maestría en Arqueología.

[2] Siglas de "Líneas de generación y aplicación del conocimiento" de acuerdo con las disposiciones del Consejo Nacional de Ciencia y Tecnología en el 2010 y también actualmente.

Moctezuma, 1983; Fernández, 1959: IX-XVI en Gamio, 1982; Villoro, 1987: 7-17 en Gamio, 1987; Gándara Vázquez, 1992: 35-36).

Durante las primeras décadas del siglo pasado, el Dr. Gamio y otros muchos investigadores de la talla del antropólogo Gonzalo Aguirre Beltán (ver p. ej. 1992) y el arqueólogo Alfonso Caso (1996), continuaron con el compromiso de generar conocimiento que exaltaba el objetivo de conformar una nación para *todos*, en donde el pasado prehispánico jugaba un papel preponderante y el indigenismo otro tanto (Lorenzo, 1998). De hecho, esta visión de país conllevó a la fundación del Instituto Nacional de Antropología e Historia (INAH) y del Instituto Nacional Indigenista (INI) hacia el año de 1939.

De acuerdo con lo que señalan y analizan los autores antes mencionados, puede decirse que durante más de la primera mitad del siglo XX, la Arqueología resultaba *necesaria* al Estado mexicano en tanto constituía la provedora de evidencias que demostraban la grandeza del pasado, un denominador común unificador puesto que *todos* descendíamos de aquellos arquitectos e ingenieros antiguos cuyas manifestaciones asombraban a propios y extraños. Fue éste un largo periodo en donde los antropólogos, etnólogos y arqueólogos, tanto mexicanos como extranjeros, tuvieron una gran actividad investigativa prácticamente en todo el país; asimismo, muchos sitios arqueológicos explorados proveyeron de los primeros resultados de investigación que dieron cuenta de que el México prehispánico era mucho, pero mucho más que sólo Mayas y Aztecas.

Hacia la década de los ochenta la nación mexicana había cambiado; puede decirse que se había consolidado si bien enfrentaba problemas de otra índole, principalmente económicos. En relación con la Arqueología, fue una época que conocí muy de cerca desde la Escuela Nacional de Antropología e Historia, institución perteneciente al Instituto Nacional de Antropología e Historia. Para entonces, las discusiones entre arqueólogos habían pasado de *colaborar* para construir una nación a actividades del ámbito meramente académico; sin embargo, para quienes laboraban en dicha institución se conservó siempre este vínculo político con el Estado. Eran comunes los debates sobre el análisis de materiales arqueológicos como la cerámica, sobre la que se desataban verdaderas polémicas desde una perspectiva muy boasiana (desde el particularismo histórico) y con nuevos sistemas de clasificación; o cuestionar las reconstrucciones arquitectónicas, utilizar las novedosas tecnologías para el análisis estadístico por computadora, aplicar las tecnologías para el registro de materiales arqueológicos desde la superficie y durante la excavación; también se llegó a reflexionar un tanto sobre el tipo de arqueólogos que habrían de atender la arqueología de salvamento. Y al mismo tiempo se propuso una tarea más para los arqueólogos en ese momento en formación: la preservación del patrimonio arqueológico (García,

2008). Los estudiantes de Arqueología de los años ochenta tomamos la estafeta de nuestros profesores para enfrentar esta tarea; dicho sea de paso, tal tarea constituye lo que Luis Vázquez ha señalado como el quehacer principal de los arqueólogos del INAH: la llama eufemísticamente una arqueología *patrimonialista*. En efecto, se trataba de proteger, cuidar, preservar, "rescatar" el patrimonio arqueológico como una tarea primordial, crucial, avalada por el Estado, en contraposición al tipo de investigación arqueológica que se llevaba a cabo en otras instituciones como por ejemplo el Instituto de Investigaciones Antropológicas de la UNAM (Vázquez, 2003: 37-40). Como muestra de ello, en la década de los ochenta se brindó financiamiento a proyectos de investigación arqueológica de gran envergadura, los *proyectos especiales*, varios de los cuales se continuaron hacia los años noventa como *proyectos estratégicos,* ligados directamente con el Estado mexicano, entre ellos destacan por ejemplo las excavaciones en sitios como el Templo Mayor (centro de la Ciudad de México), Palenque (Chiapas) y Teotihuacan (Estado de México).

Hacia la época de los años dos mil hubo otro cambio notable en lo que se *esperaba* de la Arqueología mexicana (y de otras ciencias sociales), derivado me parece de la modificación que hubo en el perfil de los gobernantes que dictaron las políticas culturales. Si bien la investigación arqueológica continuó con apoyo del Estado, paulatinamente se empezó a cuestionar su papel entre los *yupies*, es decir, entre los nuevos gobernantes provenientes de universidades predominantemente norteamericanas, quienes con una visión empresarial de gobierno, señalaron la necesidad de justificar el quehacer de nuestra disciplina. Hacia el año 2006 empezó a sonar, cada vez con más frecuencia, la necesidad de incluir en los proyectos de investigación *el impacto social*; a la fecha, éste es un requerimiento que debe especificarse en las propuestas para solicitar financiamiento. Los indicadores del impacto social que se formularon entonces y que, modificados, han llegado hasta la fecha, pusieron el acento en las potencialidades del proyecto para contribuir en la resolución de los problemas nacionales tales como los siguientes (http://www.ugto.mx/noticias/noticias/6497-ofrece-conacyt-apoyos-para-investigaciones-con-impacto-social, consulta 20 de Febrero, 2015): Gestión integral del agua, seguridad hídrica y derecho del agua; Mitigación y adaptación al cambio climático; Aprovechamiento y protección de ecosistemas y de la biodiversidad; Consumo sustentable de energía; Conducta humana y prevención de adicciones; Seguridad ciudadana; Combate a la pobreza y seguridad alimentaria; Ciudades y desarrollo urbano. Así, ante este panorama, por primera vez en su historia, entre los arqueólogos mexicanos empezó a circular la pregunta ¿cómo puede contribuir la Arqueología a la resolución de problemas nacionales? ¿cómo se puede *justificar* el quehacer de un arqueólogo en un país de tantas carencias?

La destrucción del patrimonio arqueológico

Por desgracia, no es ninguna novedad enterarse por cualquier medio de comunicación, ahora también incluidas las redes sociales, sobre la destrucción del patrimonio arqueológico e histórico, ya por la construcción de infraestructura necesaria, ya por el crecimiento urbano o bien por el saqueo involuntario o intencional. Prácticamente todos los días aparece una noticia al respecto; la siguiente es ilustrativa de esta situación:

"Durante los sexenios panistas, la PGR abrió 481 averiguaciones previas por robo, daño o destrucción del patrimonio arqueológico e histórico de la nación. La cifra resulta modesta ante el alud de denuncias sobre afectaciones a alrededor de 300 inmuebles y, al menos, 3 mil 14 piezas arqueológicas e históricas. En información entregada a *Contralínea* a través de la Ley de Transparencia se documentan robo, tráfico y traslado de piezas; saqueo; demolición de construcciones originales; daño a petrograbados; afectaciones por maquinaria pesada; destrucción por proyectos carreteros, habitacionales y petroleros; extracciones; pintas con aerosol o trabajos de restauración erróneos. "La cifra no es nada en comparación con lo que realmente pasa" […]" (http://contralinea.info/archivo-revista/index.php/2012/05/06/destruccion-robo-del-patrimonio-arqueologico-nacional/, consulta 25 de Febrero de 2015).

A esta destrucción a gran escala se le puede agregar la "destrucción hormiga", es decir, la que se lleva a cabo de manera individual y de manera "bien intencionada" por personas (casi siempre campesinos) que encuentran evidencias arqueológicas en sus terrenos de labor, en sus caminos de tránsito cotidiano o cerca de cuerpos de agua, e incluso las que hacen días de campo y encuentran en la recolección de piezas de cerámica y lítica un entretenimiento familiar. Asimismo cabe señalar el saqueo individual tanto de objetos prehispánicos como del periodo colonial, principalmente religiosos, que se lleva a cabo de manera "discreta" pero sistemática, muy difícil de cuantificar. Aunado a todo esto, se puede agregar la falta de mantenimiento y eventual abandono de edificios y documentos históricos cuyo papel en la Historia nacional se ha demostrado o puede ser estudiado aún.

Tampoco es una novedad que los investigadores del INAH, facultados por la Ley de 1972 conocida como la "Ley federal de monumentos y zonas arqueológicos, artísticos e históricos", son los involucrados directamente para llevar a cabo acciones dirigidas hacia la salvaguarda del patrimonio arqueológico e histórico (http://www.diputados.gob.mx/LeyesBiblio/pdf/131_280115.pdf, consulta 25 de Febrero de 2015). Después de ellos estarían los demás investigadores que laboran en instituciones en donde la Arqueología tiene cabida, por ejemplo las Universidades Autónomas de Yucatán, de Zacatecas, de San Luis Potosí, de Veracruz, de Guadalajara, de México y del Estado de México, la Universidad de las Américas (Puebla), la Universidad de Ciencias y Artes de Chiapas, la Escuela de Antropología de Chichuachua y por supuesto la Escuela Nacional de Antropología e Historia (Ciudad de México); finalmente, El Colegio de Michoacán (el único de entre la red de Colegios como Centros Públicos de Investigación). No obstante la existencia de estas numerosas instituciones, lo cierto es que el número de arqueólogos en activo –me refiero a investigadores que publican y forman recursos humanos como actividades principales- será siempre mínimo comparado con las necesidades en todo el país. He aquí algunas estadísticas del 2011 (las que por desgracia no han cambiado sustancialmente al momento presente) (http://contralinea.info/archivo-revista/index.php/2011/07/19/en-riesgo-patrimonio-arqueologico-de-mexico/ consulta, Octubre, 2013):

➢ Hay 43, 855 sitios arqueológicos registrados ante el INAH
➢ Sólo Tula es propiedad federal
➢ 181 están abiertos al público
➢ 11 fueron declarados Patrimonio de la Humanidad por la UNESCO, pero su proceso de investigación continúa
➢ 2,215 sitios están en áreas naturales protegidas
➢ En 1982, las reformas a la Ley de 1972 agregaron también la protección en los mismo términos de los restos fósiles y en 2014 se incorporaron los restos culturales, históricos o arqueológicos ubicados en aguas nacionales (patrimonio subacuático)
➢ No están contabilizados los sitios como cuevas, abrigos, terrazas de cultivo, depósitos para agua, muros de contención de obras hidráulicas, entre otras obras

Para brindar atención –ya sea mediante la investigación o la revisión de denuncias- a esta enorme cantidad de manifestaciones arqueológicas, existen:

➢ 402 arqueólogos en el INAH, número al que habría que agregar a los del Instituto de investigaciones antropológicas de la UNAM, los de las universidades arriba mencionadas, los de El Colegio de Michoacán, los que colaboran en ámbitos museográficos y algunos que laboran en la Comisión Federal de Electricidad como consultores/gestores [3]
➢ 250 con empleo temporal
➢ 250 que no ejercen

En total, escasamente se sobrepasaría el número de mil arqueólogos en activo. Y por otro lado se halla una situación que contrasta de manera notable con las estadísticas antes anotadas; así notificaba la Red

---

[3] Conozco cuando menos un caso desde 2012, aunque su colaboración en la CFE data de algunos años antes.

Mexicana de Arqueología el monitoreo de los arqueólogos hace un lustro (http://remarq.ning.com/profiles/blogs/articulo-sobre-la-antropologia, consulta Octubre de 2013):
"Tras un análisis de la situación de los profesionistas y el mercado laboral de los últimos tres meses de 2009, la subsecretaría de Educación Superior detectó que 14 por ciento de los antropólogos, arqueólogos y etnólogos laboran de taxistas o guardias de seguridad […] Así, un egresado de Antropología, Etnología, Arqueología, Historia o Ingeniería Química corre mayor riesgo de no ejercer su profesión y de ocuparse como operador de transporte o guardia de seguridad. En otras palabras, son las carreras que más taxistas y vigilantes preparan durante cuatro años de educación superior".

Por lo aquí descrito, queda claro que siempre existirá una desventaja numérica entre el número de arqueólogos en activo y la cantidad de patrimonio arqueológico registrado (además del que no lo está). Para colmo, los nuevos egresados no tienen manera de trabajar después de prepararse durante cuatro o cinco años en virtud de que es el Estado principalmente quien los contrata, casi siempre mediante el financiamiento que el Consejo Nacional de Ciencia y Tecnología (CONACYT) ofrece a los proyectos de investigación propuestos desde las distintas instituciones que desarrollan investigación arqueológica. Así, es muy difícil que un arqueólogo consiga ser un profesional de la disciplina si no tiene una institución que lo respalde.

Aquí cabe plantear la pregunta ¿cómo podríamos los arqueólogos enfrentar la protección y preservación del patrimonio arqueológico e histórico desde nuestros nichos laborales, si los tenemos? La respuesta ha sido planteada por Manuel Gándara desde hace algunos años: tomando en cuenta el apoyo que pueda brindar la misma sociedad que acoge las manifestaciones del pasado antiguo (ver Gándara, 2015: 10-49)[4]. De acuerdo con este autor, es necesario tomar en cuenta al ciudadano común para hacerlo partícipe de la importancia del patrimonio (en su amplia acepción) mediante estrategias de divulgación que le faciliten la comprensión de los resultados de investigación científica; a estas estrategias las ha llamado *divulgación educativa* (*íbidem*). La divulgación educativa tiene en la *interpretación temática* su instrumento esencial; se trata de la "traducción" de los resultados de investigación científica, típicamente escritos en un lenguaje especializado y técnico utilizado por los arqueólogos, para hacerlos comprensibles al público no especializado y lograr una corresponsabilidad en la titánica tarea de cuidar el patrimonio arqueológico e histórico (Gándara, 1998).

Sin embargo, podríamos agregar otro inconveniente para el gremio de los arqueólogos: ningún programa curricular de licenciatura en Arqueología en México incluye una

materia sobre divulgación, ni de interpretación temática, ni siquiera de comunicación; en otras palabras, los arqueólogos no sabemos comunicar nuestro quehacer a la sociedad. En el mismo tenor, por desgracia la divulgación de manera sistemática no forma parte de lo que se exige de un proyecto de investigación arqueológica, a pesar de que se reconozca –cada vez con mayor frecuencia- la necesidad de abordar ese ámbito de manera formal.

Las necesidades actuales del quehacer en Arqueología

Un país como México y su enorme cantidad de patrimonio arqueológico, histórico y cultural no requiere entonces de un perfil único de arqueólogo; por el contrario, las necesidades sociales actuales conllevan a pensar en ampliar las posibilidades de especialización hacia nuevos campos de investigación y de aplicación del conocimiento. Ciertamente el que los profesionales de esta disciplina aprendan o colaboren con otros especialistas no es algo nuevo, muy al contrario, la Arqueología es y ha sido esencialmente una ciencia *interdisciplinaria*. La interdisciplina entendida, como señala Cottom es "… un proceso constante de diálogo con diversas ramas del conocimiento, con distintas etapas y niveles que están en constante construcción, de tal manera que podamos explicar determinados fenómenos o parte de ellos […] y su realización depende en buena medida de la apertura que tengamos para recibir aportaciones de otras ramas de la ciencia, de la superación de nuestra hiperespecialización, de la creación de métodos prácticos, de la política de nuestras instituciones educativas de investigación y sobre todo de la formación sólida y amplia de los cuadros dedicados a la investigación" (Cottom, 2007).

En este sentido, resulta curioso cómo en las instituciones en donde se desarrolla investigación arqueológica no se cuestiona por ejemplo la necesidad de contar o formar a un especialista arqueólogo en Arqueometría, o en Edafología, o en Prospección, incluso la incursión en periodos como el colonial o el siglo XIX; sin embargo sí se cuestiona la apertura al campo de la divulgación, ni qué decir del de la educación formal. Hay que mencionar no obstante que sí se han llevado a cabo esfuerzos en el ámbito de la divulgación desde el quehacer cotidiano, por ejemplo en las visitas guiadas en zonas arqueológicas, los cedularios de museos o de las mismas zonas, los propios museos de sitio, en exposiciones, en las (escasas) publicaciones para el público no especializado, o incluso en conferencias. Otra cuestión real es saber si lo que se comunica mediante estas estrategias queda claro para el público no especializado, si quiera si entienden algo de lo que se plantea como resultado de investigación dado que cuando menos dos de los ejes fundamentales para la comprensión de nuestro trabajo, el tiempo y el espacio, son conceptos tan abstractos que el público no especializado y en muchísimos casos ni los profesores en el ámbito de la educación formal, acaban de manejar cómodamente (García, 2015).

---

[4] En este trabajo, el autor resume, argumenta y explica sus propuestas sobre la necesaria consideración de la sociedad para proteger y preservar el patrimonio arqueológico e histórico.

Por fortuna para el gremio, el interés por investigar las labores de la comunicación dirigida hacia la divulgación educativa y en particular en la educación formal, se está abriendo paso y ganando un lugar entre los arqueólogos mexicanos (un ejemplo es el de García, 2009); esto contrasta grandemente con el hecho de que en otros países la incursión de los conservadores del patrimonio en la educación formal nos lleva varios años de ventaja (ver por ejemplo Fuentes, 2010; Fuentes y Hernández, 2013; Fontal, 2003; Stone y Mac Kenzie, 1990; UNESCO-ICCROM, 2006). Cabe señalar no obstante, que en México como ocurre en casi todo, los espacios de la educación formal (entiéndase, la escuela) tienen sus particularidades, como veremos enseguida.

El poco acercamiento (por no decir nulo) que los arqueólogos tenemos en el ámbito de la educación formal, ha llevado a proponer a la escuela como una panacea. En efecto, he escuchado en diversos espacios y en incontables ocasiones, palabras más palabras menos, que "los arqueólogos deberíamos trabajar en las escuelas para enseñarles a los niños a cuidar su patrimonio, especialmente el arqueológico". Pero ¿qué conocemos del ámbito escolar? Conviene señalar que la escuela es un espacio complejo en su organización, tanto las privadas como las públicas sostenidas con fondos públicos. Como institución, tiene un organigrama jerárquico que sus miembros respetan y nada está más lejos que pretender que los directores, los inspectores o los profesores están esperando que un arqueólogo llegue a su salón de clases para "enseñar a los niños cómo proteger su patrimonio".

En el mismo tenor, la escuela es un espacio saturado pues el tiempo reglamentario dedicado a cada clase es de aproximadamente 45 minutos y la suma de todas las materias cursadas en un día normal de trabajo debe realizarse entre las 8 y las 12:30 ó 1:00 pm en las escuelas públicas, en las privadas hacia las 2:00 pm. [5] Es decir, difícilmente un profesor cedería su tiempo de clase a un arqueólogo pues implicaría perder su ritmo de trabajo para cubrir los objetivos curriculares del mes. Además, está el problema de que si los arqueólogos desconocemos las estrategias para la divulgación, carecemos totalmente de estrategias pedagógicas para tratar con los alumnos de educación básica (primaria), media (secundaria) y media superior (preparatoria/bachillerato). Prácticamente ningún miembro del gremio tenemos experiencia frente a un grupo de niños o de adolescentes quienes identifican de inmediato esta situación y regularmente aprovechan la ocasión para librarse del orden impuesto por su profesor titular. Lo que quiero resaltar aquí es que no es fácil atrapar la atención de los estudiantes de estos niveles y menos aún que aprendan algo de nosotros sólo por el hecho de que somos arqueólogos.

Otro problema lo constituyen los libros de texto. En efecto, en una revisión que tuve oportunidad de llevar a cabo en el 2014 a libros de texto de diferentes editoriales, resultó evidente que los resultados de investigación arqueológica no están actualizados en los libros de texto que se utilizan como apoyo para la enseñanza de la Historia. Virtualmente todos los libros presentan la misma estructura de una línea del tiempo en donde el México antiguo queda limitado a unas tres o cuatro páginas (o un poco más si tienen ilustraciones y ejercicios), y dichas páginas están llenas de información de hace por lo menos unos 25 años. O bien repiten datos que se han convertido en un lugar común, casi un cliché como hablar de los Olmecas como "la cultura madre".

Asimismo está el problema de la separación entre la Geografía y la Historia como asignaturas que se cursan en distintos momentos, las que se abordan además sin cruzar los conceptos de tiempo y espacio, fundamentales para entender ambas (García, 2015). Por otra parte, es difícil pensar en actividades extra muros sin el apoyo de los profesores o personal autorizado pues conducir a estudiantes fuera de la escuela implica una gran responsabilidad que pocos están dispuestos a asumir.

Ante este panorama sucintamente descrito, resulta claro que para que los arqueólogos podamos acercarnos al ámbito de la educación formal es necesario tener una actitud distinta hacia este nuevo espacio de investigación, en particular con los profesores; se trata de *aprender* de ellos, no de llegar a *enseñarles*. Para empezar, requerimos de definir qué pretenderíamos que los niños aprendieran. En una propuesta que he tenido oportunidad de hacer durante mi investigación en este ámbito, he hallado que un espacio natural para nuestra participación es la enseñanza de la Historia. En efecto, la Historia es un vínculo directo con el pasado, tanto el reciente como el lejano, y para fortuna nuestra justamente el patrimonio arqueológico, el histórico y el cultural (patrimonio vivo) son evidencias de tal vínculo.

Una manera de poder relacionar a los estudiantes con la Historia y con su patrimonio es la investigación-acción; esto es, involucrándolos en el reconocimiento, registro y análisis de los bienes patrimoniales de acuerdo con el tema que se esté revisando. En un ejercicio llevado a cabo con estudiantes de bachillerato del Estado de Michoacán, [6] estudiando la unidad del México antiguo, quedó claro que el acercamiento directo con objetos en posesión de sus familias tales como figurillas, puntas de flecha y navajas de obsidiana prehispánicas e instrumentos para molienda como los fragmentos de metates y molcajetes, fungieron casi como materiales didácticos para entender a las sociedades ilustradas en sus libros. Con base en esos materiales fue posible analizar temas como la especialización del trabajo, la vida cotidiana, la preparación de los alimentos, la obtención de materias

---

[5] Son los horarios en los que cotidianamente se desempeñan las escuelas urbanas y rurales, cuando menos en las ciudades como La Piedad y Numarán (ambas en Michoacán), Degollado (Jalisco) y Santa Ana Pacueco (Guanajuato).

[6] Estudiantes del Colegio de Bachilleres del Estado de Michoacán que incluyó localidades, entro otras, como Pastor Ortiz, Ecuandureo, Angamacutiro, Puruándiro y Numarán.

primas y todo lo anterior desde una perspectiva comparativa con los saberes tradicionales del presente que ellos han podido observar.

Otro instrumento efectivo en el ámbito de la educación son los recorridos lúdicos; estos se llevan a cabo fuera del aula pero con la compañía de los padres de familia. En La Piedad, Michoacán, hemos tenido oportunidad de hacer paseos en bicicleta así como caminatas que destacan la relación espacial de bienes patrimoniales vinculados por su actividad productiva en el marco de su entorno ambiental; el ejemplo ilustrativo es la Ruta del Agua. Se trata de evidencias arqueológicas que ligan a la presa y molino de Ticuitaco construidos hacia mediados del siglo XIX, con la Planta hidroeléctrica de San Francisco de Rizo (1908) y la Planta hidroeléctrica El Salto (1942), todas unidas por el río Lerma. El valor patrimonial que se destaca en estos recorridos como tesis [7] es la habilidad humana y social para aprovechar y manejar el agua como fuerza motriz (Aguirre, 2012).

Algunas consideraciones a manera de conclusión

Para finalizar este trabajo, quisiera retomar la pregunta que lo titula para proponer una respuesta categórica: sí, un arqueólogo debe y puede incidir en la educación formal. Las necesidades de la sociedad actual que incluyen tanto las académicas, las de las políticas culturales, las educativas y hasta las de conservación del entorno ambiental, requieren y en algunos casos hasta demandan la atención de los arqueólogos, principalmente en el sentido de socializar los resultados de investigación, y desde más temprano mejor. En este tenor, aprovechar las oportunidades que brinda la colaboración con los profesores de la educación básica, media y media superior, es un instrumento privilegiado que bien vale la pena aprovechar para acercar el patrimonio arqueológico, histórico y cultural sobre la vía de la enseñanza de la Historia. Un efecto que ya se ha visto en el caso de estudio (en La Piedad, Michoacán) es que conocer el patrimonio por la vía lúdica y de la investigación-acción en el marco de la educación formal, "despierta" ese adormilado sentido de la identidad que tanta falta hace en estos lugares en donde la migración es algo de todos los días.

Una última acotación. Es muy importante señalar que siempre será más fácil que un arqueólogo incursione, aprenda e incida en las estrategias educativas relacionadas con el patrimonio y la Historia que pedir a un profesor, a un comunicador o a otro profesional que entienda los resultados de investigación arqueológica y los interprete para el público no especializado. Esta habilidad abre también las puertas a una especialización laboral para los jóvenes arqueólogos.

La Piedad, Michoacán, 1 Marzo de 2015.

---

[7] Tesis en el sentido de la interpretación temática (ver Jiménez, 2001).

Bibliografía

Aguirre Anaya, José Alberto. "Planta hidroeléctrica El Salto, La Piedad. Un ejemplo de la introducción de la energía eléctrica en el México semiurbano". En *Estrategias en Arqueología. Memorias del III Simposio de Arqueología de la UAEMex*, Vladimira Palma Linares, Rosa de la Peña Virchez, y L. Mejía Carranza (editoras), México: Universidad Autónoma del Estado de México, 2012.

Aguirre Beltrán, Gonzalo. *El proceso de aculturación y el cambio socio cultural en México*. Obra Antropológica VI. México: Universidad Veracruzana, Instituto Nacional Indigenista, Gobierno del Estado de Veracruz, Fondo de Cultura Económica, 1992.

Caso, Alfonso
Obras escogidas. México: Patronato para el Fomento de Actividades Culturales y de Asistencia Social a las Comunidades Indígenas, A.C., 1996.

Cottom, Bolfy. "El patrimonio cultural como problema interdisciplinario", *Red Patrimonio, Revista de Estudios en Patrimonio Cultural*. Primera época, Noviembre de 2007. El Colegio de Michoacán, A.C. www.colmich.edu.mx/red, (2007), 2-9.

Fontal Merillas, Oalia. *La educación patrimonial. Teoría y práctica en el aula, el museo e internet*. España: Trea, 1992.

Fuentes, Sanjo. *Educación patrimonial. Propuestas creativas desde el espacio educativo*. España: Gobierno de Canarias; Consejería de Educación, Cultura y Deportes; Dirección General de Promoción Educativa, 2010.

Fuentes, Sanjo y Miguel Ángel Hernández Méndez. "De la teoría a la práctica. La inclusión del patrimonio arqueológico a la educación secundaria obligatoria: un ejemplo desde las Islas Canarias" en García, Magdalena (coordinadora), Número Temático *Patrimonio y Educación. Red Patrimonio, Revista Digital de Estudios en Patrimonio Cultural*, Nueva Época, 1, no. 3, México www.colmich.edu.mx/red, (2013), 6-28.

Gamio, Manuel. *Forjando patria*. Prólogo de Justino Fernández. México: Editorial Porrúa, S.A., México, 3ª edición. 1982.
----*Hacia un México nuevo*. México: Instituto Nacional Indigenista, 1987.

Gándara Vázquez, Manuel *La arqueología oficial mexicana. Causas y efectos*. México: Instituto Nacional de Antropología e Historia, 1992.
----"La interpretación temática y la conservación del patrimonio cultural." En Memoria. *60 Años de la ENAH*, E. Cárdenas Barahona, México: Escuela Nacional de Antropología e Historia, (1998), 484
---- "De la interpretación temática a la divulgación significativa del patrimonio arqueológico." En *Interpretación del patrimonio cultural. Pasos hacia una divulgación significativa en México*, Gándara Vázquez, Manuel y Antonieta Jiménez (editores), México: Escuela Nacional de Conservación, Restauración y Museografía del INAH (en prensa) (2015), 10-49

García Macías, Natzin Itzaé. *Arqueología y educación. Una propuesta didáctica para la enseñanza de la Arqueología en la educación secundaria*, México: Instituto Nacional de Antropología e Historia, 2006.

García Sánchez, Magdalena A. "Patrimonio, arqueología y educación. Un ejemplo en La Piedad." En *Patrimonio y paisajes culturales*, Virginia Thiébaut, Magdalena García Sánchez y Antonieta Jiménez (editoras), México: El Colegio de Michoacán, México, (2008), 273-289.
---- "Replicadores de la arqueología y la historia para la preservación del patrimonio en el ámbito de la educación formal." En *Interpretación del patrimonio cultural. Pasos hacia una divulgación significativa en México*, Gándara Vázquez, Manuel y Antonieta Jiménez (editores), México: Escuela Nacional de Conservación, Restauración y Museografía del INAH (en prensa) (2015), 78-89.

Jiménez Izarraraz, María Antonieta. *La conservación del patrimonio arqueológico a través de la Interpretación Temática*, México: Tesis de Licenciatura en Arqueología, Escuela Nacional de Antropología e Historia, 2001.

Lorenzo, José Luis. "¿Por qué deben conservarse los restos de una vieja civilización?" En *La Arqueología y México*, Lorena Mirambell Silva y Jaime Litvak King (coompiladores), Lorena Mirambell (coordinadora), México: Instituto Nacional de Antropología e Historia, 1998.

Matos, Eduardo. *Manuel Gamio: la arqueología mexicana*, México: Universidad Nacional Autónoma de México, 1983.

Stone, Peter and Robert Mac Kenzie. *The Excluded Past. Archaeology in education*. London: Unwin Hyman, 1990.

UNESCO-ICCROM. *Introduciendo a los jóvenes en la protección del patrimonio cultural y los centros históricos. Una guía práctica para maestros en Colombia*, República de Colombia: UNESCO, ICCROM, Ministerio de Cultura, 2006.

Vázquez León, Luis. *El Leviatán arqueológico. Antropología de una tradición científica en México*, México: Centro de Investigaciones y Estudios Superiores en Antropología Social (CIESAS), Miguel Ángel Porrúa, S.A., 2003.

Los beneficios sociales de enseñar patrimonio en la universidad

Sergio Angulo Uc
Centro INAH Yucatán

Abstract

My experience in teaching cultural heritage at the university led me to reflect on its potential for more Mexicans to appreciate the enormous Mexican cultural heritage. Although there is a sustained advance in the awareness of public and academic actors to put heritage at the level of its social and economic importance in Mexico, there is still much left in the field of heritage education.

For the basic education level, a compulsory subject on cultural heritage has been established. On the other hand, for the university level, which is more appropriate for the maturity of the students, it is not possible to aspire to be obliged to teach the attitudes and values of cultural heritage.

Testimonies of university students who voluntarily choose the subject of heritage as part of their professional training reveal the potential of heritage education in Mexican universities.

Keywords: teaching, heritage education, University education.

La temática del presente Congreso "Cultura y patrimonio del siglo XXI" nos invita a reflexionar sobre muchos aspectos de nuestro patrimonio después de un siglo –el recién terminado– que vio la construcción de instituciones y leyes que perviven hasta el día de hoy, como el Instituto Nacional de Antropología e Historia (1939) el Instituto Nacional de Bellas Artes y Literatura (1946) y de leyes que sustentan las competencias de esos organismos públicos en el patrimonio histórico, arqueológico y artístico.

El siglo pasado deja un saldo positivo para el patrimonio. Me refiero al avance sostenido en la concientización de cada vez mayor número de actores públicos y académicos, por poner al patrimonio en el lugar que le corresponde en nuestra identidad así como en su papel en la economía. No estoy expresando que debamos estar satisfechos con el estado de cosas actual, pero sí es conveniente reconocer que el avance es notorio. Ya todos sabemos lo mucho que falta por hacer.

Apenas comienza el siglo XXI y este principio de centuria es una oportunidad para revisar el pasado y para planear el futuro en materia de patrimonio cultural. Hoy quiero traer aquí un aspecto poco discutido sobre el patrimonio: cuál es y cuál debe ser su lugar en la educación, así como las oportunidades que tenemos para crear, desde las aulas, desde los museos, los centros de investigación o universidades, a ciudadanos que compartan la valoración por la herencia material e inmaterial que integra el enorme e inconmensurable patrimonio mexicano.

Voy a hacer enseguida una modesta reflexión, desde mi limitada perspectiva de trabajador y docente del patrimonio, que tiene el propósito de aportar un principio de discusión sobre el tema de lo que ya se llama en otras latitudes "la educación patrimonial" en los ámbitos de la instrucción formal, es decir, en el sistema educativo nacional público o privado, con reconocimiento oficial.

Por fortuna, el siglo XXI ha comenzado bien en este aspecto. El 26 de mayo de 2006 fue publicado en el Diario Oficial de la Federación el "Nuevo Plan y Programas de Estudio para Educación Secundaria".[1] Una de las nuevas competencias que se busca en el alumno es que logre la aptitud para la vida en sociedad, de modo que

> "Pueda decidir y actuar con juicio crítico frente a los valores y las normas sociales y culturales; proceder en favor de la democracia, la paz, el respeto a la legalidad y a los derechos humanos; participar considerando las formas de trabajo en la sociedad, los gobiernos y las empresas, individuales o colectivas; participar tomando en cuenta las implicaciones sociales del uso de la tecnología; actuar con respeto ante la diversidad sociocultural; combatir la discriminación y el racismo, y manifestar una conciencia de pertenencia a su cultura, a su país y al mundo".

La novedad del nuevo plan que quiero comentar con ustedes es el establecimiento de una asignatura denominada "asignatura estatal", es decir relativa a cada entidad federativa. Tal "asignatura estatal" que ya es obligatoria en el primer grado de secundaria para todos los mexicanos,[2] ordena que

---

[1] Diario Oficial de la Federación, México, D.F. 26 de mayo de 2006. Secretaría de Educación Pública, Acuerdo número 384 por el que se establece el nuevo Plan y Programas de Estudio para Educación Secundaria.

[2] Para los que no conocen el sistema educativo mexicano, la educación secundaria es de tres años de duración, que siguen a la educación primaria, de seis años de duración. Los estudiantes de secundaria tienen entre 12 y 15 años aproximadamente.

"Las entidades, a partir de los lineamientos nacionales y de acuerdo con las características, las necesidades y los intereses de sus alumnos, propondrán programas de estudio en este espacio curricular, apegados a las finalidades de la educación pública mexicana. Dichos programas ofrecerán oportunidades para integrar y aplicar aprendizajes del entorno social y natural de los estudiantes; reforzar, articular y apoyar el desarrollo de proyectos transversales derivados del currículo; fortalecer contenidos específicos, e impulsar el trabajo en relación con situaciones y problemas particulares de la región donde viven".

A continuación (tabla 1) transcribo el programa referido, en el que resalto la asignatura que estoy comentando.

Tabla 1. Plan y Programas de Estudio para Educación Secundaria.

Primer grado	Horas
Español I	5
Matemáticas I	5
Ciencias I (énfasis en Biología)	6
Geografía de México y del mundo	5
Lengua Extranjera I	3
Educación Física I	2
Tecnología I*	3
Artes (Música, Danza, Teatro o Artes Visuales)	2
Asignatura estatal	3
Orientación y tutoría	1
Total de horas/semana	35
Segundo grado	**Horas**
Español II	5
Matemáticas II	5
Ciencias II (énfasis en Física)	6
Historia I	4
Formación Cívica y Ética I	4
Lengua Extranjera II	3
Educación Física II	2
Tecnología II*	3
Artes (Música, Danza, Teatro o Artes Visuales)	2
Orientación y tutoría	1
Total de horas/semana	35
Tercer grado	**Horas**
Español III	5
Matemáticas III	5
Ciencias III (énfasis en Química)	6
Historia II	4
Formación Cívica y Ética II	4
Lengua Extranjera III	3
Educación Física III	2
Tecnología III*	3
Artes (Música, Danza, Teatro o Artes Visuales)	2
Orientación y tutoría	1
Total de horas/semana	35

La *asignatura estatal* ha tenido un feliz destino en muchas entidades de la República, porque sirve para la enseñanza del patrimonio cultural y natural de la región. En Yucatán, por ejemplo, se enseña desde hace unos cinco años la asignatura "Patrimonio cultural y natural de Yucatán", que es el título de la nueva asignatura oficial de las secundarias públicas y privadas, y que ha contado desde el primer año de ejecución con un libro de texto elaborado especialmente para la nueva disciplina. Este material de apoyo debe de estar sujeto a experimentación y numerosas pruebas en las aulas, si advertimos que ya son tres las versiones del libro de texto. Las dos primeras con un contenido apreciable, pero la más reciente se reduce a un cuaderno de trabajo.[3]

Si revisamos los programas de otros estados, encontraremos con agrado que su "asignatura estatal" también está dedicada al patrimonio. En otros casos el contenido es únicamente sobre la historia de la entidad.

Por supuesto que es necesario preguntarnos cómo logró la Secretaría de Educación Pública entrenar a un conjunto suficiente de docentes para impartir la nueva asignatura. Tengo alguna información al respecto que indica la poca idoneidad de ese adiestramiento docente, pero quiero dejar la cuestión abierta porque requeriría un estudio particular. Sólo mantengamos la pregunta sobre quiénes están impartiendo las clases de patrimonio en México, en los diversos niveles educativos, y con qué tipo de capacitación. Por otro lado, debemos estar pendientes de la evaluación que hagan las autoridades educativas de esta nueva asignatura. De cualquier manera, es alentador y digno de felicitación que varias entidades federativas hayan integrado el patrimonio cultural como parte del currículo básico.

La idea central de mi participación este día es plantear el beneficio de impulsar que las universidades y centros de educación superior integren, en la medida de sus posibilidades y competencias, la enseñanza del patrimonio en sus aulas.

---

[3] Pérez Domínguez, Marisa, 2009, Patrimonio histórico y patrimonio geográfico de Yucatán, editorial Nuevo México, México. Loyo, Lourdes et al, 2010, Yucatán patrimonio histórico y geográfico, McGraw-Hill, México. Lara Martínez, Celestino et al, 2014, Yucatán patrimonio cultural y natural, Gobierno del estado de Yucatán, México.

Mi propuesta es en razón de que la tarea de concientizar a la sociedad en el valor y la protección del patrimonio cultural es un reto de enorme envergadura en México, por la dimensión de su patrimonio y por el riesgo permanente en que se encuentra. Aunque es apreciable que ya se enseñe el tema en miles de secundarias mexicanas, creo que lo verdaderamente trascendente y con impacto a corto y mediano plazo sería enseñar patrimonio en las aulas universitarias. Es del nivel universitario del que egresan profesionistas que tienen mayor influencia social por su inserción en los ámbitos económicos (y sociales) que son predominantes para la generación de opinión y de cambios en diversos sentidos. A partir de las experiencias positivas que ya existen en algunas licenciaturas y universidades, hay que sumar, como enseñanza interdisciplinaria o complementaria, el aprendizaje social de una realidad (nuestro patrimonio) que toca e involucra a muchas profesiones y a todos los ciudadanos.

Para el nivel universitario no podemos aspirar a un plan o ley que obligue a las instituciones de educación superior a contar con un programa de enseñanza del patrimonio, ni debemos pretender eso, por supuesto. Sabemos que la Ley General de Educación,[4] la Ley para la Coordinación de la Educación Superior[5] y el acuerdo 279,[6] todos de carácter federal, otorgan diversos grados de autonomía a las universidades y centros de educación para determinar sus programas y mapas curriculares. Por tanto, integrar el estudio del patrimonio en el nivel superior debe ser parte de una nueva visión de las instituciones educativas, que compartan el objetivo de formar ciudadanos y profesionales para el entorno multicultural mexicano. Lo que planteo es –simple pero trascendentemente– poner a las universidades a tono con las nuevas y abundantes legislaciones en materia de reconocimiento de nuestra diversidad étnica y de la importancia del patrimonio – histórico o vivo–, asociado a dicha pluralidad y riqueza cultural.

Creo que el reconocimiento a los pueblos indígenas, a la importancia social y económica de nuestro patrimonio debe tener un reflejo generalizado en las actividades universitarias. Por supuesto, sabemos que hay un avance en este sentido, pero focalizado en licenciaturas, diplomados, cursos, maestrías, relativas a la gestión cultural. Y algunas profesiones, como la arquitectura, la arqueología y la antropología, se han distinguido en este sentido por su preocupación por el tema, pero creo que hay que ampliar los ámbitos para el patrimonio.

La enseñanza del patrimonio debe perseguir principalmente, en mi opinión, un objetivo actitudinal y de valores. Esto quiere decir que la meta no debe de ser el que el estudiante sea capaz de enumerar y distinguir los numerosos patrimonios, o de tener una base conceptual y teórica sobre el tema. La educación patrimonial deber servir para que el estudiante conecte su propia historia personal con el patrimonio que le rodea, y que entienda y valore que en México los distintos compatriotas tienen patrimonios particulares según regiones y localidades, pero todos igualmente apreciables. Esto se conoce como la consecución de un conocimiento significativo. Una educación de esta naturaleza servirá al mismo tiempo para formar ciudadanos respetuosos y orgullosos de la pluralidad cultural, étnica y lingüística de los mexicanos. Entendiendo la pluralidad mexicana, también se comprenderá la multiculturalidad en el mundo.

Creo que en cualquier momento de la vida escolar es conveniente aprender sobre nuestro patrimonio y su significado social, pero también me pregunto si sólo en primer grado de secundaria debe enseñarse el tema, como actualmente se hace. A partir de mi modesta experiencia como docente universitario, quiero proponer que las universidades revisen la posibilidad de incluir en su currículum la educación patrimonial, por las siguientes razones:

1. La madurez psicológica de los universitarios los hace más susceptibles a valorar el patrimonio tanto en su parte social como económica.
2. Los egresados universitarios, con un título bajo el brazo, tendrán acceso con mayor probabilidad a puestos de responsabilidad en la vida pública y privada, en los que podrían tener mayor influencia positiva sobre el patrimonio. Creo que no es casualidad que los que nos dedicamos al patrimonio lo hacemos después de una experiencia educativa de nivel superior. Aquí no quiero decir que sólo los especialistas graduados en los temas patrimoniales podemos tener conciencia patrimonial, de ninguna manera debe entenderse así mi propuesta. Lo que digo es que tenemos mayor responsabilidad ética en el asunto.

Para apoyar mi planteamiento quiero pasar a comentar mi experiencia alentadora en una universidad privada local en la que la enseñanza del patrimonio como asignatura optativa, tiene buenos resultados. En dicha universidad, dentro de la carrera de Administración Turística, existen dos asignaturas que son tituladas Patrimonio Turístico Nacional y Patrimonio Turístico Internacional, enfocadas básicamente al patrimonio cultural con impacto en el turismo.

La característica de esas asignaturas es que pueden cursarlas, como formación interdisciplinaria, alumnos de otras licenciaturas. Los estudiantes deciden tomarla como optativa por diversas razones: comodidad con el horario, por amistad con otros estudiantes, por confusión a la hora

---

[4] Diario Oficial de la Federación, México, D.F. Ley General de Educación, 13 de julio de 1993. Última reforma publicada el 10 de junio de 2013
[5] Diario Oficial de la Federación, México, D.F. Ley para la coordinación de la educación superior, 29 de diciembre de 1978.
[6] Diario Oficial de la Federación, México, D.F. Acuerdo número 279 por el que se establecen los trámites y procedimientos relacionados con el reconocimiento de validez oficial de estudios del tipo superior, 10 de julio de 2000.

de elegir, y algunos por interés genuino. He tenido en el aula, cursando un semestre de patrimonio, a estudiantes de Diseño Gráfico, Medicina, Ingeniería Civil, Arquitectura, Contaduría, Diseño de Interiores, Derecho, Administración de Recursos Naturales y Administración de Empresas. Los profesores de las asignaturas interdisciplinarias tenemos el problema común de lograr el interés en una materia que a los alumnos no les parece de importancia para su formación profesional básica. Así que he padecido, como otros colegas, quebraderos de cabeza para conectarlos con la asignatura, el patrimonio cultural en mi caso.

Para responder con objetividad sobre los resultados de la asignatura, voy a dejar que algunos estudiantes hablen. Al final del curso siempre les pido una reflexión libre sobre lo que aprendieron y su utilidad. Revisemos algunos casos, que son representativos:

La estudiante M.B., de Administración Turística.
…quisiera cerrar con uno de los temas y las tareas de mi agrado y que más me impresionó. Fue el centro "Baqueiro Foster", del cual no tenía conocimiento de su existencia y mucho menos de las actividades y la importancia de este para Yucatán, al guardar todo tipo de patrimonio intangible con las que el centro cuenta es una bomba de historia, importancia y riqueza en todos los sentidos, ya que no creo que exista otro con las responsabilidades que éste tiene. Para mí es importante resaltarlo ya que en Yucatán tenemos un patrimonio intangible muy representativo, el cual es la trova Yucateca la cual muchos de los turistas llegan hasta aquí nada más para escucharlos.

La estudiante K. T., de Diseño Gráfico.
En mi caso esta materia fue totalmente extra de lo que normalmente llevo en mi carrera, fue una decisión para complementar mi cultura general y mis aficiones, que es el viajar y conocer lugares nuevos. Decidí entrar a esta materia para poder conocer más a fondo lo que es mi país y todo lo que lo hace increíble, sus múltiples culturas, costumbres, paisajes hermosos, historias y leyendas de nuestros antepasados. Creo que fue una excelente decisión tomar esta clase, ya que complementó mucho mi cultura general, mis conocimientos acerca de México y toda su cultura. A pesar de no ser de la carrera y que algunos conceptos "básicos de turismo" me costaran trabajo entenderlos, aprendí muchas cosas a lo largo de todo el semestre, le agradezco la paciencia que tuvo con el salón y sus ganas de querer sembrar en nosotros el amor por nuestro país y el turismo.

El estudiante E.E., de Administración Turística.
Como futuro Administrador de turismo el conocer tanto de mi cultura, el saber cómo evaluar un museo, el conocer y saber que existe en Yucatán una Fonoteca (centro musical) en el cual se guardan vestigios y creaciones musicales importantísimas del estado de Yucatán, las costumbres, etnias que existen y hasta los problemas legales que se pueden llegar a presentar en

monumentos patrimoniales, me permiten poder ofrecer productos o circuitos que involucren a estos patrimonios con una manera profesional, respetuosa y con mucho orgullo.

La estudiante E.S., de Diseño de Interiores.
¿Qué me llevo de la materia? Un grato aprendizaje sobre el patrimonio cultural: su clasificación, las leyes que lo protegen, lo que integra el patrimonio de México, formas de convertir un patrimonio en un proyecto turístico, etc. Pude aprender las diversas maneras de explorar el patrimonio cultural del país y cómo lograr que las demás personas puedan verlo como algo que les pertenece y es necesario cuidar, …así como también en la visita al mercado Lucas de Gálvez pude conocer diversos ingredientes que se emplean en la elaboración de platillos yucatecos. También adquirí el conocimiento sobre el patrimonio subacuático, el cual tampoco sabía que entraba en dicha clasificación.

El estudiante S.C., de Contaduría.
Más que nada lo que aprendí en esta asignatura me sirve más como cultura general, que aplicarlo en mi vida diaria ya que estudió la carrera de Contaduría. Me parece interesante las diferentes sociedades, que vimos en clase, las diferentes culturas que se van extinguiendo.

La estudiante A.M., de Administración de Empresas.
Llegue a la clase sin saber de qué se trataba esta materia y ahora que termina el semestre puedo decir que aprendí lo que es el patrimonio nacional, aprendí que no es cualquier cosa, que es nuestra identificación como sociedad y que habla por nosotros, por eso es muy importante preservarlo y cuidarlo, no de la nada existen leyes que lo regulan y castigan al que dañan nuestro patrimonio.

La estudiante M. C., de Arquitectura.
A pesar de que la clase era cansada y larga por el peso que llevamos encima como estudiantes y las tareas eran extensas, considero que cada uno de nosotros se llevó muchas cosas de la clase, o al menos hablo por mí, creo que fue el inicio de una nueva perspectiva para mi ámbito profesional, valorando aspectos que nunca antes había tomado en cuenta como lo es el patrimonio en todas sus clasificaciones. Creo que lo más importante que podemos hacer con todo esto que aprendimos es, no solo quedárnoslo sino transmitirlo a las personas con quienes convivimos, ya sea en lo laboral como la gente cercana a nosotros, tratar de preservar nuestra cultura y sentirnos orgullosos de ella para que de esa forma la gente la valore y se preocupe por cuidarla y promoverla. Definitivamente me siento muy orgullosa de la cultura a la que pertenezco, de las costumbres, el lenguaje, ritos, vestimentas, entre otras cosas; me gustaría aprender más de ella.

La estudiante D.M., de Administración Turística.
Gracias a esta materia ahora ya sé que el futuro del turismo de Yucatán no cae simplemente en Chichen Itzá y Uxmal, sé que Yucatán tiene muchos tesoros

escondidos, muchas áreas de oportunidad que todavía no se han utilizado. Pero para que el patrimonio perdure, se pueda seguir utilizando en un futuro, se tiene que apreciar, se tiene que conservar, hay que mantener el patrimonio tangible e intangible vivo. El gobierno y las instituciones privadas tienen que invertir en preservar las cosas que ya se encuentran en deterioro. Y es nuestra obligación como yucatecos la de interesarnos en nuestro patrimonio intangible, hay que esforzarnos para que nuestras tradiciones perduren para que se las podamos transmitir a nuestros hijos. No se trata de negar la modernidad, los cambios que están ocurriendo con la globalización, pero se trata de no olvidar, de combinar pasado con futuro.

El estudiante D.E.H., de Diseño Gráfico.
Para empezar cabe aclarar que esta materia es una optativa la que siento que para mí, estudiante de diseño gráfico, tiene muy poca relevancia en mi carrera, pero tengo que admitir que para mí como un ciudadano mexicano que soy la verdad fue muy gratificante poder haber aprendido muchas cosas nuevas sobre mi país que desconocía totalmente, y llegar a apreciarlo de una manera nueva e interesante. Para finalizar la última tarea fue investigar sobre un grupo étnico de México y un ejemplo de turismo étnico en equipos, en esta tarea me di cuenta que realmente cómo ha cambiado el rumbo de México desde el pasado lejano hasta ahora, y como aun de esta manera existe mucha gente que ha sabido apegarse a su cultura y sentirse honrada de ser parte de esta etnia.

El estudiante G.C., de Derecho.
En el curso escolar decidí cursar la materia interdisciplinaria de Patrimonio Turístico Nacional, en la cual tenía curiosidad de saber un poco sobre el valor tan importante del patrimonio mexicano, sobre cómo está conformado el territorio por zonas arqueológicas y sobre las costumbres, la gastronomía, la música; la verdad no tenía idea de cómo iba a salir de conocimientos en esta materia, simplemente me había llamado el nombre. Es entonces cuando voy desempeñando a lo largo del curso, un aprendizaje de cómo debe valorarse el patrimonio, qué instituciones son las encargadas de preservar el patrimonio y quiénes conforman el equipo de preservación, sobre que institución los declara patrimonio de la humanidad, las leyes que funcionan o que se utilizan en la materia, sobre cómo existe diversidad en los tipos de patrimonios; así como también observé el cómo se integra un museo: con sus respectivas divisiones, con sus respectivas áreas, etc. Aprendí mediante las noticias, a cómo debemos preservar nuestro patrimonio, y a ver las severas consecuencias que se pueden ocasionar si no lo cuidamos; honestamente no tenía idea de lo que representa un monumento para una ciudad, o bien una figura histórica, simplemente lo relacionaba con lo básico. El patrimonio está relacionado con mi carrera, ya que, como abogado, puedo trabajar sobre las normas que generan el patrimonio turístico, gastronómico, etc. Y las consecuencias que se generan si no se le da el cuidado. Al

principio no supe cómo relacionarla con mi carrera, pues al final, con los ejemplos de los casos sobre cómo aplicar las leyes, se me hizo muy familiar la materia, y fue muy bueno saber que había materia legal.

Los comentarios anteriores fueron solicitados dentro de un breve cuestionario para evaluar el curso, de manera que las respuestas no condicionaba ningún tipo de calificación para los estudiantes; por eso algunos –la minoría, por fortuna– pudieron expresar su opinión en el sentido de una escasa utilidad de la asignatura para su vida profesional.

Mis planteamientos iniciales sobre la conveniencia de la educación patrimonial universitaria, aunados a los comentarios que acabamos de revisar nos deben llevar (a quienes nos dedicamos al patrimonio cultural), a hacernos preguntas sobre el aspecto educativo relativo al patrimonio y los alcances que puede tener en beneficio de su valoración.

De la modesta experiencia que he querido compartir, puedo finalmente plantear las siguientes propuestas:
1. Debemos generar un análisis amplio sobre la educación patrimonial que se ha venido practicando en México, para saber si es pertinente a los objetivos que buscamos como nación multicultural, la cual quiere preservar y valorar su patrimonio.
2. Debemos generar un coloquio o seminario permanente donde discutamos el tema de la educación del patrimonio. De hecho, este es un tema que yo le propondría a Juan García Targa, nuestro organizador de este Congreso, para el próximo año, ya que todos los colegas estamos enseñando o divulgando patrimonio.
3. Debemos incidir en nuestro entorno académico/universitario para destacar la conveniencia de enseñar patrimonio en el nivel de educación superior.
4. Los que nos dedicamos al patrimonio no sólo debemos saber sobre el patrimonio del cual somos especialistas, también debemos revisar si estamos preparados cabalmente para enseñar el patrimonio en su diversidad y cautivar a nuestros estudiantes. Cuando no se enseña bien una asignatura, sólo conseguimos que el estudiante le guarde animadversión al tema.
5. Por último, debemos hacer un esfuerzo por adquirir las competencias pedagógicas necesarias para enseñar patrimonio y, además, debemos buscar a las autoridades educativas para colaborar en la capacitación de los miles de docentes que han pasado de enseñar ciencias sociales (hablo de las secundarias) a enseñar patrimonio cultural y natural.

El siglo XXI es una oportunidad para abarcar los diversos ámbitos de acción patrimonial y contribuir a que las generaciones siguientes reciban el mayor volumen de patrimonio tangible e intangible para que disfruten y conozcan. La educación del patrimonio es una enorme oportunidad por explorar y explotar.

Aquí no he traído ni la primera ni la última verdad sobre este tema de la educación del patrimonio en México. La única certeza que quiero compartir este día con ustedes es la conveniencia de dedicar una parte de nuestros esfuerzos al tema de la educación y su relación con el patrimonio y la riqueza cultural de México.

Bibliografía

Lara Martínez, Celestino, Alba Burgos Jiménez y Rubén Miranda Pérez. *Yucatán patrimonio cultural y natural*, México: Gobierno del estado de Yucatán, 2004.

Loyo, Lourdes, Heyden Perera, Raúl Vela y Alfonso Coudurier. *Yucatán patrimonio histórico y geográfico*, México: McGraw-Hill, 2010.

Pérez Domínguez, Marisa. *Patrimonio histórico y patrimonio geográfico de Yucatán*, México: Editorial Nuevo México, 2009.

Legislación

Acuerdo número 384 por el que se establece el nuevo Plan y Programas de Estudio para Educación Secundaria. Diario Oficial de la Federación, México, D.F., 26 de mayo de 2006.

Acuerdo número 279 por el que se establecen los trámites y procedimientos relacionados con el reconocimiento de validez oficial de estudios del tipo superior Diario Oficial de la Federación, México, D.F., 10 de julio de 2000.

Ley General de Educación. Diario Oficial de la Federación, México, D.F., 13 de julio de 1993. Última reforma publicada el 10 de junio de 2013.

Ley para la coordinación de la educación superior Diario Oficial de la Federación, México, D.F., 29 de diciembre de 1978.

Patrimonio edificado y su plano original: la relevancia del patrimonio cultural documental

Dr. Adolfo Iván Batun Alpuche

Archivo General del Estado de Yucatán (AGEY)

Abstract

The General State Archive of Yucatan (AGEY) created in 1945; concentrate official documents of the state government. Since their opening, the AGEY have been a key source to a great number of researchers who found in their archives important written information to investigate the history of Yucatan. This article presents details about a source of information barely used by researchers who visit the AGEY, integrated by original maps and blueprints illustrating details of designing, building and finishing historical architectural projects; this information is relevant guiding restoration and conservation projects of historical monuments.

Keywords: Patrimonio documental, patrimonio edificado, fondos documentales, archivo histórico, conservación.

Los registros escritos en Yucatán comenzaron en tiempos prehispánicos con el uso del sistema de escritura maya. Sin embargo no es sino hasta el siglo XVI con la invasión europea, que se introdujo una nueva forma de registro en documentos, mismos que en diferentes condiciones se han podido conservar hasta nuestros días, bajo el resguardo de algunos archivos. Entre los recintos que albergan evidencia documental destacan, el Archivo General de Indias en Sevilla, el Archivo General de la Nación en la Ciudad de México, el Archivo del Arzobispado en Conkal, y el Archivo General del Estado de Yucatán (AGEY) en Mérida (Pinet 1998, 16-17).

Por decreto del gobernador, Ernesto Novelo Torres, el 31 de julio de 1945 el Archivo General del Estado de Yucatán (AGEY) fue fundado como la institución recipiendaria de la documentación histórica proveniente de los tres Poderes del Estado y de los municipios de la entidad. Con el objetivo de concentrar en un solo edificio la documentación del Poder Judicial, que se encontraba embodegada en la penitenciaría "Juárez", los libros del Poder Legislativo, que estaban en apolillados libreros abandonados del recinto del Congreso del Estado, la documentación del Poder Ejecutivo que aún no había sido trasladada al edificio, y los duplicados de los libros del Registro Civil. También se adjuntó documentación histórica de los municipios más importantes de la entidad, como: Valladolid, Motul, Temax, Espita, Izamal y Tekantó. Cabe mencionar que el AGEY comenzó como la documentación histórica de las cinco jurisdicciones mencionadas y a dos años de su creación, en 1947, el archivo ya contaba con expedientes de 37 de los 106 municipios de la entidad.

Sin embargo fue a principios de la década de los sesenta cuando el AGEY recibió nuevas transferencias de los Poderes ejecutivo y legislativo, entre las que destacaron los valiosísimos planos del Ramo Tierras, una de las secciones más ricas y consultadas de todo este acervo histórico.

La clasificación y catalogación iniciada en el AGEY en 1945, puso a disposición en 1965 el Fondo Colonial, con los documentos de los diversos acervos pertenecientes a dicho periodo histórico, con el primer registro fechado en 1684. Sin duda fue un gran avance para el resguardo y la clasificación de expedientes históricos, que posteriormente se amplió con el ordenamiento de los fondos: Congreso del Estado, Municipios, Justicia y Poder Ejecutivo. Con base en la publicación de los decretos que dan hoy en día bases legales al AGEY, en 1986 durante el gobierno de Víctor Cervera Pacheco, se reglamenta la transferencia al Archivo General del Estado, de toda la documentación histórica generada en las dependencias del ejecutivo, y se recomiendan las transferencias de los poderes legislativo y judicial, así como la de los 106 municipios de la entidad, logrando nuevas e importantes adquisiciones documentales como los libros históricos del Registro Público de la Propiedad, los libros del Catastro, y del Registro Civil de los municipios, los documentos históricos del Poder Judicial, así como los mencionados protocolos notariales, la documentación de Ferrocarriles del Sureste ,y los archivos de la paraestatal Cordemex (Canto 1999, 11-16).

El AGEY y la Academia

Fue durante la década de 1970 que los archivos del AGEY comenzaron a ser utilizados como herramientas básicas para los investigadores locales, nacionales y extranjeros. El número de consultantes creció, de alrededor de una veintena a principios de la década, a cerca de medio centenar en los últimos años de los setenta, llegando actualmente a un aproximado de 600 consultantes regulares al año. Así mismo con información consultada en el AGEY se han generado un número importante de publicaciones y tesis sobre diversos temas en que los que destacan las historias de vida (e.i. Felipe Carrillo Puerto, Salvador Alvarado, Justo Sierra, etc.), las historia de hechos históricos (e. i. Guerra de Castas, Cardenismo, la industria henequenera, etc.), y las narraciones históricas de sucesos importantes (e.i.

independencia de Yucatán, la chispa de la revolución de Valladolid, etc.).[1] Sin embargo, muy pocos estudios se han enfocado al análisis de la información de las obras materiales documentadas en Yucatán, por lo que en lo que resta de este escrito, nos enfocaremos a algunos aspectos sobre la historia del patrimonio edificado yucateco, que proponemos pueden ser investigados en los acervos del AGEY como apoyo para su restauración y conservación.

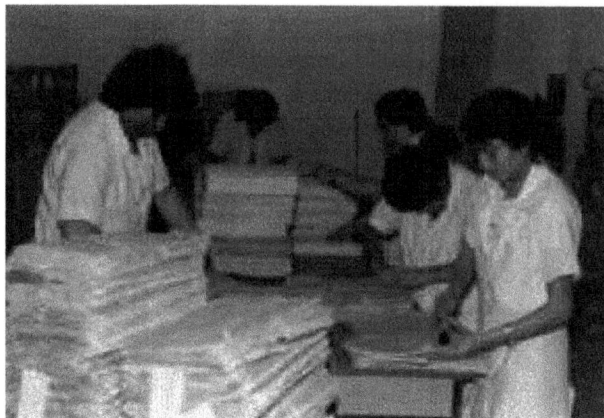

Figura 1 Proceso de depuración de materiales corrosivos a la nueva documentación que ingresa al archivo (AGEY).

La historia del patrimonio edificado

La historia de las obras arquitectónicas y de ingeniería comienza desde el momento de planeación o elaboración del proyecto de construcción, de manera general se pueden distinguir los siguientes procesos susceptibles de documentación:

1-*Estudios de factibilidad.* Documentos que registran estudios para determinar si el proyecto propuesto es viable desde un punto de vista medioambiental, técnico, económico, administrativo y legal.

2-*Estudios de Financiamientos.* Una vez decidido el proyecto técnico es importante considerar y documentar el aspecto de financiamiento.

3- *Diseño.* El diseño del proyecto normalmente documenta los siguientes aspectos:

    a)   Estudio del terreno donde se va a construir la obra, documentando sus condiciones generales y reglamentarias, su topografía, geología, hidrología, ambientales, legales, históricas, etc.

    b)   Diseño arquitect6nico, documentando las etapas de preparación de un ante proyecto y el diseño del proyecto arquitectónico definitivo, que incluye planos y especificaciones.

    c)   Diseño estructural de la obra documentando la determinación de los esfuerzos que solicitarán a la estructura, la estructuración,

determinación de los elementos resistentes, el diseño de los elementos estructurales y configuración de planos, y la confección de las especificaciones técnicas.

    d)   Estudios de impacto ambiental, analizando las consecuencias del proyecto en el medio ambiente. Este tema se presenta más adelante en este parte.

    e)   Diseño de las instalaciones, entre las instalaciones típicas están: las eléctricas, las de gas, las de agua potable y las de alcantarillado y muchas otras (tales como: alarma, climatización, red computacional, red de incendio, etc.).

4-*Procesos de licitación.* Consiste en la documentación de la licitación y adjudicación de la obra.

5-*Tecnicas de construcción.* La documentación de este proceso es muy importantes e incluye: los permisos para realizar la obra, documentación de los contratos que fijan plazos, costos y las relaciones entre dueño y contratista. La metodología de trabajo, la planificación y programación de la obra, en que se fijan los plazos, contrato de la fuerza laboral necesaria para construir la obra, y la adquisición de los materiales.

6-*Ejecución del proyecto.* En esta etapa se documenta la entrega de la obra e incluye el reporte final de la misma, incluyendo pruebas de calidad, revisión detallada de los elementos construidos, Pruebas de funcionamiento, y la aprobación final.

Debido a la norma fundamental de organización archivística, conocido como Principio de procedencia y respeto al orden original (Villanueva 2000)[2], esta información no pueda ser localizada en un sólo grupo documental, sino que se encuentra catalogada en expedientes integrados en diferentes fondos, que ejemplificamos a continuación.

Tipos de Documentos (croquis, mapas, planos, reportes de obra, dictámenes del congreso).

El acervo del AGEY se encuentra dividido en varios fondos documentales entre los que se puede encontrar información referente a las obras arquitectónicas y de ingeniería realizadas en el estado, que van del siglo XVII hasta nuestros días, entre los más importantes se encuentran: el fondo Colonial, fondo Poder Ejecutivo, fondo Congreso del Estado, fondo Municipios, fondo Justicia, fondo Cordemex, fondo Poder Judicial, fondo Archivo Notarial y el fondo Ferrocarriles (Canto 1999).

Si bien la mayoría de los fondos documentales mencionados son integrados por expedientes y libros, resaltan en su contenido mapas y planos que a lo largo de los años se han conjuntando en este acervo. La importancia de estos archivos radica no solamente porque son el resultado de una actividad gubernamental o legal de la población, sino porque por sus características son considerados documentos históricos iconográficos: pues emplean la imagen, es decir, signos no textuales y colores

---

[1] El AGEY, como referente archivístico peninsular, se encuentra en la mayoría de los trabajos bibliográficos de investigación histórica realizados en los últimos años.

[2] Norma que es respetada y vigente en el AGEY

para representar la información, al igual que las fotografías.

En el acervo histórico, se conservan alrededor de 1,500 planos y mapas clasificados y catalogados como tales, los cuales están divididos en:

FONDO CORDEMEX	**604**
FONDO FERROCARRILES	86
FONDO PODER EJECUTIVO	900

A estos se les puede agregar más de de 1000 planos y

Tabla 1 Clasificación de planos y mapas del AGEY

croquis incorporados a diversos expedientes de los fondos, congreso del estado, notarial, justicia, y poder ejecutivo que no están incluidos en el catálogo de mapas y planos, pero que forman parte de un corpus único por tratarse de un tema específico.

A continuación presentamos las características del acervo histórico plasmado en el catálogo de planos y mapas del AGEY, resaltando su riqueza como fuente documental que espera ser explotada por investigadores interesados en diversos aspectos de la vida cotidiana social y económica de Yucatán (Canto 1999)[3].

Planos y Mapas

Mapas del Fondo Poder Ejecutivo

Estos documentos provienen de distintas oficinas del Poder Ejecutivo del Estado, y fueron elaborados de 1964 a 1986. La colección consta de 51 mapas incluyendo mapas carreteros, cartas topográficas, cartas de climas de los estados de la península de Yucatán, y planos originales de zonas arqueológicas, haciendas, fraccionamientos y edificios del Estado de Yucatán.

Planos del Ramo Tierras

Consta de una colección de 662 planos provenientes de diversas dependencias de los ejecutivos nacional y estatal de 1836 a 1936, incluye planos de haciendas, de ejidos, de pueblos, de terrenos rústicos y urbanos, y de edificios y predios urbanos.

Planos varios de la Dirección de Asuntos Jurídicos

Son 191 planos que proceden de la Dirección de Asuntos Jurídicos de la Secretaría General de Gobierno del Estado. Este grupo documental está integrado por planos de lotificación de fraccionamientos urbanos, planos de valores unitarios de secciones catastrales, planas de fincas, rústicas, de poblaciones, de comunicaciones, marítimas y de edificios históricos.

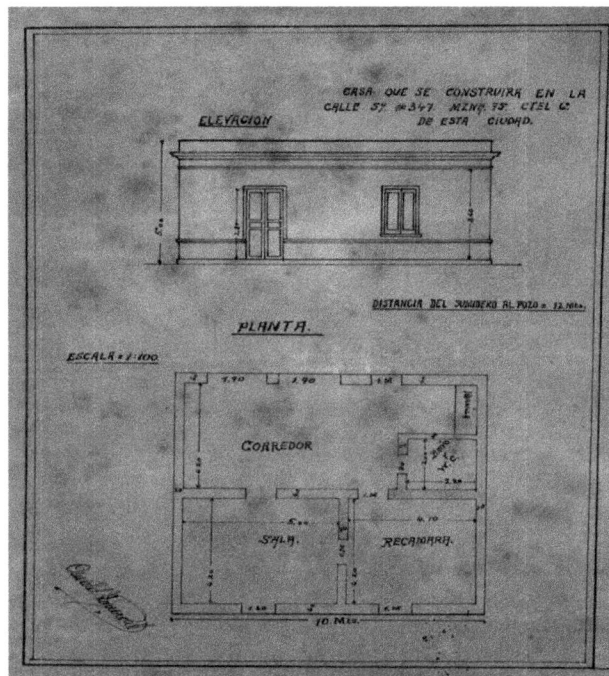

Figura 2. Proyecto de construcción de casa habitación presentado por Oswald Figueroa representante de "Construcciones y sorteos de casas", para sortearla. 1921.

Planos del Fondo Cordemex.

Los planos proceden de la extinta empresa paraestatal Cordemex, generados de 1967 a 1993 son planos de fábricas y plantas desfibradoras, de bodegas, almacenes y talleres, de predios y unidades habitacionales, de maquinaria e instalaciones, de ejidos, de haciendas, de edificios administrativos y comerciales, de sistemas de seguridad, de terrenos para construcción de edificios, de proyectos de ganadería lechera, organigramas administrativos, y de equipamiento de servicios urbanos para unidades habitacionales. La colección incluye 604 planos.

Planos y mapas integrados dentro de los expedientes

Fondo municipios

Estos documentos generados entre 1840 y 1950 proceden de diversos ayuntamientos de Yucatán.

Son aproximadamente 100 planos integrados a los expedientes municipales, incluyendo planos de colonias, planos de la ciudad o pueblo, planos de ejidos, planos de construcciones, etc.

Fondo Justicia

Estos planos proceden de los diversos juzgados de paz, de primera instancia y del Tribunal Superior de Justicia de Yucatán de 1821-1938, y vienen incluidos en expedientes sobre propiedades, haciendas henequeneras, remates, testamentarías, ocultación de bienes, reclamos de desocupación de predios, enajenaciones, invasiones de

---

[3] Información actualizada, disponible en: http://www.archivogeneral.yucatan.gob.mx/

tierra, mensura de tierras, avalúos de propiedades, liquidación y cuenta de bienes, planos de tierras, hipotecas, cesiones de bienes muebles, inmuebles, despojo de inmuebles y contratos.

Fondo Poder Ejecutivo

Procedente de distintas oficinas del Poder Ejecutivo del Estado, esta colección de documentos generada de 1821 a 1964 está conformada por documentos relacionados con juicios hipotecarios, ejecutivos mercantiles, extraordinarios hipotecarios, ejecutivos civiles, sucesiones testamentarias, liquidaciones judiciales, documentación de notarios y escribanos públicos, iniciativas de ley, leyes, decretos y reglamentos, patrimonio familiar, avalúo de predios, fraccionamiento de terrenos, desalojo de predios, convenios, actas de consejo de sociedades privadas, concesiones a la industria, haciendas henequenales, permisos para desfibrado de henequén, impuestos y contribuciones, bienes públicos, presupuestos, solicitudes de construcción de obras públicas, administración de cementerios, solicitudes de deslinde de ejidos, ampliaciones de ejidos, conflictos entre campesinos y hacendados, comunicaciones y transportes.

Tipos de bases de estos documentos

Si bien el papel es el soporte de la inmensa mayoría de la información resguardada en el AGEY, son diferentes tipos de papel los que se han usado a través de la historia, así mismo se han usado otras superficies de impresión como la piel, la tela, los microfilmes y actualmente los discos compactos para imprimir la información digital. Los mapas y planos analizados para esta ponencia fueron elaborados en tela aprestada, papel al ferroprusiato o cianotipo, papel vegetal, papel sulfurizado, papel de algodón, y papel de corteza.

Desafíos de conservación

La estabilidad de los soportes históricos de mapas y planos se ve condicionada por su propia materialidad, ya que la composición de estos soportes es diversa y de naturaleza variada e irremediablemente perecedera. Sin embargo, existe también una larga serie de agentes externos causantes de la degradación de estos materiales. Por lo general estos diversos tipos de papel son altamente sensibles al agua y a los cambios bruscos de sus condiciones ambientales de temperatura y humedad, que altera su composición química. Esto modifica su aspecto, produciendo la formación de manchas y pérdida de flexibilidad que hace que adquiera una consistencia rígida y quebradiza volviéndolo susceptible de sufrir grietas, desgarros y pérdida de materia. En casos de una prolongada presencia de alta humedad se puede producir la descomposición por gelatinización. Así mismo el papel con el paso del tiempo es víctima de la oxidación y la hidrólisis que son causadas por elementos ambientales contaminantes, residuos de sustancias empleadas en su fabricación, acidez, humedad o por los fermentos de

determinados microorganismos que pueden afectarlo (Hermosín 2011, 47-53). La consecuencia es el amarilleamiento y/o oscurecimiento, el debilitamiento general de sus fibras y una progresiva degradación de la molécula de celulosa hasta producir su la descomposición.

En el caso de las telas, el efecto de agentes externos como la luz o sustancias contaminantes provocan la pérdida temprana casi completa de la blancura y la transparencia originales de la tela para planos, que adquiere un tono opaco gris-azulado.

Formas de conservación

A diferencia de los expedientes históricos, los planos y mapas son materiales que por su formato no se puedan guardar en cajas archivadoras de tamaño estándar, los que se deben de conservar en planeros de acero inoxidable. Esto con el fin de proteger los materiales de la luz, el polvo, la humedad y la temperatura ambiente, y propiciar su manipulación con el menor riesgo posible.

El acondicionamiento ambiental de las estancias requiere unas condiciones de humedad relativa del aire entre el 50 y el 60% y una temperatura entre 18 y 20° C. Pero todos sabemos que estos son los parámetros ideales, lo más importante es que no sean sometidos a cambios bruscos de estas condiciones climáticas, lo cual sí que podría provocar graves alteraciones.

La luz no debe incidir nunca directamente sobre estas obras y menos la luz solar. Lo recomendable es que no se superen los 50 lux y esto puede controlarse con filtros en las ventanas y con el uso de lámparas de baja radiación ultravioleta e infrarroja. La contaminación medioambiental se controla aislando los documentos de las zonas más contaminadas y con filtros en ventanas, sistemas de ventilación y lugares de acceso, condiciones que procuramos mantener en el AGEY.

La mejor opción de preservación de estos documentos es evitando su manipulación, poniendo a disposición de los usuarios reproducciones de los documentos originales. La reprografía es un concepto que engloba un conjunto de técnicas que permiten la obtención de reproducciones fotográficas de los originales y que para los planos y mapas comprenden técnicas como la fotografía convencional, la restauración óptica, la microfilmación, la reproducción xerográfica y en muy específicos casos la digitalización (depende del tamaño del plano.) (Bringas 2008).

Notas Finales: La Relevancia del Registro Documental Para la preservación del Patrimonio Cultural Edificado Yucateco

La utilidad de la información resguardada en el AGEY para su empleo en programas de restauración del patrimonio cultural arquitectónico yucateco es indiscutible, su uso como auxiliar en la selección de técnicas y métodos de restauración de rasgos arquitectónicos que se hubieran perdido con el tiempo, en conjunto con el análisis simétrico y la anastilosis darían mayor soporte a la restauración de monumentos históricos.

Tomando en cuenta la importancia de estos documentos, planos y mapas, iniciamos en el AGEY un proyecto para la creación de la primera planoteca y mapoteca de Yucatán, que concentre el mayor acervo de este tipo en el Estado, que brinde las condiciones óptimas de conservación y de acceso y que se vaya alimentando permanentemente con los planos y mapas en papel y digitales que se generan de manera corriente en todas las dependencias del ejecutivo estatal. Actualmente tenemos aproximadamente 5000 planos en nuestro archivo de concentración que en breve pasaran a formar parte de nuestro archivo histórico disponible a la sociedad en general.

Bibliografía

Bringas Botello, Jennifer Libertad, coord. *Manual de conservación preventiva* 1. México: Centro de Conservación, Restauración y Encuadernación -ADABI, 2008.

Canto Alcocer, Jorge Alberto. *Archivo General del Estado de Yucatán. Guía General del Archivo Histórico.* Madrid: Fundación Histórica Tavera – Archivo General del Estado de Yucatán, 1999.

Hermosín Miranda, Rocío, "La cartografía como patrimonio documental. Características de los distintos soportes sobre los que se reproducen planos y esferas" *Ph* no.77 (2011): 47-53.

Pinet Plasencia, Adela. *La Península de Yucatán en el Archivo General de la Nación.* México: Archivo General de la Nación-UNAM, 1998.

Villanueva Bazán, Gustavo. "La norma Internacional General de descripción necesidad de normalización archivística". *En Teoría y práctica archivística 1. Cuadernos del Archivo Histórico de la UNAM 11,* coordinado por Gustavo Villanueva Bazán, 21-30. México: UNAM, 2000.

La presentación de las ruinas mayas

N. James*[1]
Cambridge University

> *'Para entender ... la arquitectura monumental central requiere ... el examen de todas ... las zonas de asentamiento'* (Smyth *et alia*, 1995: 342)

* Por sus estímulos, le doy las gracias al doctor Juan García Targa y también a Manuel Gándara. Me beneficié de los comentarios de Joan Santacana. Así mismo agradezco a Graham Kelsey, Elizabeth Baquedano y María Donapetry por la traducción.

Resumen

La presentación de restos arqueológicos de la antigua cultura maya que se hace a los visitantes en México y en Guatemala es demasiado selectiva. Privilegiar monumentos a expensas de viviendas ordinarias da una falsa impresión de su manera de vivir y deja abierta y sin contestar la pregunta de cómo eran las ciudades mayas y cómo funcionaba su sociedad.

La extraordinaria excepción arqueológica es Joya de Cerén. Con todo, y a pesar de que no hay otro lugar abierto al público que esté tan bien conservado, sería fácil mostrar ejemplos de viviendas ordinarias a la vez que monumentos en lugares como Dzibilchaltun, Sayil, Palenque, Tikal o Copán, por ejemplo. También podrían enseñarse en algunos lugares los restos de las milpas. Hasta que se mejore la presentación de restos antiguos, los visitantes seguirán concibiendo los pueblos antiguos mayas como un misterio.

Abstract

The presentation of archeological remains of the ancient Maya for visitors in Mexico and Guatemala is too selective. Favouring monuments and ignoring the evidence of ordinary housing, it gives a misleading impression of the ancient way of life and begs questions about what the Maya cities were and how society worked.

The outstanding archeological exception is Joya de Cerén; but, while no other site open to the public is so well preserved, it would be easy, at Dzibilchaltun, Sayil, Palenque, Tikal or Copán, for instance, to present samples of ordinary housing as well as the monuments. In places, the remains of fields could be shown too. Until presentation of the ancient remains is improved, visitors will continue to think of the ancient Maya as a mystery.

---

[1] Nicholas James es especialista en la gestión de recursos históricos y arqueológicos. Ha trabajado ampliamente en Inglaterra, la India, México y otros países. Ha ejercido la docencia en las universidades de Cambridge y Londres (Gran Bretaña) y en la Escuela Nacional de Antropología e Historia (ENAH, México). Contribuye artículos habitualmente a la revista *Antiquity* y es autor del popular libro, *Aztecs & Maya*. Actualmente trabaja en la Universidad de Cambridge.
Nicholas James is an expert in the management of historic and archeological resources. He has worked extensively in England, India, Mexico and other countries. He has taught en los Universidades de Cambridge y Londres y en la Escuela Nacional de Antropología e Historia (México). He contributes regularly to *Antiquity* and is author of the popular book, *Aztecs & Maya*. He now works in Cambridge University

Una sugerencia

La manera en que se presentan sitios arqueológicos y monumentos a los visitantes resulta de muchas decisiones tomadas con respecto a su preservación e interpretación. Esas decisiones dependen de valores y prioridades específicos de los arqueólogos y los administradores de los sitios. Más ampliamente — como saben ahora muchos mexicanos — puede que dependen también de prioridades políticas. Por lo tanto es la presentación selectiva. Así, es muy probable que, mientras cambian nuestros valores, los criterios de la presentación cambiarán también. De todo esto, el mejor ejemplo en las Américas es Chichen Itzá, desarrollado desde los años treinta para instruir a los ciudadanos y excitar a los turistas.

La perspicacia y la práctica de Manuel Gándara, durante los últimos quince años, ha animado a la conciencia más explícita, en México, acerca de cómo funciona la interpretación de la arqueología para los visitantes en los sitios y los museos. Ahora, además, sus estudiantes están ayudando el desarrollo de los principios (Ledesma 2011). Seguramente, México va a crear y presenciar cambios continuos en la presentación en el siglo veinte uno. Un factor especialmente importante es el nivel de alfabetismo que, en México, ha conocido tan fuerte crecimiento desde hace tres generaciones.

Para la arqueología, un resultado del crecimiento del alfabetismo es que se puede explicar en la presentación no solamente lo que demuestran los restos hallados a nuestro alrededor pero también el carácter de las pruebas arqueológicas en general. Según la máxima ecológica bien conocida, ayudar a la gente a comprender el medio ambiente es animarles a cuidarlo bien. Ledesma (2011) sigue la implicación, además, que 'la interpretación temática' debe relacionarse con el conocimiento de los temas contemporáneos.

La presentación es muy importante en Yucatán, donde las ruinas de los antiguos sitios mayas son entre los bienes más famosos para la economía esencial del turismo. Voy a ofrecer una sugerencia particular para realizar la presentación de las ruinas. Es que se debería presentar la arqueología de la vida cotidiana de la mayoría del pueblo ordinario, los restos de las viviendas y otros elementos cotidianos (Figura 1).

La presentación de monumentos o sitios arqueológicos tiene que contar con tres variables: 1) las características de los sitios, sus condiciones de preservación y su situación hoy en día; 2) la gente que los visita; y 3) la manera en que los sitios son gestionados e interpretados para esos visitantes. Aquí voy a concentrarme en identificar las oportunidades para la presentación e interpretación más que en la sociología de los visitantes. Consideraré ejemplos de Yucatán pero propondré también unas comparaciones obvias de otras regiones.

Figura 1.- Restos arqueológicos de una unidad habitacional en Dzibilichaltun (cortesía del Middle American Research Institute de Tulane University).

El modo antiguo de vida

Primero: ¿cuáles serían los aspectos más relevantes para dar sentido a los sitios arqueológicos de los antiguos mayas? En el caso de que tuvimos que hacer una lista breve, podríamos constatar que son: las vidas diarias de la gente ordinaria, la aristocracia, los cambios y el desarrollo histórico, mirando con una atención especial al colapso de los mayas al final del período Clásico.

Desde hace mucho tiempo, se ha presentado a la arqueología espectacular de la nobleza y el apogeo y descenso de los antiguos mayas como algo 'misterioso'. Esta tendencia empieza a cambiar ahora, sobre todo como consecuencia de los avances rápidos, hechos desde los años setenta, en el desciframiento de los glifos antiguos. No obstante, debido al contenido de aquellos textos, el avance de los epigrafistas tiende a reforzar la tendencia de concentrarse en los monumentos de la nobleza. Por eso, la mayor parte de la atención, tanto popular como académica, sigue centrado en las 'ciudades' pero, debido en gran parte a la forma dispersa de las ciudades del período Clásico, se han considerado, desde hace mucho tiempo, como enigmas (Hardoy 1964, 265; Arnauld 2008, 2, 28). En gran medida, eso es porque se han desatendido las señales de la vida diaria de la mayoría de la población. Es verdad que los restos de la vida cotidiana contribuyen menos que los grandes monumentos al aclarar los desarrollos a lo largo del período antes de la conquista española puesto que las viviendas y sus accesorios cambiaron poco a lo largo de dos milenios. De hecho, la tradición pervive hasta hoy en día en zonas de Yucatán y Chiapas. Por lo general, un énfasis en la arqueología de la vida cotidiana sería más de carácter etnográfico que histórico.

En efecto, presentar tanto los restos de las viviendas ordinarias y solares o campos como a las pirámides y canchas del juego de pelota es abrir el tema único más significativo de los mayas prehispánicos y de todo Mesoamérica. ¿Hasta qué nivel dependían las comunidades locales de sus gobernadores? La mayor parte de la arqueología sugiere un sistema de organización social 'mecánico' donde, por un lado, los ritos aristocráticos fueron respaldados por las tributaciones pagadas por el pueblo pero, por otro lado, el pueblo también quedaba en gran medida independiente. Al narrar de la nobleza de los *k'iche'es*, el Popol Vuh dice que solamente podrían haber construido las grandes casas y los templos porque su pueblo era numeroso. El pueblo podría haber valorado el simbolismo religioso de los reyes; o, quizás toleraba el lujo desmedido de la realeza porque, de una manera general, el campesinado disfrutaba de un grado crítico de seguridad económica. Así que las pirámides y las canchas de pelota no nos explican cómo funcionaba la antigua sociedad maya: ¿cuál era, entonces, el carácter de la vida urbana, o a quienes representan esas ruinas de así llamadas ciudades; y dónde y cómo pasaban la mayor parte de su tiempo la mayoría de la población?

Los arqueólogos saben responder a esta pregunta. En los terrenos de pasto comparativamente abiertos en Yucatán, como también en los altos del sur, se han descubierto varias docenas de pueblos extendidos alrededor de los centros ceremoniales. Es algo sorprendente que, durante el período Clásico, el patrón de asentamiento en los altos fue parecida a aquella de las tierras bajas (Kurjack y Garza 1981; de Montmollin 1989): dado que la geografía es tan distinta, esto debe decirnos algo sobre un elemento fundamental de la organización social y política de los mayas. Tampoco es la vivienda la sola prueba de la vida cotidiana: en algunas condiciones se han identificado solares; en Belice y en la cuenca de la Ulúa en Honduras, se han encontrado las terrazas agrícolas; y se ha descubierto campos en los humedales alrededor de Tikal y Kohunlich.

La prueba más común para constatar la presencia de los agricultores, a parte de sus herramientas de piedra y la cerámica, son las plataformas de piedra de sus casas. Están repartidas en un patrón jerárquico: grupos de dos hasta cuatro plataformas alrededor de un patio; unas series de estos agrupadas que forman aldeas; pueblos más grandes con pirámides modestas; y unos pocos grandes asentamientos centrales con monumentos, tales como Ek Balam, Edzna o, en los altos de Chiapas, Chinkultic.

Los que residieron en las ciudades vivieron sobre plataformas parecidas, como vemos en Calakmul, por ejemplo, Tikal, y tal vez Chichen Itzá. Incluso en los pueblos más grandes y las ciudades, la vivienda era normalmente repartida con bastante terreno abierto entre las agrupaciones domésticas. Sin embargo, en algunos conjuntos las diferencias se establecen más por la posición, el tamaño o por lo que se ha descubierto allí en piedra, escultura o las cerámicas más elaboradas.

Lejos, pues, de la imagen usual del poder real, a menudo presentado, la modularidad del patrón de asentamiento implica una constitución integrada de una manera floja (McAnany 1995; Robin 2013; Haviland 2014b, 149-60).

Más allá del repartimiento de la vivienda, entre las pocas pistas visibles de ese esquema, dentro de las así-llamadas ciudades, pueden ser las largas estructuras 'palaciegas' de los períodos Clásico Tardío y Terminal y Posclásico, y los símbolos situados por encima de sus puertas, como en el Cuadrángulo de las Monjas en Uxmal. Algunos arqueólogos piensan que estos edificios representan comunidades federadas con sus identidades distintas.

¿Es injusto, no obstante, criticar el énfasis habitual en presentar a las pirámides? Como las viviendas tienden a respetar la misma orientación este-oeste como los monumentos principales, quizás el simbolismo de éstos representa un estándar común. Además, como sabe todo el mundo, casi todas las ciudades fueron abandonadas al final del período Clásico; se ha demostrado que, en los altos de Chiapas, los asentamientos pequeños también fueron abandonados; y tampoco sobrevivieron muchos en el Petén o en Belice. Eso podría significar que se había centralizado el poder político; así que, conocer sobre el abandono de Edzna o Chinkultic es saber, por extensión, que colapsó toda la sociedad. Sobrevivieron brevemente aldeas alrededor de Uxmal y, durante algún tiempo más, de Copan, en Honduras, pero, en ambas zonas, la campiña cayó, eventualmente, en silencio. Así que se podría argumentar que los monumentos urbanos sí representan a todos los mayas durante los dos mil años antes de la conquista española. (Ese argumento, a su vez, estaría sujeto a la condición de que todas las casas fueron construidas sobre las plataformas que se pueden localizar mediante el reconocimiento arqueológico; pero Johnston (2004) ha demostrado que hay plataformas mínimas 'no-visibles' de la superficie del suelo. ¿Así, hasta qué punto, después de todo, entendemos donde vivía todo el mundo, y como vivía?)

Incluso si los antiguos mayas estaban tan bien integrados que las ciudades pueden representar su forma de vida, el incidir nuevamente sobre las pirámides, los palacios, las canchas para el juego de pelota o los 'observatorios' es pasar por alto a las muchas modestas viviendas. No es necesariamente difícil revelar y mantener las paredes y plataformas de una vivienda para que los visitantes puedan admirarla, como atestiguan los edificios a lo largo del curso del riachuelo que sigue su curso a través de Palenque o en el grupo Sepulturas a Copán. Aunque estos edificios en Palenque y Copán son más grandes que la mayoría de la vivienda, podrían realizar significativamente la apreciación por parte de los visitantes de la sociología antigua.

La arqueología de los antiguos mayas consiste en mucho más que unas pirámides en un aislamiento enigmático. Ilustra todas las dimensiones de su estilo de vida. ¿En efecto, confrontados por estas, hasta dónde puede complacerse en misterios? Así que tenemos ahora a evaluar dos cuestiones más: 1) que esperan encontrar los visitantes en los sitios arqueológicos y 2) las condiciones para visitar a los elementos de la vida cotidiana que sobreviven todavía.

Los visitantes

Al juzgar por cómo se presenta la mayor parte de la arqueología, parece que suponemos que los visitantes son incapaces de comprender los contextos más amplios de los monumentos. Tal vez, en efecto, las cuestiones académicas no les interesan a todo el mundo. Tantos visitantes a Chichen Itzá o Tulum se encuentran en breves giras desde la playa o un crucero. Atrapados en grandes grupos, tienen poca oportunidad para reflexionar; y tal vez están contentos en maravillar a las ruinas como si fueron castillos de hadas.

No obstante, es erróneo suponer que la presentación depende solamente en 'el lado de demanda'. El ocio no significa necesariamente la laxitud. Bajo las condiciones sociales apropiadas, el público no profesional puede comprender cualquiera de las cuestiones que fascinan a los estudiosos. Muchos visitantes vienen, por supuesto, en pequeños grupos y tienden a tener más flexibilidad temporal. La mayoría están preparados a responder a unas informaciones desconocidas siempre que estén relacionadas con unas ideas o informaciones que ya controlan. Tampoco es difícil explicar la arqueología de la vida de los campesinos utilizando diferentes medios: impresos, auditivos y/o interactivos.

A cualquier visitante se le puede ofrecer resúmenes de las cuestiones académicas las cuales podrían estimular algún pensamiento fecundo más tarde. No es más que una cuestión de clarificar los supuestos conceptuales y metodológicos sobre los cuales depende la investigación. Se pueden transmitir las cuestiones en términos sencillos sin deformación excesiva y se puede invitar a los visitantes a aprender tanto que quieran.

Una media especialmente eficaz de presentación son los guías turísticos. Debido, principalmente, a las presiones bajo las cuales trabajan, tienden a servir de una manera bastante pobre a los grupos de visitantes, tanto grandes como pequeños. Sin embargo, como se demostró en Palenque si no en Yucatán, hay guías capaces de trabajar bien (James 2009). Probablemente la mayoría de las guías sabrían explotar rápidamente a los restos de casas ordinarias como contraste para las ruinas de las pirámides y las canchas de pelota.

No obstante, hay dos límites principales por la presentación de restos más modestos. Tienden a hallarse comparativamente remotos; y son pequeños.

Las zonas arqueológicas son definidas, gestionadas y presentadas alrededor de los grandes monumentos. La vivienda ordinaria y los terrenos agrícolas se encontraban generalmente a una cierta distancia de las pirámides. Así que, como los visitantes suelen tener un tiempo limitado, una presentación de los restos más modestos no beneficiaría, necesariamente, a todo el mundo. No obstante, como voy a señalar, los accesos a algunos sitios arqueológicos sí llevan a los visitantes cerca a los restos de la vivienda común.

En segundo lugar, las plataformas y los grupos de casas son demasiado pequeños para permitir que muchos visitantes puedan admirarlos e, igualmente, las estructuras son menos sólidas que los grandes monumentos. Esto tendería a ser un problema para los guías. Por el otro lado, las plataformas son numerosas. Se podrían abrir varios grupos, repartidos para el beneficio tanto de los visitantes como de la conservación.

La propuesta tiene como objetivo principal la diversificación de los elementos arqueológicos ofrecidos y en menor medida el aumento del número de visitantes. En efecto, sería factible esperar que la mejora podría estimular la llegada de más visitantes; pero la propuesta se pretende hacer las atracciones existentes más interesantes.

La preservación

La arqueología de la gente común sobrevive hasta grados distintos y en condiciones distintas. A este respecto, preservado debajo de ceniza volcánica, es Joya de Cerén, en El Salvador, el sitio arqueológico destacado. Consta de viviendas con huertas al lado. Crece, evidentemente, como una atracción por los visitantes.

De la mayor parte de las casas de los antiguos mayas, todo lo que sobrevive para ser visto en el suelo son las plataformas de piedra. Unas pocas fueron construidas más sustancialmente con paredes de piedra que sobreviven todavía y algunas retienen portales (Figura 1). Más incluso las plataformas descubiertas son notables. Tanto por el diseño como por sus tamaños, se parecen a las casas tradicionales todavía utilizadas hoy en día en regiones como Yucatán. Además, como esas casas, los encuentran normalmente en dos o tres lados de un patio. Las implicaciones para la vida familiar quedan agradablemente evidentes.

Por la misma razón, un elemento importante de muchos grupos de casas antiguas son los entierros localizados adyacente o bajo el suelo o los cimientos (McAnany 1995, 50-5, 103-4; Haviland 2014a, 377-405). Por supuesto, no son visibles normalmente, pero hay unos ejemplos de tumbas más grandes abiertas al público, como en la cancha este de Copan. En aquel caso, el edificio por encima probablemente no fue una vivienda. No obstante, en otras partes hay tumbas domiciliarias probablemente suficientes sólidas para abrir a los visitantes.

En el terreno rocoso tanto de la península de Yucatán como en las tierras altas del sur, uno de los elementos más corrientes alrededor de las casas es los *chultunes* (pozos) para obtener el agua o por el almacenamiento. Son pruebas valiosas para la economía del hogar. Algunos fueron usados para los entierros (Haviland 2014a, 377-405).

Se puede exponer a los suelos, los *chultunes* y quizás incluso los vestigios de los campos de los agricultores, en sección. Tales exposiciones podrían ser conservadas y presentadas. En Teotihuacán, en el Centro de México, los visitantes pueden identificar pisos de casas en sección a lo largo de ciertos senderos.

La sobrevivencia de todos estos elementos, *ceteris paribus*, demuestra su durabilidad. Si se abrían los lugares a los visitantes, sin embargo, tendrían que ser custodiados para impedir daños por parte de la gente que tocaría la mampostería o incluso caminaría por encima de ella. Por consiguiente, aunque el número de visitantes seria comparativamente pequeño, habría necesidad de más custodios.

La mayoría de los antiguos mayas vivieron en pequeños asentamientos. El reconocimiento ha revelado sus restos por todas partes entre Chichen Itza y Ek Balam, por ejemplo (Ringle *et al*, 2004, 488). ¿Sería posible abrir algunos a los visitantes allí o cerca de Dzibilchaltun, por ejemplo, o, en el Petén, a lo largo del trayecto por el parque en torno a Tikal? Otra vez, la dificultad sería cómo gestionar los sitios. Sin un control de acceso a los monumentos visitados, podría ser comparativamente caro mantener tales lugares.

La gestión

Nuestro breve repaso de las cuestiones abiertas en la arqueología e historia, de las prioridades y la organización de los visitantes, y de las condiciones para la preservación de los restos arqueológicos, demuestra que hay cuatro factores principales que se debe tener en cuenta para presentar y gestionar los restos. Debemos evaluar las cuestiones o los valores académicos. Después, deberíamos considerar hasta qué punto están enteros los sitios o los elementos que queremos presentar. ¿Ilustran los valores o las cuestiones para el visitante de una manera adecuada? ¿Son los sitios suficientemente accesibles? ¿A cuántos visitantes se podrían dar cabida los distintos lugares (capacidad de carga)?

Es evidente que para el comercio del turismo, se da por entendido que los edificios ceremoniales o de la aristocracia son o bien lo que es más importante desde el punto de vista académico o bien lo que la mayoría de la gente quiere admirar y, por lo tanto una presentación solo tendrá éxito si la gente encuentra los monumentos espectaculares e insólitos. Se puede refutar cada una de estas suposiciones.

El crecimiento del interés arqueológico en Yucatán y en otras partes ha incidido en algunos casos en la disminución de los criterios y prioridades académicos. Seamos claros: finalmente, ni el patrimonio cultural ni el patrimonio natural pueden ser sostenidos al menos que sean evaluados y comprendidos a través de la luz de las investigaciones.

En segundo lugar, tenemos que encontrar sitios que ostenten suficientes variedades de elementos para demostrar las antiguas formas de vida más ampliamente. ¿Alrededor de los monumentos ceremoniales de un sitio ya abierto al público, existen los restos de grupos de viviendas, *chultunes*, tal vez *temazcales* (baños de vapor) y quizás las paredes de patios domésticos?

Así mismo: ¿a qué distancia están los sitios arqueológicos de las ciudades y carreteras principales? ¿Una vez llegados, qué distancia deben caminar los visitantes desde la entrada y los monumentos principales para ver las casas u otros elementos de la vida ordinaria? En Copán, el acceso al grupo Sepulturas ha sido restringido ahora al cerrar el sendero desde la plaza principal.

En cuarto lugar, hace falta evaluar cuantos visitantes podría sostener un sitio o un rasgo específico sin poner en peligro la sobrevivencia de los restos. Este cálculo depende de la superficie sobre lo cual los visitantes se les van a repartir, la frecuencia de exposición, horaria, diaria, semanal y temporal, o la intensidad de la exposición. Probablemente la cantidad de los visitantes cambiará según su proximidad a las principales atracciones monumentales.

Ya hemos visto que la capacidad de carga turística cambia también según la durabilidad de los restos. Se tiene que evaluar tanto a los visitantes como la climatología en cada momento. Los elementos de piedra están comparativamente estables, pero las viviendas ordinarias menos que las estructuras masivas como las pirámides.

Elementos de yeso o incluso ladrillo (como en Comalcalco) pueden ser demasiado débiles. Sobretodo haría falta un criterio cuidadoso en el caso de que se iba a exponer y presentar una tumba.

Comparaciones

Antes de someter la propuesta a una prueba más exhaustiva con un análisis de ciertos sitios mayas, podemos recordarnos de algunos ejemplos de más allá. Hay precedentes.

El ejemplo destacado de México es Teotihuacán, con una selección de conjuntos residenciales a corta distancia del centro. Visitar al gran conjunto de La Ventilla, una vez que sea abierto al público, promete ser especialmente provechoso, con casas tanto pequeñas como grandes. Como es el caso de los sitios mayas, estos sitios periféricos tienen mucho valor interpretativo por la paradoja que plantean con respecto a la organización de la ciudad. Tienen sus propios oratorios y entradas estrechas, al parecer diseñados por unas comunidades exclusivistas. ¿Cómo, pues, se mantuvo Teotihuacán?

Entre los sitios en otras partes de México central que beneficiaron de la campaña de investigación lanzado por el gobierno en los años noventa del siglo pasado, fue Cantona. A lo largo del camino que dirige a las canchas de pelota y los patios ceremoniales en la cima de la colina, se ha expuesto y consolidado complejos residenciales. En Ranas, por otra parte, están presentados solamente los principales montículos ceremoniales y las canchas de pelota. Curiosamente, un grupo de casas fue excavado pero luego abandonado a los matorrales y la selva, con el resultado de que ahora no pueden ser vistos. Por eso, en la forma en que está presentado hoy, Ranas es fascinante pero, en efecto, tiene poco sentido.

La presentación de la vivienda ordinaria mejor conocida en el mundo es Pompeya, en el sur de Italia. Claro, la razón principal para mostrarlo es menos el interés sociológico, que sencillamente el hecho de que está tan bien conservado. Un caso similar sería la de Akrotiri, en la isla de Santorini (Thera), en Grecia. En Gran Bretaña se encuentran las casas sin techos en Skara Brae y Chysauster; y cerca de Chysauster sobreviven los prados contemporáneos con sus murallas. En otras partes de Gran Bretaña e Irlanda hay asentamientos ruinosos cubiertos por las hierbas verdosas pero accesibles por el visitante. En los Estados Unidos se encuentran, por supuesto, los 'Pueblos' de Nuevo México, Colorado y Arizona.

Estudios de caso

Para hacer más convincente la argumentación para presentar los restos mayas antiguos se procederá a la evaluación de los cuatro factores de gestión en algunos sitios bien conocidos. En este sentido tendría mucho interés en evaluar a Chichen Itzá, el primer sitio turístico de Yucatán, pero todavía no es claro, sin publicación, dónde se localizaban las viviendas de la gente común (Wauchope 1938). Dada esta limitación, primero consideramos las opciones en Sayil y después, más brevemente, los casos de Ek Balam y Mayapán. Finalmente, para evaluar si se podría aplicar el principio más lejos, evaluamos si se podría funcionar la propuesta entre las ruinas portentosas de Tikal.

Se promociona a Sayil como una parada en 'la Ruta Puuc', concepto desarrollado para incitar a los turistas que van a las ruinas más grandes de Uxmal, de prolongar su estancia en el distrito. Los dos otros sitios principales a lo largo del camino son Kabah y Labna. Sayil recibió casi 16.000 visitantes en 2013, menos que Kabah y Labna y menos que 10 por ciento de la cifra por Uxmal (INAH 2014). Sin embargo, los principios para mostrar los restos de la vida diaria a Sayil funcionarían, casi seguramente, tan fácilmente en Kabah y Labna.

Los visitantes a Sayil llegan a la zona de estacionamiento en la esquina noroeste de la zona arqueológica (Figura 2). Desde allí, casi todo el mundo camina al así-llamado Gran Palacio y, desde allí, la mayoría sigue, cruzando el claro, a lo largo, o al lado, del *sacbe* (calzada elevada), hasta la ruina conocida como El Mirador. Unos pocos caminan un poco más, al lado del *sacbe* siguiente, hasta el recinto Sacbe. Probablemente desalentado por la selva que se acerca cada vez más, muy pocos exploran el *sacbe* siguiente que conduce a la cancha del juego de pelota y al Palacio Sur. Los grandes edificios y *sacbes* (*sacbeob*) son monumentos típicos de los antiguos mayas y son las únicas estructuras que los visitantes ordinarios pueden ver y explorar.

La selva crece con mucha densidad y esconde casi todo de la vista más allá de los claros. Sin embargo, pequeños grupos de casas se extienden por varios cientos de metros hacia el este, el sur y el oeste del Gran Palacio y alrededor de los otros tres grupos. Muestran la disposición típica alrededor de un patio que deja entender una provisión para dos o tres generaciones de una familia co-residencial. La investigación ha identificado que algunas de las casas están rodeadas por *chultunes* y, anteriormente, huertas (Smyth *et alia* 1995, 326-9, 339-42). Dentro de los 500 metros de los *sacbes*, las casas son comparativamente grandes pero, más allá, parecen ser de un tamaño más típico.

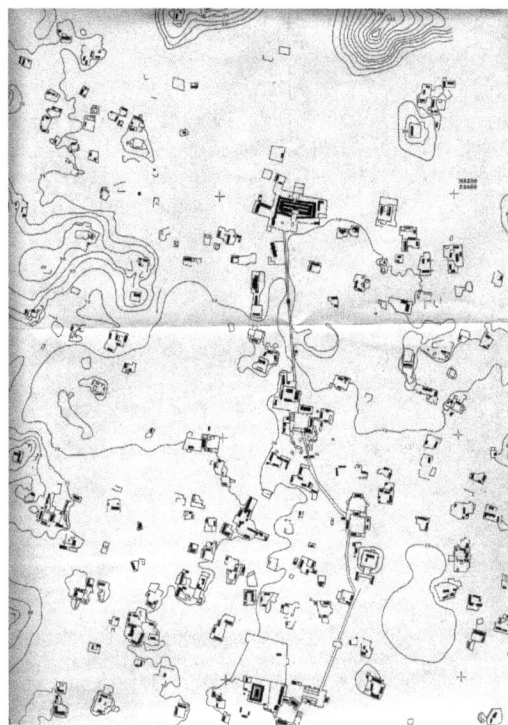

Figura 2.- Plano del sitio arqueológico Sayil, Yucatán (cortesía de la Middle American Research Institute de Tulane University).

Entre algunas de las casas, ciertas cerámicas y esculturas podrían demostrar que los habitantes practicaban sus propios ritos, sin tener en cuenta su asistencia a las ceremonias entre los monumentos centrales o a lo largo de los *sacbes* (Carmean 1998); y los espacios de las huertas sugieren un grado de independencia económica doméstica. Además, el análisis contradice la expectativa de que las élites vivían solamente en el centro (Smyth *et alia* 1995, 331-9). Es posible que el Gran Palacio estuviera una estructura 'palaciega' durante la mayor parte de su existencia. Todavía se podría mostrar a los visitantes como todos los edificios respectan, más o menos, la misma orientación que los monumentos centrales. Sayil ilustra bien la paradoja de la antigua organización maya.

Se llega fácilmente a dos de los conjuntos de casas desde los senderos públicos. Seis grupos se sitúan al este del *sacbe* entre el Mirador y el recinto Sacbe en el que se observan estructuras y conjuntos desde una hasta cuatro casas. Son del tipo más grande. Cerca del estacionamiento se sitúan cuatro o cinco grupos de las casas más pequeñas.

Ek Balam se encuentra cerca de la carretera entre Mérida y Cancún. Las investigaciones principales aquí tuvieron lugar en los años noventa y desde entonces se ha preparado el sitio para el turismo. Ahora recibe casi 160.000 visitantes (INAH 2014). La cifra es asombrosa, dado que el sitio es una nueva atracción.

Una corta caminata por el monte desde la zona de estacionamiento lleva el visitante a una muralla que rodea el recinto ceremonial central. En el interior hay una plaza dominada al fondo por una pirámide con vistas del entorno. Los elementos más llamativos de la pirámide son los relieves de yeso cerca de la cima que ahora (por lo mejor o por desgracia) están totalmente expuestos. En la plaza, se exhiben los restos de un supuesto *temazcal*. Al lado de la plaza hay un juego de pelota.

Las investigaciones han revelado que el recinto amurallado se situaba en medio de un asentamiento muy extenso. En la actualidad, la gestión del sitio no contempla estos extensos espacios. Como sucede en Sayil, la vivienda nos ayuda a confirmar para qué y para quienes fueron los edificios ceremoniales. ¿Ha preservado, entonces, la utilización reciente de los terrenos los restos registrados por la investigación? Si así fuera, ¿sería factible, legalmente y financieramente, ampliar la zona de protección arqueológica para incluir unas de las viviendas? Exhibir una muestra supondría la contratación de más custodios; pero (consideraciones de la contabilidad aparte) tal vez Ek Balam genera ingresos suficientes para la presupuestar, sobre todo cuando se toma en cuenta el hecho de que más que la mitad de los visitantes son extranjeros que pagan entradas más caras que los mexicanos (INAH 2014).

Mayapán es una candidata obvia para la presentación de casas ya que, como todos los arqueólogos saben bien, era ocupado mucho más densamente que otros antiguos asentamientos mayas (Figura 3). Por otra parte, se encuentra bastante alejado. Recibió 18.606 visitantes en 2013 (INAH 2014).

Ocupado hasta un siglo antes de la conquista española, Mayapan conserva las ruinas de unos 1.100 grupos de casas (Pollock *et al*, 1962; Hare y Masson 2012). Unos 750 constituyen tan solo dos edificios, muy parecidos a la mayoría de los grupos en entorno antiguo y contemporáneo. El asentamiento fue rodeado por una muralla y casi todas las casas se situaban en el interior de este espacio. A diferencia de la muralla de Ek Balam o el circuito de Uxmal, es posible que esta fuese defensiva. La leyenda decía que los gobernantes fueron dictadores tiránicos. Se puede afirmar que Mayapan es la excepción a la regla general que las antiguas casas ordinarias nos demuestran poco del cambio histórico. Quizás el patrón distintivo de la vivienda estaba relacionado con el régimen político insólito. Hay varios grupos de pequeños edificios ceremoniales; y un grupo central de edificios más grandes, incluyendo una pirámide y (tal vez paradójicamente) una especie de estructura 'palaciega'.

Es aquí, en el centro, donde la mayoría de los visitantes se concentran. Se ha ampliado y mejorado la zona despejada pero, salvo una parte de la muralla, no se ha liberado ningún otro resto de los gruesos matorrales que cubren tanto Mayapan como de los alrededores. ¿Sería difícil preparar para los visitantes algunos ejemplos de las viviendas? En términos generales, el principio académico sería similar a Sayil y Ek Balam: la relación de la vida del vecindario con los asuntos de la ciudad en su conjunto.

Para evaluar si la 'experiencia del visitante' podría ser mejorada en otras regiones de lo que los promotores del turismo han llamado el 'Mundo Maya', el ensayo más obvio sería Tikal, en el Peten. Hoy en día recibe unos 150.000 visitantes al año (InGuat 2014, 46). La cifra parece modesta en comparación con la de Ek Balam pero la localización de Tikal es remota.

A pesar de una población total de unos 60.000 habitantes durante el período Clásico, la vivienda a Tikal está repartida en grupos típicos de casas alrededor de patios (Figura 4). Algunas de las casas más grandes cubren sustanciales bóvedas de entierro (Haviland 2014a); pero, otra vez, la vivienda respeta la orientación este-oeste en armonía con las pirámides. Como demuestra Sayil, los espacios abiertos entre los grupos domésticos probablemente eran huertas, pero eran insuficientes para abastecer a toda la economía doméstica. Un enigma significativo en Tikal (e igualmente a las demás ciudades grandes, tales como Calakmul o incluso Coba) es ¿cómo los agricultores podrían abastecer a tantos hogares?

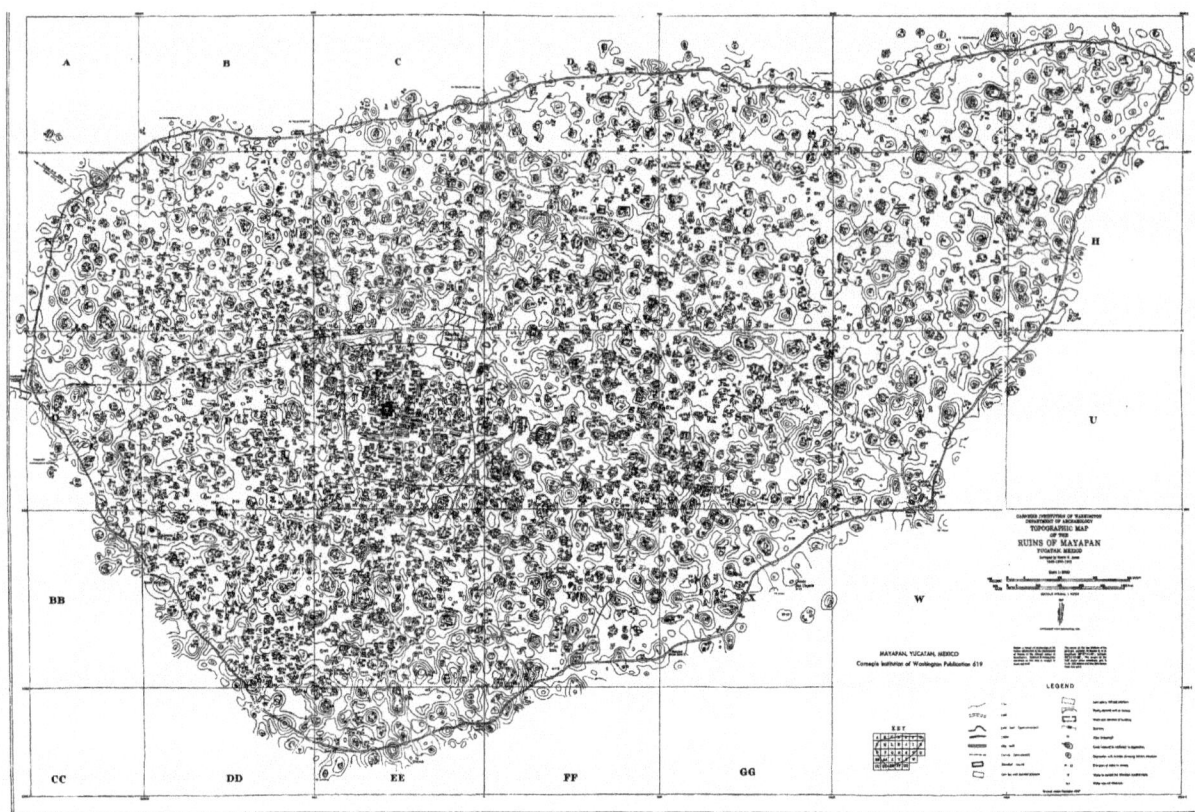

Figura 3.- Plano del sitio arqueológico Mayapán, Yucatán, México (cortesía de la Carnegie Institution for Science).

Los visitantes entran a la zona protegida desde el lado este. La mayoría caminan alrededor de las plazas principales y las pirámides, concentrándose en los más grandes de los grupos de Pirámides Gemelas, la Acrópolis Central, la Acrópolis Norte y el Templo IV. En la Acrópolis Central, muchos admiran los aposentos con vistas a la Gran Plaza, habitualmente interpretados como viviendas de la aristocracia.

La mayor parte de los visitantes pasan, en efecto, un día completo a Tikal. No obstante, parece muy poco probable que muchos se preguntan: ¿dónde vivían la mayoría de los ciudadanos?, ¿quiénes deberían haber construido los monumentos? — si no haberlos utilizado — o ¿dónde tenían sus casas y sus milpas o campos? No se tiene que ir lejos para encontrar a la evidencia (Figura 4). Hay casas y patios de varios tamaños a menos que 100 metros del camino principal que une el centro de visitantes a los grandes grupos de pirámides gemelas; a menos que 200 metros del Complejo del Mundo Perdido; a menos que 100 y 200 metros del Templo IV; y, mientras se tiene que reconocer que menos visitantes alcanzan la zona sudeste, hay también grupos de casas a menos que 100 metros de la Calzada Méndez y cerca del Templo de las Inscripciones (Haviland 2014a, 165, 248-52, 346).

Sin embargo, no se puede ver a ninguno porque se les deja desmoronar entre la maleza. Además pasean muchos visitantes al lado, o incluso a través, de uno u otro de los antiguos depósitos, pero hay poca mención de éstas en la presentación. Tampoco, por supuesto, se reconoce que no entendemos plenamente el abastecimiento de la ciudad.

¿Qué dificultad supondría el explicar algo más de la topografía de Tikal? ¿Qué dificultad supondría cortar y mantener caminos hasta algunos grupos de casas como muestras, para revelar y consolidar la mampostería y para presentar unas pequeñas muestras de restos de los mayas ordinarios del período Clásico?

Conclusión

Para no hablar con demasiada sutileza, parece que, por falta de informaciones suficientes sobre lo que los arqueólogos han encontrado, se les deja soñar, más o menos, a los visitantes. Son impresionantes las ruinas monumentales pero, si queremos llamarlos ciudades: ¿dónde son las casas en las vivieron los habitantes, los agricultores? La cuestión es simple: sin una presentación más pormenorizada de toda la gama de pruebas, los monumentos no tienen sentido suficiente.

Los restos de las casas antiguas o sus plataformas son corrientes y accesibles en la mayoría de las zonas arqueológicas más visitadas y mejor gestionadas. Demuestran el tamaño de los hogares; y, si se pudiesen revelar las tumbas, podrían indicar algo de como los

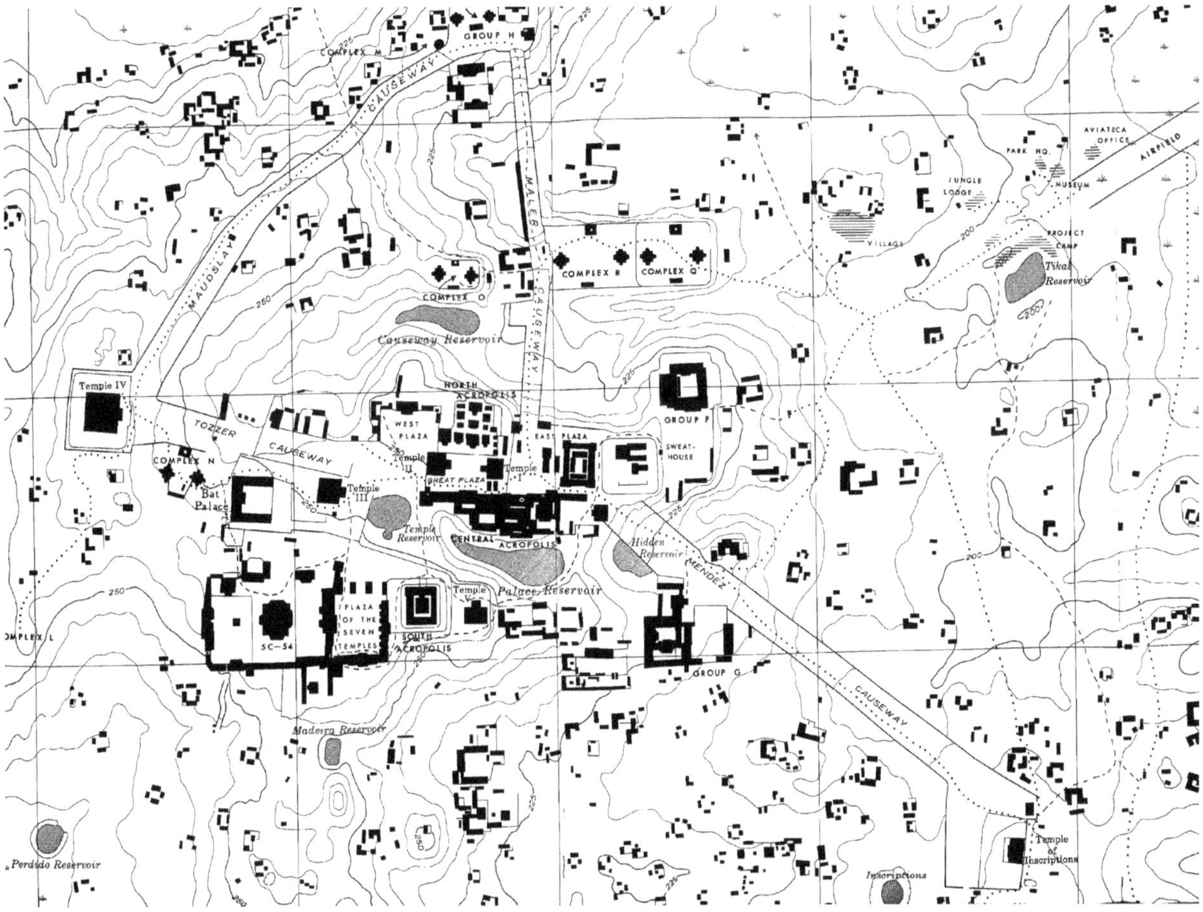

Figura 4.- Plano del sitio arqueológico de Tikal, Guatemala (cortesía del University of Pennsylvania Museum).

habitantes se identificaron tanto con las parcelas particulares como con las ciudades mismas.

Los arqueólogos tienen derecho, si no están obligados, a compartir lo que han encontrado y que están investigando. ¿Entonces, son culpables de negligencia los administradores y los arqueólogos? o surge, esta manera de enfocarse casi exclusivamente en los monumentos grandes, de una noción que a los visitantes les falta interés en las cuestiones que preocupan a los arqueólogos mismos o, incluso, que les falta la capacidad para comprenderlas? Si tenemos en cuenta la historia heroica de la difusión pública en México, eso es imposible creer. Más bien, parece que existe un malentendido sobre lo que los visitantes están dispuestos a notar y estudiar.

Suponiendo que se puede revelar, consolidar y visitar la evidencia, la propuesta está orientada hacia un programa de presentación más comprensible que invitaría a la reflexión. El hecho de mostrar los restos de la vida cotidiana, así como de los monumentos espectaculares, ampliaría la conciencia de todos los antiguos restos. También, los visitantes podrían ganar un sentido de los debates arqueológicos y, de esta manera, podrían reconocer la forma abierta por lo cual funciona la ciencia. Cuanto más pueden reconocer a la sociología y la

economía, lo menos misteriosa o incomprensible aparecerá la civilización antigua — y la nuestra propia.

Bibliografía

Arnauld, M. Charlotte. "Urbanización maya: ciudades agrarias en un mundo pre-industrial." En *El urbanismo en Mesoamérica*, editores Alba Guadalupe Mastache, Ángel García Cook y Kenneth G. Hirth, 1-36. México: Instituto Nacional de Antropología e Historia, 2008.

Carmean, Kelli, "Leadership at Sayil: a Study of Political and Religious Decentralization," *Ancient Mesoamerica* 9 (1998): 259-270.

Coe, William R.. *Tikal: a Handbook of the Ancient Maya Ruins*. Filadelfia: University of Pennsylvania. Museum, 1967.

de Montmollin, Olivier. *The Archaeology of Political Structure: Settlement Analysis in a Classic Maya Polity*. Cambridge: Cambridge University Press, 1989.

Hardoy, Jorge Enrique. *Ciudades precolombinas*. Buenos Aires: Infinito, 1964.

Hare, Timothy S., y Marilyn A Masson. "Intermediate Scale Patterns in the Urban Environment of Postclassic Mayapan." En *The Neighborhood as a Social and Spatial Unit in Mesoamerican Cities*, editores M. Charlotte Arnauld, Linda R.

Manzanilla y Michael E. Smith, 229-260. Tucson: University of Arizona Press, 2012.

Haviland, William A.. *Excavations in Residential Areas of Tikal: Non-Elite Groups Without Shrines: the Excavations* (Tikal Report 20A). Philadelphia: University of Pennsylvania Museum, 2014a.

Haviland, William A.. *Excavations in Residential Areas of Tikal: Non-Elite Groups Without Shrines: Analysis and Conclusions* (Tikal Report 20B). Philadelphia: University of Pennsylvania Museum, 2014b.

INAH (Instituto Nacional de Antropología e Historia). *Estadística de visitantes*. www.estadisticas.inah.gob.mx, 2014.

InGuat. *Boletín anual: estadísticas de turismo 2013.* Instituto Guatemalteco de Turismo Departamento de Investigación y Análisis de Mercados Sección de Estadística, 2014.

James, N. "Can Guided Tours Make Sense of World Heritage?," En *Prajñādhara: Essays on Asian Art History, Epigraphy and Culture*, editores Gerd J.R. Mevissen y Arundhati Banerji, 441-452. Nueva Delhi: Kaveri, 2009.

Johnston, Kevin J., "The 'Invisible' Maya: Minimally Mounded Residential Settlement at Itzán, Petén, Guatemala," *Latin American Antiquity* 15 (2004): 145-175.

Kurjack, Edward B. *Prehistoric Lowland Maya Community and Social Organization: a Case Study at Dzibilchaltun, Yucatan, Mexico* (Middle American Research Institute Publication 38). Nueva Orleans: Tulane University, 1974.

Kurjack, Edward B., y Silvia Garza. "Pre-Columbian Community Form and Distribution in the Northern Maya Area," En *Lowland Maya Settlement Patterns*, editora Wendy Ashmore, 287-309. Albuquerque: University of New Mexico Press, 1981.

Ledesma Bouchan, Patricia. "La integración de la interpretación temática y la arqueología social ameroibérica en Tlatelolco," En *Perspectivas de la investigación arqueológica* V, editoras Patricia Fournier y Walburga Wiesheu, 257-276. México: Instituto Nacional de Antropología e Historia, 2011.

McAnany, Patricia A.. *Living with the Ancestors: Kinship and Kingship in Ancient Maya Society.* Austin: University of Texas Press, 1995.

Pollock, H.E.D., Ralph L. Roys, T. Proskouriakoff y A. Ledyard Smith. *Mayapan, Yucatan, Mexico* (Publication 619). Washington: Carnegie Institution, 1962.

Ringle, William M., George J. Bey III, Tara Bond Freeman, Craig A. Hanson, Charles W. Houck y J. Gregory Smith. "The Decline of the East: the Classic to Postclassic Transition at Ek Balam, Yucatan," En *The Terminal Classic in the Maya Lowlands: Collapse, Transition, and Transformation*, editores Arthur A. Demarest, Prudence M. Rice y Don S. Rice, 485-516. Boulder: University Press of Colorado, 2004.

Robin, Cynthia. *Everyday Life Matters: Maya Farmers at Chan.* Gainesville: University Press of Florida, 2012.

Sabloff, Jeremy A., y Gair Tourtellot. *The Ancient Maya City of Sayil: the Mapping of a Puuc Region Center* (Middle American Research Institute Publication 60). Nueva Orleans: Tulane University, 1991.

Smyth, Michael P., Christopher D. Dore y Nicholas P. Dunning, "Interpreting Prehistoric Settlement Patterns: Lessons from the Maya Center of Sayil, Yucatan," *Journal of Field Archaeology* 22 (1995): 321-347.

Wauchope, Robert. *Modern Maya houses: a Study of their Archaeological Significance* (Publication 502). Washington: Carnegie Institution, 1938.

El manejo del paisaje cultural en el área maya, el caso de Yucatán: problemáticas, retos y alternativas

MLArch Ana Marianela Porraz Castillo
Marista University of Merida
marianelaporraz@gmail.com

Resumen

México posee una riqueza natural y cultural internacionalmente reconocida, sin embargo esta abundancia de recursos cuenta con una potencialidad todavía inadvertida de generar zonas económicamente activas y sistemas de aprovechamiento. Simultáneamente, el sur del país tiene los estados con los índices de marginalidad social más altos, mientras que las políticas públicas apuntan a un aprovechamiento de los recursos únicamente desde la perspectiva del turismo, y no desde la perspectiva de la autogestión y el espacio público. Los recursos naturales y patrimoniales deben ser parte de un derecho humano. El gran reto del siglo XXI es generar, a partir de una gestión responsable, territorios para todos, espacios que protejan la identidad y la diversidad tanto biológica como cultural.

Palabras clave: Paisaje cultural, Patrimonio, Gestión responsable, Autogestión comunitaria, Desarrollo económico.

Abstract

Mexico has an internationally recognized natural and cultural wealth, but this abundance of resources still has an unnoticed potential to generate economically active areas and harvesting systems. Simultaneously, the south of Mexico has the states with the highest rates of social marginality, while public policies are geared towards taking advantage of resources from a tourism perspective, rather than from the perspective of self-management and public space. Natural and cultural resources must be part of a human right. The great challenge of the XXI century is to generate, through responsible management, spaces which protect the identity and diversity as well as the biological and cultural aspects of territories that belong to all citizens.

Keywords: Cultural Landscape, Heritage, Responsible Management, Community management, Economic development.

.Introducción

El presente trabajo se plantea como una primera exploración sobre las problemáticas del paisaje cultural en Yucatán, así como de las políticas en su manejo, con la finalidad de establecer un marco conceptual sobre la gestión del territorio.

En primera instancia, el paisaje es un concepto de carácter integral, que se podría definir como la percepción sintética del territorio, entendido éste como un sistema en donde interactúan componentes medioambientales y antrópicos. Dichos paisajes pueden tener grandes valores únicos los cuales les atribuyen un carácter patrimonial.

En cuanto a las políticas de conservación del paisaje, para la Unión Internacional para la Conservación de la Naturaleza y los Recursos Naturales (UICN)[1] la biodiversidad también debe incorporar la diversidad cultural humana, ya que tiene impacto sobre la diversidad de los genes, sobre las demás especies y los ecosistemas, por lo que conservar un área natural debe siempre contemplar la conservación cultural.

De igual forma, durante la segunda mitad del siglo XX y los primeros años del XXI, el paisaje ha tomado preponderancia en las políticas de conservación patrimonial mundial. Ejemplo de esto son las cartas y tratados internacionales, como el de Florencia[2] (1981), Carta de Washington para la conservación de centros históricos[3] (1987) , Carta para la protección del patrimonio Vernáculo (1999), Convenio Europeo del Paisaje[4] (200), Carta Iberoamericana del Paisaje Cultural en Cartagena de indias[5] (2012), entre otras.

Otra estrategia de conservación ha sido la lista del patrimonio mundial[6], la cual constituye una iniciativa para promover y conservar la diversidad cultural y natural del planeta. Desde 1994 al presente se han inscrito 1007 sitios, de los cuales 197 son paisajes naturales y 84 paisajes culturales en el mundo.

---

[1] Josep-Maria Mallarach, *Valores Culturales y Espirituales de los Paisajes Terrestres y Marinos protegidos: visión general.*, UICN, GTZ y Obra Social de Caixa Catalunya, vol. Volumen 2, Valores de los Paisajes Terrestres y Marinos Protegidos (Sant Joan les Fonts, 2008), 9-21.

[2] ICOMOS, « Carta de Florencia, sobre los jardines históricos », 1981.
[3] ICOMOS, « Carta de Washington, para la conservación de ciudades históricas y áreas urbanas históricas », 1987.
[4] Consejo de Europa « Convenio Europeo del Paisaje », 2000.
[5] Ministerio de Educación, Cultura y Deporte « Carta Iberoamericana del Paisaje Cultural en Cartagena de Indias ».
[6] UNESCO, « Lista del patrimonio Mundial », 2016.

Dentro de esta perspectiva, los paisajes culturales[7] son la representación del trabajo combinado del hombre con la naturaleza, así mismo ilustran la evolución de las sociedades humanas y sus asentamientos en el tiempo, bajo la influencia de condicionantes y oportunidades del medio físico.

Finalmente, dentro de la perspectiva de la conservación patrimonial, es importante abordar el concepto de la gestión responsable del medio ambiente. Para David Manuel Navarrete[8] dicho término es la planificación del territorio, que basándose en un discurso transpersonal y colaborativo, considera la conservación y el equilibrio de los elementos bióticos del sistema, reconociendo la interacción del hombre con la naturaleza, así como la integración de los valores y las diferentes perspectivas de las sociedades sobre su compresión del entorno.

Asimismo, una gestión responsable del territorio debe contemplar inclusión tanto en sus políticas como en su manejo, desde la perspectiva del respeto a las prácticas culturales, desde luego valorando su impacto en los ecosistemas, generando servicios ambientales y recursos económicos para la población, así como estableciendo el espacio público como una forma de democratizar el paisaje y los recursos.

Antecedentes

México posee el cuarto lugar en biodiversidad[9] y en él radican aproximadamente 62 grupos etnolingüísticos indígenas[10] lo que le confiere un carácter de riqueza tanto natural como cultural. Producto de lo anterior se encuentran inscritos 32 sitios en la lista de patrimonio mundial[11], entre los cuales se encuentran seis paisajes naturales y dos paisajes culturales. (El paisaje del agave en la zona de Tequila, y las cuevas de Yagul y Mitla en Oaxaca). Ésta última categoría se encuentra sub-representada si tomamos en cuenta la gran diversidad que posee dicho país. Es en este contexto que la protección y gestión del paisaje se hace cada vez más apremiante.

Por otra parte, según la Comisión Económica para las Naciones Unidas[12], México es el séptimo lugar de pobreza en América Latina, y según la CONAPO[13] el sur

de México presenta los más altos grados de marginación del país, presentando algunos de los retos más importantes en materia de desarrollo social.

Tomando como caso de estudio el estado de Yucatán, el cual se localiza en una península al sureste del país, es pertinente mencionar sus características geomorfológicas y bióticas. La entidad se establece sobre una planicie calcárea con procesos kársticos con un clima cálido subhúmedo (Aw0) , suelos de escaso espesor en su gran mayoría de tipo leptosoles y rendzinas, así como una vegetación de preponderante de selva baja subcaducifolia, selva mediana perennifolia, mangles, humedales, vegetación de duna costera y selva baja espinosa.

Así mismo para tener una visión integral del paisaje es pertinente abordar los procesos de sedentarización de grupos mayas en el territorio se inician aproximadamente en el período clásico temprano entre 1,800 y 1,500 a.C., mientras que el período de máximo desarrollo en época prehispánica (clásico), fue entre los años 100 y 900 d.C., en los cuales se desarrollaron centros urbanísticamente planificados de diferentes jerarquías e interconectados, que configuraron un profuso patrón de asentamiento dentro del territorio.

En la época colonial, entre los siglos XVI y XVIII, se transcurre del cacicazgo del posclásico hacia un sistema urbano regional producto de las ordenanzas de Felipe II, y de acuerdo al sistema de las encomiendas y de las misiones religiosas. Lo que dio como resultado un patrón que aglutinó a la población maya como forma de control, no obstante que las prácticas del cultivo se mantuvieron prácticamente iguales.

En siglos posteriores la ocupación del territorio ha cambiado en función a diversos procesos sociales y económicos, como la guerra de castas en el siglo XIX, las divisiones políticas de la península, la producción del monocultivo del henequén en el siglo XIX, su posterior decaimiento en el siglo XX, hasta llegar a convertirse en la entidad federativa que hoy se establece con una superficie de 39,524 kms2, 1, 955,577[14] habitantes y actividades económicas principalmente en el sector terciario.

Actualmente existen 9 regiones en el programa del Sistema de Áreas Naturales Protegidas del Estado de Yucatán[15], 16 zonas arqueológicas protegidas por el INAH[16], que sumados a iniciativas como pueblos mágicos de México, declaratorias federales, estatales y municipales, establecen marcos normativos, y en algunos casos también recursos financieros, que en mayor o menor medida, garantizan su salvaguarda.

---

[7] Mechtild Rössler, « Los paisajes culturales y la Convención del Patrimonio Mundial Cultural y Natural: resultados de reuniones temáticas previas », Paisajes culturales en Los Andes. Memoria narrativa, casos de estudio, conclusiones y recomendaciones de la reunión de expertos. Arequipa y Chivay, Perú, 2006, 17–22.

[8] David Manuel Navarrete and others, « Ecological integrity discourses: linking ecology with cultural transformation », Human Ecology Review 11, n° 3 (2004): 215–229.

[9] David Espinosa et al., El conocimiento biogeográfico de las especies y su regionalización natural, vol. 1, 2008, 34-63.

[10] Federico Navarrete Linares, Los pueblos indígenas de México, CDI (Comisión Nacional para el desarrollo de los pueblos indígenas), PNUD (Programa de las Naciones Unidas para el Desarrollo), 2008, 9.

[11] UNESCO, « Lista del patrimonio Mundial », 2016.

[12] ONU (Naciones Unidas) et CEPAL (Comisión Económica para América Latina y el Caribe), Panorama Social de América Latina (Santiago de Chile, 2013).

[13] Consejo Nacional de Población (CONAPO) et Secretaría de Gobernación (SEGOB), « Índice de Marginación por entidad federativa y municipio ».

[14] Instituto Nacional de Estadística y Geografía (INEGI), « Información por identidad: Yucatán », 2015.

[15] Secretaría de Desarrollo Urbano y Medio Ambiente (SEDUMA), « Sistema de Áreas Naturales Protegidas del Estado de Yucatán (SANPY) » 2016.

[16] Instituto Nacional de Antropología e Historia (INAH), « Red de Zonas Arqueológicas », 2016.

Caracterización y principales problemáticas de los paisajes culturales

Para poder conservar y gestionar el paisaje cultural en primera instancia es necesario identificar, clasificar y caracterizar aquellos lugares que cuenten con elementos o valores que les confieran el carácter de patrimoniales. Según la UNESCO[17], algunos de los criterios por los cuales una obra puede tener un valor patrimonial de gran relevancia son: obras maestras de la creatividad humana, que exhiban un importante número de valores o tradiciones humanas, ser obras únicas y excepcionales, ser regiones que evidencian los procesos históricos de la tierra o que ilustren procesos biológicos, y lugares que conserven la biodiversidad de ecosistemas.

En la zona de estudio se identificaron 6 tipos de paisajes culturales con valor patrimonial y potencial a aumentar su grado de protección y valoración: las zonas arqueológicas prehispánicas, los centros históricos, rutas religiosas conventuales, los poblados con arquitectura vernácula, los campos de cultivo del henequén y los cenotes.

Los yacimientos arqueológicos en el Estado son paisajes relictos, que ilustran los sistemas sociales de una de las civilizaciones más sofisticadas de Mesoamérica: los mayas (Imagen 1). Dentro de las problemáticas en su gestión se encuentra la abundancia de sitios en la zona en comparación a los recursos federales para financiar, estudiar y conservar el sin número de evidencias materiales que existen en la zona.

© Ana Marianela Porraz Castillo 2014
Imagen 1 : Zona arqueológica de Xcambo

En algunos países la coinversión, entre los diferentes niveles de gobierno o entre iniciativa pública y privada, es una estrategia que ha ayudado a financiar campañas de registro, consolidación y mantenimiento. Así mismo, para garantizar el estado de las zonas arqueológicas prehispánicas es necesario realizar mejoras en la interpretación difusión de los sitios, ya que de esta manera la población general es capaz de comprender la importancia del paisaje como relicto y es capaz de sumarse a los esfuerzos por su conservación.

Los centros históricos coloniales son paisajes continuos y urbanos, que son el testimonio de los procesos culturales sincréticos de la época colonia (Imagen 2). A pesar de que estos son claramente identificados como zonas patrimoniales, o incluso tienen declaratorias como en el caso de Mérida, la principal problemática ha sido la obtención los recursos financieros para realizar intervenciones para restaurar y rehabilitar gran parte de sus construcciones y de los espacios públicos, que en muchos casos se están perdiendo irremediablemente.

© Matthew Large 2014
Imagen 2 : Centro histórico de la ciudad de Mérida

Así mismo algunas asociaciones y fundaciones llevan a cabo un papel de importancia en el estudio y rescate de elementos patrimoniales, tal es el caso del Patronato del Centro Histórico, Fomento Cultural Banamex, Universidades, entre otros. Sin embargo para su gestión es necesario considerar a todos los sectores sociales involucrados ya que la participación ciudadana es necesaria en los procesos de reconversión urbana, para la determinación los espacios públicos y regenerar también los espacios de encuentro y convivencia.

Las rutas conventuales son paisajes entre urbanos y manejados, que han tenido procesos continuos y fluctuantes de antropización (Imagen 3). Si bien establecidas como itinerarios turísticos, han pasado relativamente inadvertidas como paisajes culturales, tanto de los elementos constructivos, como sus conjuntos urbanos, sus huertos y espacios exteriores. Es por tanto, como estrategia de gestión, necesaria la consolidación de dichas rutas a partir de una estrategia en su restauración, interpretación y difusión. Así mismo sería pertinente difundir los valores tradicionales asociados con la ruta, aportando de esta manera valores del patrimonio intangible a los sitios.

---

[17] Peter Fowler, « World heritage cultural landscapes, 1992–2002: A review and prospect », Cultural landscapes: The challenges of conservation, UNESCO 2002, 16.

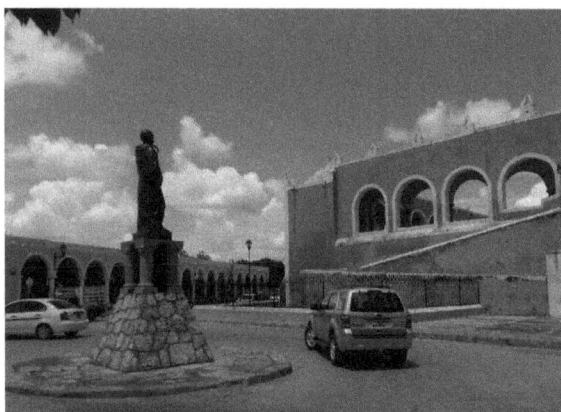

© Ana Marianela Porraz Castillo 2014
Imagen 3 : Centro histórico de Izamal, Yucatán

Por otra parte, la arquitectura vernácula en Yucatán (Imagen 4) en las comunidades del interior del estado, son paisajes culturales continuos, mezcla la antropización del territorio y su manejo, ya que desde época preclásica el solar maya y la vivienda absidal, han sido y sigue siendo, el esquema de vida que ha garantizado la supervivencia. Sus amplísimos patios, huertos, techos guano y albarradas han sido inspiración de artistas y viajeros románticos. No obstante, la migración del campo a la ciudad, los fenómenos climatológicos, los programas gubernamentales de vivienda mínima y la transculturación de las comunidades han dado como resultado el abandono, el cambio de la tipologías de vivienda y de los materiales tradicionales por otros prefabricados, lo que ocasiona una pérdida de homogeneidad y armonía en estos poblados naturales. Se tendría que gestionar la protección y valoración de las comunidades vernáculas Yucatecas, entendiendo estas como entidades dinámicas, pero con un fuerte potencial paisajístico.

© Ana Marianela Porraz Castillo 2014
Imagen 4 : Hacienda Xcuyum, Yucatán

Los paisajes manejados, como los remansos del cultivo del henequén, junto con los ex - cascos de haciendas, son parte de una pasado industrial (Imagen 5), que si bien en algunos casos han sido restaurados y rehabilitados, generalmente se convierten en espacios que tienden a la iniciativa privada y que de ninguna forma participan en la

construcción de una identidad cultural o memoria histórica del pasado para los actuales habitantes de dichas regiones.

© Ana Marianela Porraz Castillo 2014
Imagen 5 : Santa María Chi, Yucatán

No obstante que puedan llevarse a cabo actividades de índole privada, se propone de manera complementaria crear rutas interpretativas que expliquen a la población en general el fenómeno del henequén a partir de los elementos que permanecen en el paisaje.

Por último, los cenotes o dolinas (Imagen 6) son paisajes naturales excepcionales que sólo existen en algunas zonas del planeta producto del "karst". Así mismo son paisajes asociativos ya que los mayas tenían fuertes tradiciones y creencias, tanto prehispánicas como contemporáneas, en torno a ellos.

© Ana Marianela Porraz Castillo 2014
Imagen 6 : Cenote en reserva eco-arqueológica Oxwatz

Aunque algunos son áreas naturales protegidas por declaratorias estatales (Anillo de cenotes) presentan grandes problemáticas en cuanto a su conservación natural, debido en gran medida a contaminación, así como falta de elementos para su interpretación y accesibilidad. Si bien algunas rutas de cenotes ya se encuentran abiertas a los visitantes, existen muchas zonas más con posibilidad de conservarse y difundirse de forma responsable, cuidando de no sobre explotar el ecosistema.

Los retos y alternativas en la conservación del paisaje cultural

Algunos de los retos generales de la gestión del paisaje cultural y del patrimonio en la zona de Yucatán, sería establecer de forma precisa la capacidad de carga de visitantes según los límites de los ecosistemas, así como dotar de información y elementos suficientes que permitan al visitante realizar la interpretación o la "lectura" del paisaje cultural. De igual forma es necesario garantizar la accesibilidad, seguridad y la infraestructura necesaria para que los proyectos puedan operar con éxito.

Otra cuestión relevante sería cambiar el paradigma del patrimonio cultural como elemento de disfrute del turista del exterior únicamente. Si bien dicho aspecto debe ser considerado, no podemos perder de vista que el patrimonio tiene la noción de herencia, y está asociado a los valores que como sociedad hemos producido en el pasado, por lo que su disfrute e interpretación debe estar enfocada principalmente a que las personas de la región conozcan su historia, como parte de la construcción de una identidad, y sean capaces "apropiarse" de dichos sitios participando de su conservación.

Algunas alternativas que podrían plantearse sería incrementar las rutas por los paisajes culturales del Estado, estableciendo las correspondientes declaratorias y normativas que garanticen su conservación, estableciendo planes de manejo, e incorporando elementos del patrimonio intangible como valores que se asocian con dichos territorios, tales como leyendas, gastronomía, religión y diferentes prácticas culturales.

Iniciativas en algunos países de Europa como la ley del 1% cultural[18], establece la obligación de destinar dicho porcentaje de los contratos de obra pública a trabajos de conservación patrimonial, lo que ayuda a generar ingresos en materia de conservación. Podría ser de utilidad revisar iniciativas de esta naturaleza en todo el mundo y la posibilidad de aplicación en nuestra región, con la finalidad de garantizar el financiamiento de proyectos patrimoniales.

Igualmente sería pertinente involucrar a la iniciativa privada y a la sociedad por medio de la creación de asociaciones civiles y la donación de recursos en proyectos prioritarios que puedan mejorar poner en valor elementos patrimoniales, así como mejorar la calidad de vida de las personas en materia ambiental y recreativa.

Así mismo en materia de gestión participativa y responsable, la Secretaría de Medio Ambiente y Recursos Naturales [19] (SEMARNAT) y la Comisión Nacional Forestal (CONAFOR) han generado pagos y subsidios a cambio de servicios ambientales (PSA) tales como el manejo forestal de una zona, agua, conservación de la biodiversidad, producción de oxígeno, entre otros, que las comunidades pueden proporcionar a las regiones.

De la misma forma La Comisión Nacional de Pueblos indígenas establece también el Programa de Turismo Alternativo en Zonas Indígenas[20], el cual pretende promover las iniciativas indígenas en materia de turismo sostenible. Dichas estrategias pueden ser interesantes desde la perspectiva de que puede mejorarse la conservación de las zonas con elementos naturales y culturales por medio de la inclusión de poblaciones rurales, generando recursos económicos.

Dentro de esta misma línea habría que establecer esquemas en donde las poblaciones o los ciudadanos puedan involucrarse en las actividades de conservación, estudio y difusión. Algunos de los esquemas que están operando con éxito en la gestión es el caso de los vecinos de la Plancha, que ya han creado su propia A.C. para gestionar sus espacios públicos dentro del centro histórico.

Así mismo el voluntariado estudiantil y de comunidades interesadas en el patrimonio, puede ser una potencialidad en materia de difusión y estudio. En países de la Unión Europea se trabajan con redes de asociaciones (asociaciones como REMPART[21] en Francia) en donde los jóvenes trabajan haciendo talleres en los veranos en los que se les enseña qué es el patrimonio, y cómo conservarlo, por lo que se les asignan pequeñas tareas de mantenimiento. Así como las personas de la tercera edad son una población que de manera frecuente se involucra en actividades de estudio, difusión y preservación de la memoria histórica de los lugares.

Conclusiones

En México y Yucatán se tiene un largo camino recorrido en cuanto a políticas culturales, sin embargo todavía quedan retos a consolidar en años venideros, por lo que es posible y deseable transitar hacia esquemas de gestión que no excluyan a diferentes sectores, sino que capitalicen dicho potencial humano para general nuevas alternativas.

La importancia de la protección del paisaje cultural radica principalmente en la consolidación de una identidad, así como en términos de biodiversidad y desarrollo económico para todos los sectores sociales y no para unos cuantos.

Es durante las últimas décadas que diferentes países se han dado cuenta de la importancia de la gestión participativa del espacio público, ya que estos son

[18] Gobierno de España et Agencia Estatal Boletín Oficial del Estado, « Ley del Patrimonio Histórico Español », 1985.
[19] Gobierno Federal et Secretaría de Medio Ambiente y Recursos Naturales (SEMARNAT), « Programa de Pago por Servicios Ambientales », 2014.

[20] Comisión Nacional para el Desarrollo de los Pueblos Indígenas (CDI), « Turismo Alternativo », 2016.
[21] « Asociación REMPART: Una red de asociaciones al servicio del patrimonio », 2016.

fundamentales para el desarrollo integral de los individuos y las sociedades. Tenemos que recuperar nuestros recursos tanto biológicos como culturales como parte un derecho humano en una tarea compartida de la democratización del paisaje.

Bibliografía

Bracamonte, Pedro. *La conquista inconclusa de Yucatán: los mayas de las montañas, 1560-1680*. México: CIESAS, 2001.

Culbert, T Patrick, et T Patrick Cullbert. *The Lost Civilization: The Story of the Classic Maya*. New York: Harper and Row, 1974.

Espinosa, David et al. "El conocimiento biogeográfico de las especies y su regionalización natural". *Capital Natural de México. Vol. 1*, http://www.biodiversidad.gob.mx/pais/pdf/CapNatMex/Vol%20 I/I01_Elconocimientobiog.pdf, 2008.

Fowler, Peter. "World heritage cultural landscapes, 1992–2002: A review and prospect". En *Cultural landscapes: The challenges of conservation*, 2002, 16. http://unesdoc.unesco.org/images/0013/001329/132988e.pdf

Mallarach, Josep-Maria. *Valores Culturales y Espirituales de los Paisajes Terrestres y Marinos protegidos: visión general*. UICN, GTZ y Obra Social de Caixa Catalunya. Vol. Volumen 2. Valores de los Paisajes Terrestres y Marinos Protegidos. Sant Joan les Fonts, https://portals.iucn.org/library/efiles/edocs/2008-055-Es.pdf, 2008.

Navarrete Manuel and others. "Ecological integrity discourses: linking ecology with cultural transformation". *Human Ecology Review* 11, nº 3 (2004): 215–229.

Navarrete Linares, Federico. *Los pueblos indígenas de México*. México: Comisión Nacional para el desarrollo de los pueblos indígenas CDI, Programa de las Naciones Unidas para el Desarrollo PNUD, 2008.

Rössler, Mechtild. "Los paisajes culturales y la Convención del Patrimonio Mundial Cultural y Natural: resultados de reuniones temáticas previas". *Paisajes culturales en Los Andes. Memoria narrativa, casos de estudio, conclusiones y recomendaciones de la reunión de expertos*. (Perú: Arequipa y Chivay, 2006), 17–22.

Targa García, Juan. "Arqueología Colonial en el área maya. Aspectos generales y modelos de estudio." *Revista Española de Antropología Americana*, (Universidad de Barcelona, 1995), 25-41.

Naciones Unidas (ONU) y Comisión Económica para América Latina y el Caribe (CEPAL). Panorama Social de América Latina. Santiago de Chile, http://repositorio.cepal.org/bitstream/handle/11362/35904/S201 3868_es.pdf?sequence=1, 2013.

Otras fuentes

Comisión Nacional para el Desarrollo de los Pueblos Indígenas (CDI). « Turismo Alternativo », 2016. http://www.cdi.gob.mx/turismo/.

Consejo Nacional de Población (CONAPO), et Secretaría de Gobernación (SEGOB). « Indice de Marginación por entidad federativa y municipio », 2010. http://conapo.gob.mx/es/CONAPO/Indices_de_Marginacion_20 10_por_entidad_federativa_y_municipio.

Consejo de Europa « Convenio Europeo del Paisaje », 2000. http://ipce.mcu.es/pdfs/convencion-florencia.pdf.

Gobierno de España, et Agencia Estatal Boletín Oficial del Estado. « Ley del Patrimonio Histórico Español », 1985. http://www.mecd.gob.es/mecd/dms/mecd/cultura-mecd/areas-cultura/patrimonio/1-cultural/normativa/ley16-1985.pdf.

Gobierno Federal, et Secretaría de Medio Ambiente y Recursos Naturales. « Programa de Pago por Servicios Ambientales », 2014. http://www.inecc.gob.mx/descargas/con_eco/2009_sem_ser_am b_pres_04_emartinez.pdf.

ICOMOS. « Carta de Florencia, sobre los jardines históricos », 1981. http://www.icomos.org/charters/gardens_sp.pdf.

ICOMOS. « Carta de Washington, para la conservación de ciudades históricas y áreas urbanas históricas », 1987. http://www.icomos.org/charters/towns_sp.pdf.

ICOMOS « Carta del patrimonio vernáculo construido », 1999. http://www.icomos.org/charters/vernacular_sp.pdf.

ICOMOS « Lista del patrimonio Mundial », 2016. http://whc.unesco.org/es/list/.

Instituto Nacional de Antropología e Historia (INAH). « Red de Zonas Arqueológicas », 2016. http://www.inah.gob.mx/images/zonas/lista/pagina.html.
Instituto Nacional de Estadística y Geografía (INEGI). « Información por identidad: Yucatán », 2015. http://cuentame.inegi.org.mx/monografias/informacion/Yuc/Pob lacion/default.aspx?tema=ME&e=31.

Ministerio de Educación, Cultura y Deporte (España) « Carta Iberoamericana del Paisaje Cultural en Cartagena de Indias », 2012. http://ipce.mcu.es/pdfs/carta-iberoamericana-del-paisaje.pdf.

REMPART « Una red de asociaciones al servicio del patrimonio », 2016. http://www.rempart.com/.

Secretaría de Desarrollo Urbano y Medio Ambiente (SEDUMA). « Sistema de Áreas Naturales Protegidas del Estado de Yucatán (SANPY) », s. d. http://www.seduma.yucatan.gob.mx/areas-naturales/sanpy.php.

UNESCO. « Convención sobre la protección del patrimonio mundial, cultural y natural », 1972. http://whc.unesco.org/archive/convention-es.pdf

Estrategias para la gestión del patrimonio arqueológico de México: una perspectiva institucional desde la Dirección de Operación de Sitios del INAH

Luis Antonio Huitrón Santoyo y Eduardo Andrés Escalante Carrillo
Dirección de Operación de Sitios
INAH

Abstract

In this article we point out the general strategies for the management of archaeological heritage in Mexico through the Sites Operation Department of the National Institute of Anthropology and History (INAH). This department is responsible for the development of strategies for the management and operation of the archaeological sites opened to the public in the country (187 archaeological sites in total), as well as for the consultancy on the matters of the management of cultural resources in general. One of the main strategies within the department is the institutional legislation for the cultural resources management activities, and for the research, preservation and communication of cultural heritage, from where all the activities are oriented. These actions can be considered as a general normative background for the archaeological heritage preservation and management in Mexico. A few insights to the particular case of Yucatan are given as an example of the implementation of the institutional strategies in a regional level.

El Patrimonio Cultural es un tema complejo, de profundidades y planos diversos, sin ir más allá de esta consideración, en las siguientes líneas presentaremos algunos referentes del marco en el que se inscriben las iniciativas para la conservación integral del patrimonio arqueológico, impulsadas por el Instituto Nacional de Antropología e Historia (INAH), a través de la Coordinación Nacional de Arqueología y la Dirección de Operación de Sitios y, que de alguna manera, abren y amplían las perspectivas institucionales hacia formas incluyentes e integrales de gestión y manejo del patrimonio arqueológico en condición de uso público del país.

Comenzaremos señalando tres posicionamientos base:

1.- El patrimonio arqueológico es un bien propiedad de la nación, inalienable, imprescriptible, de utilidad social y de índole educativa y cultural; por lo que además de la trascendencia de sus valores patrimoniales, contribuye a conformar la identidad nacional del pueblo mexicano (Fonseca 1990).

2.- Los bienes arqueológicos son un recurso no renovable sujeto permanentemente a amenazas y presiones de orden natural y antrópico y , en los últimos años se ha convertido en un elemento central en la agenda y política pública como un producto predominante de las actividades económicas relacionadas con los circuitos turísticos a nivel nacional e internacional; en este escenario, muchas veces catastrófico, su conservación y gestión requiere con obligada rapidez del fortalecimiento de los marcos normativos existentes, así como la integración y adecuación de enfoques, métodos y procedimientos puente que traduzcan y articulen las políticas de desarrollo y participación social con acciones concretas para su protección y conservación, resolviendo problemáticas específicas de contexto y potenciando las oportunidades expresadas en las diversas dinámicas territoriales en las que se encuentra inserto.

3.- En el ámbito jurídico la Ley Federal sobre Monumentos y Zonas de Monumentos Arqueológicos, Artísticos e Históricos, concibe a los bienes arqueológicos como parte esencial del Patrimonio Cultural de la Nación, por lo que establece el interés y obligación del Estado Mexicano de proveer su investigación, protección, conservación y difusión.

En el artículo 28 señala que los bienes muebles e inmuebles, producto de culturas anteriores al establecimiento de la hispánica en el territorio nacional, así como los restos humanos, de la flora y de la fauna, relacionados con esas culturas, son considerados monumentos arqueológicos, y en el artículo 27, puntualiza que son propiedad de la nación en condición de inalienables e imprescriptibles.

Con los preceptos anteriores, consideramos que los monumentos arqueológicos representan un activo valioso de vestigios o recursos indicadores de la diversidad y variabilidad de las actividades e interrelaciones humanas con el medio ambiente, por lo que son representativos de un aspecto de la historia y/o su evolución (Molinari 1998a).

De forma más general, el patrimonio arqueológico tiene un carácter social, participativo, dinámico, de interés colectivo y para el bien común, ya que constituye un repertorio de significados que continuamente son interpretados y valorados por las comunidad en el entendimiento de su pasado. La relevancia del patrimonio arqueológico para la historia local, regional, nacional o mundial, lo convierte en la prueba tangible de la identidad de los pueblos, ya que representa los elementos y valores a través de los cuales socialmente se reconocen y son reconocidos.

Siguiendo a Roberto Molinari (2001), algunos indicadores del grado de construcción y reconocimiento de nuestra identidad estarían descritos por determinar qué tenemos, cuánto tenemos, en qué estado se encuentra, como lo usamos y protegemos; aspectos que en su conjunto instituyen la práctica de la Conservación en su dimensión política, académica, técnica y social.

La Conservación en este sentido es amplia por que se aleja de la imagen de algo estático y pasivo que precisa preservarse absolutamente; justamente si el patrimonio y la identidad son componentes vitales para las sociedades, su permanencia debe ser también dinámica y activa.

La afirmación anterior nos lleva a puntualizar que la acción de Conservar es esencialmente una función social que debe ser compartida por todos, a partir de la evaluación de los recursos y de la identificación de problemas, recuperando la capacidad de evaluar, reconvirtiendo valores trasformados o recuperando valores perdidos en una estrategia integral de acción en todos los frentes de la sociedad, a fin de relacionarnos con el patrimonio cultural hacia su uso sustentable y mejorar el bienestar de las poblaciones y los ecosistemas de los cuales forman parte (Molinari 2001).

II

La gestión y conservación del patrimonio arqueológico, desde cualquier perspectiva o enfoque, debe desarrollarse observando las determinaciones normativas de carácter Federal y General que el Estado Mexicano ha establecido para reglamentar su uso y disposición.

Sin un análisis jurídico exhaustivo, se destacan las siguientes:
La *Constitución Política de los Estados Unidos Mexicanos* establece:
a) En el artículo 3, fracción V, que el Estado "...alentará el fortalecimiento y difusión de nuestra cultura";
b) En el artículo 73, fracción XXV, otorga facultad al Congreso de la Unión "... para legislar sobre vestigios o restos fósiles y monumentos arqueológicos, artísticos e históricos, cuya conservación sea de interés nacional".

La *Ley Federal sobre Monumentos y Zonas Arqueológicos, Artísticos e Históricos* dispone:
a) En su artículo 2° que "Es de utilidad pública, la investigación, protección, conservación, restauración y recuperación de los monumentos arqueológicos, artísticos e históricos y de las zonas de monumentos".
b) En su artículo 44 que "El Instituto Nacional de Antropología e Historia es competente en materia de monumentos y zonas de monumentos arqueológicos e históricos".

La *Ley Orgánica del Instituto Nacional de Antropología e Historia* señala:
a) En su artículo 2° que "Son objetivos generales del Instituto Nacional de Antropología e Historia la investigación científica sobre Antropología e Historia relacionada principalmente con la población del país y con la conservación y restauración del patrimonio cultural

arqueológico e histórico, así como el paleontológico; la protección, conservación, restauración y recuperación de ese patrimonio y la promoción y difusión de las materias y actividades que son de la competencia del Instituto".

La *Ley General de Bienes Nacionales* dispone:
a) En el artículo 4, párrafo quinto, "que los monumentos arqueológicos y los monumentos históricos y artísticos propiedad de la Federación, se regularán por esta Ley y la Ley Federal sobre Monumentos y Zonas Arqueológicos, Artísticos e Históricos";

b) En el artículo 6 que están sujetos al régimen de dominio público de la Federación:
-Los inmuebles federales considerados como monumentos arqueológicos, históricos o artísticos conforme a la ley de la materia o la declaratoria correspondiente";
-Las pinturas murales, las esculturas y cualquier obra artística incorporada o adherida permanentemente a los inmuebles sujetos al régimen de dominio público de la Federación"; y
-Los bienes muebles determinados por ley o decreto como monumentos arqueológicos".

c) En el artículo 7, fracción decimosegunda, que son bienes de uso común "los inmuebles considerados como monumentos arqueológicos conforme a la ley de la materia";

d) En el artículo 9 que "Los bienes sujetos al régimen de dominio público de la Federación estarán exclusivamente bajo la jurisdicción de los poderes federales";

e) En el artículo 13 que "Los bienes sujetos al régimen de dominio público de la Federación son inalienables, imprescriptibles e inembargables y no estarán sujetos a acción reivindicatoria o de posesión definitiva o provisional, o alguna otra por parte de terceros";

g) En el artículo 30 que "La Secretaría de Educación Pública será competente para poseer, vigilar, conservar, administrar y controlar los inmuebles federales considerados como monumentos arqueológicos conforme a la ley de la materia, así como las zonas de monumentos arqueológicos". Asimismo que "Los inmuebles federales considerados como monumentos arqueológicos conforme a la ley de la materia, no podrán ser objeto de concesión, permiso o autorización".

Complementariamente, los *planteamientos de carácter internacional* relacionados con la salvaguarda del patrimonio cultural, destacan la noción de integralidad que deben contener las políticas de protección: la *Carta Internacional para la Protección y Manejo del Patrimonio Arqueológico* (ICOMOS 1990) manifiesta que este es un recurso cultural frágil, no renovable y que constituye el testimonio esencial de las actividades humanas del pasado, por lo cual, su protección y adecuado manejo son imprescindibles para permitir a los arqueólogos y a otros científicos estudiarlo e interpretarlo en nombre de generaciones presentes y futuras para su beneficio. Asimismo, establece que la protección del patrimonio arqueológico debe basarse en una colaboración efectiva entre especialistas de múltiples disciplinas y en la participación activa de la población, la cooperación de las instancias de administración, investigación, empresas privadas y del gran público, así también que las políticas para la protección del patrimonio arqueológico deben constituir un componente integral de aquellas relativas al uso de la tierra, desarrollo y planeación, cultura, ambiente y educación.

A su vez, la *Convención sobre la Protección del Patrimonio Mundial, Cultural y Natural* (UNESCO 1972) establece la obligación de los estados parte para: "...identificar, proteger, conservar, rehabilitar y transmitir a las generaciones futuras el patrimonio cultural y natural situado en su territorio, procurando entre otras medidas: a) adoptar una política general encaminada a atribuir al patrimonio cultural y natural una función en la vida colectiva y a integrar la protección de ese patrimonio en los programas de planificación general; b) instituir en su territorio, si no existen, uno o varios servicios de protección, conservación y revalorización del patrimonio cultural y natural, dotados de un personal adecuado que disponga de medios que le permitan llevar a cabo las tareas que le incumban; c) desarrollar los estudios y la investigación científica y técnica y perfeccionar los métodos de intervención que permitan a un Estado hacer frente a los peligros que amenacen a su patrimonio cultural y natural; y d) adoptar las medidas jurídicas, científicas, técnicas, administrativas y financieras adecuadas, para identificar, proteger, conservar, revalorizar y rehabilitar ese patrimonio".

Por otro lado, las *Directrices Prácticas de la Convención del Patrimonio Mundial* señalan que la protección y el manejo de un sitio inscrito en la Lista Indicativa o declarado Patrimonio Mundial debe asegurar que los valores excepcionales universales, su autenticidad y su integridad sean mantenidos o mejorados, por lo que necesitan de un Plan de Manejo o equivalente; cuya finalidad sea fungir como guía de los principios de operación práctica y ofrecer un espacio para los acuerdos entre autoridades, habitantes y usuarios a corto, mediano y largo plazo (Schulze 2006).

III

A decir de Feilden y Jokilehto (2003), el patrimonio arqueológico es un recurso no renovable que necesita de un esfuerzo especial para compensar el desequilibrio existente entre las necesidades de la sociedad contemporánea y las de su protección.

Esta afirmación supone el reconocimiento de una realidad compleja en la que discurre la salvaguarda de los sitios arqueológicos no solo en México, sino en el mundo entero. En esta circunstancia confluye un complicado escenario entre el ejercicio de la conservación, el uso de los recursos y el desarrollo social (Medina 2006), que ha motivado la necesaria ampliación de la noción de

"protección", relacionada con las prácticas habituales de la investigación científica y la conservación especializada (Robles 1998, 313), suscitando las bases para transitar de los enfoques fragmentarios y cortoplacistas a una política de manejo integral del patrimonio arqueológico a largo plazo de manera consciente y responsable (Robles 1998, 310).

En los últimos años, las nociones de gestión y manejo del Patrimonio Arqueológico han desarrollado, de manera diferenciada a la investigación formal de la arqueología, su instrumental teórico y práctico en diversos países del mundo, consolidando un nuevo y amplio campo de acción frente a las tareas apremiantes de proyectar, planificar, investigar y reglamentar los usos del patrimonio arqueológico (Robles 1998, 314), proponiendo respuestas integrales, no soluciones coyunturales, para reaccionar de manera adecuada a las amenazas que comprometen la integridad de este patrimonio.

El Manejo de Recursos Arqueológicos ofrece a las organizaciones y especialistas relacionados con la práctica de la conservación, un nexo de articulación entre la ciencia y la sociedad, ya que constata una relación retroalimentativa basada en que se podrá investigar aquello que se conserve y se podrá conservar aquello que se investigue, aproximando la solvencia de la aplicación útil del conocimiento generado, a la atención de las problemáticas reales de las comunidades (Ferrero y Molinari 2001).

Bajo esta perspectiva, se despliega una estrategia general basada en la evaluación global de los recursos arqueológicos de un área, consistente en destacar el valor cultural, el estado de conservación de sus partes constitutivas, sus condiciones y relaciones micro y macroambientales naturales y humanas, a partir de las cuales se determinan alternativas acerca de qué preservar y qué difundir, las limitaciones normativas, permisiones y/o intervenciones relacionadas con la investigación, conservación y el uso público, basadas éstas, según las evaluaciones llevadas a cabo por los grupos de especialistas que intervienen en su planificación (Ferrero y Molinari 2001).

Lo anterior significa un nuevo proceso para la toma de decisiones, en el cual sean consideradas las consecuencias que las acciones instrumentadas al patrimonio arqueológico tengan para el resto de las partes de una totalidad definida y los efectos de éstas sobre nuestros objetivos en el corto, mediano y largo plazo, lo que nos permitirá construir una estructura más adecuada para organizar la toma de decisiones en los ámbitos político, jurídico, técnico y social, reflejándose en el cumplimiento de las tareas sustantivas que por facultad de ley tiene el Instituto Nacional de Antropología e Historia.

En este sentido, la posibilidad de aplicar una visión integral asegura que todas las intervenciones de manejo sean determinadas y coherentes con nuestra meta general: la conservación integral y el uso racional de estos recursos (Ferrero y Molinari 2001).

IV

Los aspectos hasta ahora señalados constituyen principios generales que guían o deberían guiar la responsabilidad gubernamental y social caracterizando una práctica profesional para satisfacer las demandas, necesidades y requerimientos relacionados con la investigación, conservación, protección, presentación, difusión y gestión del patrimonio cultural en busca de un equilibrio armonioso entre la conservación y el uso social de éste (Medina 2006).

Dicho escenario ha tenido en la realidad mexicana una trayectoria de avance paulatino tanto en espacios académicos, como técnicos e institucionales; quizá en este último valga la pena señalar que el Instituto Nacional de Antropología e Historia impulsa, desde la década de los años noventa, el desarrollo de iniciativas para dar respuesta a problemáticas complejas y esenciales de la conservación y gestión del patrimonio arqueológico, que al cabo del tiempo son referentes fundamentales para entender los procesos de construcción y consolidación de una política oficial para la gestión y manejo de sitios patrimoniales bajo custodia del INAH (Medina 2006, Robles 1998).

En este entorno, la Dirección de Operación de Sitios, instancia del INAH encargada del manejo, operación, infraestructura y señalización de las zonas arqueológicas de México, ha realizado, revisado y mejorado en los últimos años, con base en las múltiples experiencias acumuladas, y en congruencia con los lineamientos normativos aprobados por el instituto en materia de manejo y operación de zonas arqueológicas, un modelo de planeación para la gestión y manejo integral del patrimonio arqueológico, particularmente de las 187 zonas arqueológicas abiertas a la visita pública, y que ha tenido su expresión concreta en el documento conocido como Plan de Manejo.

El Plan de Manejo es un instrumento de política institucional, resultado de un extenso proceso de planificación en el que participan diversos perfiles de especialización, así como personal administrativo, técnico y operativo relacionado directa o indirectamente con los sitios arqueológicos, por medio del cual se asegura la dirección de los procesos de conservación, investigación, protección, difusión y administración.

Este instrumento actúa en dos escenarios: uno precisa su carácter de guía en donde se plasman los principios generales y los lineamientos estratégicos para la conservación y transmisión de los valores patrimoniales en un horizonte de largo plazo; y el otro define un espacio de diálogo y acuerdo que fomenta la acción concertada entre los sectores públicos y la sociedad para lograr un mayor compromiso y participación en la conservación integral del patrimonio arqueológico.

Es importante poner énfasis en el peso específico que conlleva la planificación como precepto clave; a este respecto son dos los factores que destacaríamos, el primero es de carácter normativo ya que tanto los Lineamientos institucionales para la Apertura a la Visita Pública de Zonas Arqueológicas, así como los Lineamientos para el Manejo y Operación de Zonas Arqueológicas con Visita Pública, señalan enfáticamente que las actividades de manejo y operación de una zona arqueológica se llevarán a cabo por medio de un proceso de planificación de largo plazo, en donde las actividades y proyectos que resulten prioritarios o necesarios de instrumentar deben ser el producto de dicha actividad.

El segundo es de tipo funcional porque las experiencias de la ejecución del plan de manejo han demostrado que es un método de probada eficacia para la conservación. Su instrumentación ha permitido analizar, objetiva y documentadamente, las condiciones de los elementos culturales de conservación y su relación con los diferentes campos del contexto de manejo, determinar sus valores culturales y socio-económicos significativos, proponiendo racionalmente objetivos, políticas, estrategias y acciones específicas para su conservación y evaluación sistemática de sus impactos.

Un gran paso en el proceso de desarrollo de estrategias para el manejo y operación de las zonas arqueológicas del país fue la implementación del Programa Anual de Trabajo (PAT). El PAT es un instrumento de planeación, que considera una serie de Programas de Acción, que vinculan los Ejes del Programa de Trabajo del INAH y sus respectivos objetivos generales.

El PAT registra las actividades básicas programadas en el año, tomando como base los proyectos prioritarios planteados en el Plan de Manejo de las zonas arqueológicas, o en los programas básicos de cada zona arqueológica.

Este instrumento de planeación, importante rubro dentro del presente plan, brinda un marco de referencia en la programación de actividades para optimizar los recursos en la atención de los problemas prioritarios y ayuda a una mejor ejecución del Plan de Manejo. Asimismo, se convierte en el principal instrumento para la evaluación del desempeño y para la rectificación de las acciones, cuando esto sea necesario.

V

Atestiguamos pues, que el reto de los últimos años ha sido institucionalizar una nueva visión de la gestión de sitios arqueológicos, buscando la apertura de espacios de participación y concertación con los distintos actores institucionales, sociales y gubernamentales para fortalecer los principios técnicos y la normatividad para su preservación y conservación.

En la trayectoria de construcción de esta política reconocemos las siguientes etapas:

1. Los Primeros Planes de Manejo (1994-2000)

En los años noventa se iniciaron los proyectos institucionales para elaborar planes de manejo, siendo las zonas arqueológicas de Sierra de San Francisco en Baja California Sur y Monte Albán en Oaxaca (1996) los primeros sitios en contar con documentos de planeación. No obstante que tenían un mismo propósito, su enfoque metodológico era distinto: mientras que el de Sierra de San Francisco implantó un determinante estratégico para la conservación de sus valores culturales en el largo plazo, mediante directrices generales, el de Monte Albán estableció una orientación operativa para mejorar el manejo del sitio arqueológico monumental reconocido por la UNESCO como Patrimonio de la Humanidad, a través de programas, proyectos y acciones prioritarias en favor de su conservación.

Posteriormente, se elaboraron con la conducción de la Dirección de Operación de Sitios (DOS), los planes de manejo de Palenque en Chiapas (2000), Xochicalco en Morelos, Cacaxtla – Xochitécatl en Tlaxcala, Tlatelolco y el Museo Nacional de Historia en el Distrito Federal, así como el del Museo de la Medicina Tradicional y Herbolaria en Morelos (2002); bajo directrices de planeación operativa, su objetivo fue lograr el equilibrio entre la conservación y el uso, mediante programas y proyectos específicos a desarrollarse en el corto, mediano y largo plazo.

Con estos casos dio inicio en el INAH la instrumentación de "sistemas de gestión" para el manejo de sitios patrimoniales con visita pública con un enfoque de largo aliento, basados en modelos propuestos por organismos como el Instituto Getty, El Servicio de Parques Nacionales de Estados Unidos y Parques de Canadá, principalmente, en los que se ponderó la mejoría de las condiciones de operación de los sitios, la valoración y el beneficio social del patrimonio monumental puesto en valor.

2. La Experiencia Acumulada (2005-2008)

A partir de estas experiencias, el principal reto fue perfeccionar los instrumentos técnicos y metodológicos, así como implementar estrategias que permitieran la actualización de políticas institucionales consecuentes con enfoques aplicados en circunstancias similares y la introducción de mejores prácticas en torno a nuevas formas de gestión para el manejo integral y sostenible de sitios patrimoniales.

En este sentido, de 2005 a 2008 se incorporaron al esquema metodológico empleado por la DOS, elementos conceptuales, metodológicos e instrumentales utilizados por la UNESCO en el desarrollo del Plan Integral y Estructura de Gestión del Polígono de Xochimilco, Tláhuac y Milpa Alta; así como de aquellos empleados por The Natural Conservancy en el Plan Maestro del Parque Nacional Tikal; con ello se rediseñó el esquema metodológico bajo un enfoque de Planificación Estratégica, a partir de la cual se reconocieron los valores y atributos culturales del sitio, se caracterizó la situación del contexto interno y externo de manejo, se identificaron las problemáticas principales y se formularon estrategias y acciones para fortalecer la conservación integral de Zonas Arqueológicas, Museos y Ciudades Históricas.

Bajo este esquema se implementó a partir 2005, el programa Planes de manejo para zonas arqueológicas y museos de atención prioritaria, el cual incluyó 12 Zonas Arqueológicas y 10 Museos ; entre los que destacan las zonas arqueológicas de Teotihuacán, Chichén Itzá, Tulum, Tamtoc, Tula, El Tajín, La Venta y Plazuelas, así como los Museos Nacional de las Culturas y de las Intervenciones, el Museo Histórico de Ciudad Juárez y los Museos Regionales de Querétaro, San Luis Potosí, Guadalajara y Zacatecas , entre otros.

Asimismo, se dieron los primeros pasos para abordar la planeación para la conservación y ordenamiento de las áreas patrimoniales de los centros históricos de Tlacotalpan, Veracruz, y Santiago de Querétaro, ciudades declaradas como patrimonio Mundial por la UNESCO.

3. Fortalecimiento del Modelo Metodológico (2008-2010)

Tras la evaluación y revisión de los procesos y documentos, a partir del año 2008 se implementó un proceso de mejora continua en el marco de lo señalado en el Programa de Trabajo 2007-2012 del INAH, que permitió identificar las áreas de oportunidad en el fortalecimiento del modelo metodológico, la instrumentación de procesos de planeación y la consecuente institucionalización de Planes de Manejo.

La perspectiva empleada para el manejo institucional de sitios patrimoniales que impulsó desde entonces la DOS, tuvo como fundamento la experiencia acumulada y supone que la realidad en la que discurre la salvaguarda de los sitios patrimoniales en México es compleja, lo que exige tener un enfoque estratégico y sistémico para controlar las múltiples variables existentes en el contexto general e involucrar a los actores principales en la protección y conservación de los valores culturales y las expresiones concretas del patrimonio arqueológico hacia el largo plazo.

Este planteamiento consideró los siguientes preceptos:

Un Enfoque de largo plazo. Los alcances del plan tendrán que considerar una visión estratégica en la que los procesos de manejo integral establezcan un horizonte de largo plazo (10 años) que guíe la conservación, investigación, protección, interpretación, uso público y administración.

Objetividad. Involucra todo el universo de gestión en donde la determinación de problemáticas, así como la determinación de los alcances y metas del plan tendrán que soportarse en las problemáticas objetivas y las capacidades institucionales y sociales para la atención de las prioridades y proyectos definidos en el plan.

Enfoque territorial. Las zonas arqueológicas está constituidas por espacios y valores que interaccionan en contextos mucho más amplios que el área declarada legalmente, por lo que su manejo procurará articular la integridad y autenticidad del patrimonio cultural local, considerando las variables de la trama social en la que intervienen actores y relaciones sociales, económicas, ambientales, políticas, identitarias, etc.

Enfoque sistémico. El Plan mide su éxito no por los resultados aislados de cada parte, sino por la interrelación y el impacto de las acciones sobre otras; la implementación de estrategias y acciones prioritarias, el seguimiento, la evaluación y la reprogramación estarán en congruencia con las políticas institucionales y la normatividad vigente.

4. El Manejo Integral del Patrimonio Cultural Arqueológico (2011-2021)

En los casi 15 años de impulso a una política de manejo que apuntó su éxito en la elaboración de Planes de Manejo como el único instrumento para enfrentar las problemáticas diversas y complejas en las zonas arqueológicas abiertas al público, hoy en día existe un ambiente propicio para el planteamiento de perspectivas hacia la conservación integral e integrada de los recursos arqueológicos.

Es este contexto que la Coordinación Nacional de Arqueología, con la incorporación de la Dirección de Operación de Sitios a su estructura y funciones, visualiza un escenario que fomenta la discusión, el desarrollo y la aplicación de políticas para el fortalecimiento y regularización de este patrimonio.

En esta perspectiva, el Plan de Manejo deja de ser el instrumento protagónico, dando lugar a un sistema ordenado de trabajo de mediano y largo plazo que busca consolidar el rol del INAH en la política y práctica del manejo y operación de las zonas arqueológicas en condición de uso público.

Esta iniciativa se denomina *Programa de Fortalecimiento y Regularización de Zonas Arqueológicas* (PROFOREZA) y considera los siguientes cinco componentes:

La Identificación y Diagnóstico Tiene como propósito la caracterización y actualización del diagnóstico de las condiciones de manejo y operación de las 187 zonas arqueológicas con visita pública formal, así como de aquellas zonas arqueológicas que sin estar formalmente abiertas al público tienen visita sin regulación y control por parte del Instituto.

*En la sistematización se p*revé el desarrollo e implementación de una plataforma informática basada en Tecnologías de la Información (TI) y en Sistema de Información Geográfica (SIG) que administre, organice y optimice datos e información de diversas fuentes y tipos sobre la zona arqueológica y su contexto de manejo.

*En la definición de Prioridades y Políticas de Manejo s*e determinará, con el consenso de las áreas sustantivas y técnicas, las líneas y temas prioritarios para la institución, así como las políticas a seguir por parte de las coordinaciones nacionales y los centros INAH. Cabe señalar que en esta etapa también se definirán las escalas y esquemas de planeación (de sitio o regional), así como los tipos y modalidad de Planes que resulten necesarios (manejo integral, conservación y desarrollo, desarrollo y operación, apertura y operación y manejo preventivo).

La Instrumentación proveerá las estrategias y mecanismos para poner en marcha el Programa en un marco temporal de corto, mediano y largo plazo que permita progresivamente obtener resultados concretos hacia el fortalecimiento y regularización de las zonas arqueológicas con visita pública (Fase I 2011-2013; Fase II 2014-2017; Fase III 2018-2021).

Finalmente el Monitoreo y Evaluación proporcionará el proceso continuo y sistemático mediante el cual se verificará la eficiencia y la eficacia del Programa, así como del análisis del cumplimiento de las metas en el mediano y largo plazo.

Como beneficios de la instrumentación del PROFOREZA

- Se daría impulso a una política de gestión regional que fortalezca los procesos de manejo y operación de zonas arqueológicas, buscando sinergia con los instrumentos de política social, territorial, ambiental, fiscal y cultural implementados por los gobiernos federal, estatal y municipal.
- Se alentaría la ejecución planificada de procesos de gestión, proyectos e inversiones prioritarios para el INAH, basándose en la integración de políticas y acciones de carácter regional, en congruencia con los elementos que convergen en el desarrollo regional y local.
- En materia de vinculación social, se determinarían estrategias y acciones encaminadas a formalizar alianzas y sinergias con actores sociales y gubernamentales para el desarrollo sostenible y el ordenamiento territorial en el área de influencia de los polígonos de protección, a fin de reducir la presión sobre los elementos arqueológicos y bióticos de la zona y acrecentar la participación de las comunidades en la protección del patrimonio cultural.
- Se impulsaría en los 31 Centros INAH la incorporación de funciones específicas para la organización y seguimiento a la operación de zonas arqueológicas con visita pública.

- Se establecería un ordenamiento de la realidad a través de una categorización general de manejo que optimice la toma de decisiones respecto al tipo de instrumento de manejo a desarrollar, así como los niveles de gestión necesarios de instrumentar para su elaboración, ejecución y evaluación.
- En materia de uso público, se establecerían estrategias y acciones para regular y potenciar el uso educativo, interpretativo y recreativo de las zonas arqueológicas, asegurando la existencia y funcionamiento de equipamiento y servicios al visitante, así como su desarrollo ordenado en el largo plazo.
- Se implementarían técnicas e instrumentos para determinar las intensidades de uso para espacios determinados, considerando las condiciones ambientales, las condiciones de conservación, el tipo y duración de los impactos, la satisfacción del visitante, entre otros.
- Se adecuaría progresivamente y bajo un modelo establecido, la dotación de infraestructura, estableciendo y normalizando los requisitos necesarios para la incorporación de nuevos equipamientos conforme a las necesidades de la demanda y bajo principios de bajo impacto, reversibilidad y uso de tecnologías tradicionales y/o alternativas.
- En materia de protección técnica y legal, se caracterizarían las problemáticas generales y específicas de tenencia y usos del suelo, polígonos de protección, manejo de conflictos y demás ámbitos que garanticen la salvaguarda de la zona arqueológica y la integridad física de los usuarios y trabajadores del sitio.
- En materia de conservación, se establecería una base de información en lo que respecta al registro y análisis de causas, mecanismos y efectos de alteración del patrimonio cultural asociado a la zona arqueológica, así como de la documentación de buenas prácticas para contrarrestar los procesos de deterioro y mantener su estado de conservación y su potencial de investigación.
- En materia de administración y gestión, se establecerían estrategias y acciones para lograr un uso eficiente de recursos humanos, financieros y materiales, así como la definición e implantación de la estructura organizacional adecuada, los procesos de trabajo especializado, los mecanismos de evaluación del desempeño del personal y los sistemas de gestión de calidad.

VI

La instrumentación del PROFOREZA se han centrado en la identificación, caracterización y actualización de las condiciones de manejo y operación de zonas arqueológicas con visita pública formal, así como de aquellas que sin estar formalmente abiertas al público tienen visita sin regulación y control por parte del Instituto, con miras a conformar el *Catálogo Nacional de zonas arqueológicas con visita pública*. Del mismo modo, se integró el *Inventario General de zonas arqueológicas* que incluye indicadores básicos de protección, manejo y planeación de las 187 zonas arqueológicas con visita pública, así como la identificación de 130 sitios arqueológicos que presentan algún grado de visita pública en los que no existe regulación ni control por parte del INAH, así como el *Diagnóstico de Señalización e Infraestructura de Zonas Arqueológicas*.

Asimismo se implementó el proceso de diseño y construcción de una plataforma informática basada en tecnologías de la información (TI) y un Sistema de Información Geográfica (SIG) para administrar, organizar y optimizar los datos e información de diversas fuentes y tipos relacionada con las zonas arqueológicas con visita pública y su contexto de manejo.

Del mismo modo, se abordan nuevas líneas de trabajo que amplían las capacidades de atención a temas poco atendidos con anterioridad como la evaluación y actualización de planes de manejo en término de vigencia, la planeación para la apertura a la visita pública de zonas arqueológicas, el diseño y aplicación de estudios de perfil y comportamiento de visitantes, el análisis de afluencia e impacto de visitantes en áreas de visita pública, o los estudios de capacidad de carga y de densidad de frecuentación, el empleo de nuevas tecnologías de la información y la comunicación para la difusión del patrimonio arqueológico, el uso de nuevas tecnologías para la innovación en gestión y generación de información en torno a las zonas arqueológicas, entre otros.

Particularmente, Yucatán es uno de los estados en el que más zonas arqueológicas se encuentran abiertas oficialmente a la visita pública, con 16 zonas, de las cuales dos de ellas, Chichén Itzá y Uxmal, cuentan con la designación de la UNESCO como Patrimonio Mundial. La participación del INAH en el estado ha sido fundamental en la integración de los programas de desarrollo urbano y medio ambiente que han considerado la preservación del patrimonio cultural y natural.

Es necesario para el estado implementar medidas de sinergia entre el Instituto y las dependencias municipales y culturales para establecer líneas de trabajo dirigidas al desarrollo de estrategias integrales de gestión, particularmente en aquellas zonas arqueológicas con gran número de visitantes y zonas arqueológicas bajo presiones urbanas. En este sentido, resulta primordial el desarrollo de estrategias a nivel estatal considerando en ello las particularidades regionales.

VII

El panorama hasta aquí descrito muestra una perspectiva, en primer plano positiva y alentadora para el manejo del patrimonio arqueológico bajo un enfoque integral y conducido por criterios de participación colectiva, en el que por supuesto las reglamentaciones que gobiernan su uso y disposición para la sociedad, sean observadas y acatadas con efectividad por la totalidad de actores o sujetos involucrados.

Sin embargo, también plantea planos de profundidad en donde observamos no solo las oportunidades manifiestas en lo que respecta a la planificación y evaluación ordenada de los sistemas de gestión y conservación del patrimonio arqueológico y sus valores culturales hacia el futuro; sino también limitaciones propias de su implementación en escenarios de conflictividad y tensión altamente cooptados por intereses políticos, gremiales o privados que proclaman sus derechos.

En la Dirección trabajamos constantemente en el desarrollo de nuevas estrategias de gestión, alineado a las políticas públicas del Gobierno de la República, así como siguiendo las nuevas tendencias y lineamientos que pueden ser adaptadas y aprovechadas en el contexto mexicano y a su diversidad característica, pensando en la necesidad de desarrollar herramientas que conlleven a un modelo de gestión integral y multidimensional.

Bibliografía

Consejo Internacional de Monumentos y Sitios (ICOMOS). *Carta de Venecia: Carta Internacional para la Conservación y Restauración de Sitios y Monumentos*, 1964. Documento electrónico, http://www.international.icomos.org/charters.htm

Consejo Internacional de Monumentos y Sitios (ICOMOS). *Carta para la protección y manejo del patrimonio arqueológico* (Charter for the Protection and Management of the Archaeological Heritage), 1999.

Consejo Internacional de Monumentos y Sitios (ICOMOS). *Carta Internacional de Turismo Cultural: Manejo del Turismo en lugares de Significación Patrimonial* (International Cultural Tourism Charter: Managing Tourism at Places of Heritage Significance), 1999. Documento electrónico, http://www.international.icomos.org/charters.htm

Consejo Internacional de Monumentos y Sitios (ICOMOS). *Carta del ICOMOS sobre los Principios para el Análisis, Conservación y Restauración de las Estructuras del Patrimonio Arquitectónico* (ICOMOS Charter – Principles for the Analysis, Conservation, and Structural Restoration of Architectural Heritage), 2003. Documento electrónico, http://www.international.icomos.org/charters.htm

Consejo Internacional de Monumentos y Sitios (ICOMOS). *Principios del ICOMOS para la Preservación, Conservación y Restauración de Pinturas Murales* (ICOMOS Principles for the Preservation and Conservation – Restoration of Wall Paintings), 2003. Documento electrónico, http://www.international.icomos.org/charters.htm

Consejo Internacional de Monumentos y Sitios (ICOMOS). *Carta ICOMOS para Interpretación y Presentación de Sitios de Patrimonio Cultural* (The ICOMOS Charter for the Interpretation and Presentation of Cultural Heritage Sites), 2008. Documento electrónico, http://www.international.icomos.org/charters.htm

Consejo Internacional de Monumentos y Sitios (ICOMOS) Australia. *La Carta de Burra: La carta de ICOMOS Australia para la conservación de lugares de significación cultural* (The Burra Charter: The Australia ICOMOS Charter for the Conservation of Places of Cultural Significance), 1999. Documento electrónico, http://www.international.icomos.org/charters.htm

Feilden, Bernard y Jukka Jokilehto.*Manual para el manejo de los sitios del Patrimonio Cultural Mundial*, ICCROM, 2003.

Fonseca Zamora, Oscar. "El caso de Costa Rica" en *La conservación y revitalización del patrimonio cultural: aspectos conceptuales y políticos en acción*, Caracas: Abre Brecha, edited by Gloria Loyola-Black y Mario Sanoja Obedientes, 1990.

Honorable Congreso de la Unión. *Ley Federal sobre Monumentos y Zonas Arqueológicos, Artísticos e Históricos*, 1986.

Instituto Nacional de Antropología e Historia. *Lineamientos para el Manejo y Operación de Zonas Arqueológicas con Visita Pública*, 2005.

Instituto Nacional de Antropología e Historia. *Lineamientos para la Elaboración de Proyectos Arquitectónicos, Equipamiento y Señalización en Zonas Arqueológicas*, 2005.

Medina González, Isabel. "Una aproximación a la gestión y planificación estratégicas en zonas arqueológicas: el caso de México" *Turismo y Sociedad*, Vol.VII, septiembre, Universidad Externado de Colombia, 2006.

Molinari, R.; L. Ferraro; H. A. Paradela y A. Castaño. "Odisea del Manejo: Conservación del Patrimonio Arqueológico y Perspectiva Holística". 2do. Congreso Virtual de Antropología y Arqueología. Documento Electrónico, http://www.naya.org.ar 2001.

Organización de las Naciones Unidas para la Educación, la Ciencia y la Cultura (UNESCO). *Convención concerniente a la protección del Patrimonio Mundial Cultural y Natural* (Convention Concerning the Protection of the World Cultural and Natural Heritage). Documento electrónico, http://whc.unesco.org/en/conventiontext 1972

Robles García, Nelly. *El manejo de los recursos arqueológicos en México: El caso de Oaxaca*. México: CONACULTA, 1998.

Schulze Niklas. "La convención del Patrimonio Mundial: un instrumento de protección del patrimonio de todos" en *Xochimilco Un proceso de Gestión Participativa,* UNESCO-México, 2006.

UNESCO, ICCROM e ICOMOS. *El Documento de Nara sobre Autenticidad* (The Nara Document on Authenticity). Documento electrónico, http://www.international.icomos.org/charters/nara_e.htm, 1994.

Gestión y conservación del patrimonio cultural edificado. Una aproximación a la valorización del centro histórico de la ciudad de Mérida

Geiser Gerardo Martín Medina
Xíimbal K'áax A.C.
"Conservación, investigación y difusión del patrimonio cultural y natural"

Abraham Israel Reyes Aldana
Facultad de Arquitectura
Universidad Autónoma de Yucatán

Resumen

Tanto la planeación urbana como las modificaciones morfológicas a las que las ciudades están sometidas son parte ineludible de la dinámica generada por las sociedades occidentales contemporáneas; sin embargo, en muchos casos, estas imputaciones a los territorios y los "cambios", que esto genera, desencadenan procesos de desarticulación formal, funcional y simbólica de determinados espacios del tejido urbano y en medida más grave, llevan al deterioro, destrucción y desaparición del patrimonio cultural edificado. En el presente trabajo, buscamos exponer una mirada al centro histórico de la ciudad de Mérida, Yucatán; ciudad de origenes prehispánicos y con una ocupación continua hasta pleno siglo XXI, donde el devenir histórico, aprehendido en las diversas etapas históricas de la región, ha dejado bienes inmuebles a expensas de la expansión territorial, de los cambios de usos de suelo, de la penetración de la noción de modernidad y un mínimo interés para con su conservación. Ante lo anterior, las herramientas de planeación urbana deben de integrar en sus cuerpos normativos al patrimonio cultural tangible desde una perspectiva de gestión cultural y la puesta en valor de sus espacios y edificios, a fin de garantizar su permanencia hacia las generaciones futuras.

Palabras Clave: Patrimonio Cultural, Valor de Uso, Urbanismo, Sitios Patrimoniales, Centro Histórico.

Abstract

Both urban planning and morphological modifications which cities are subject are unavoidable part of the dynamic generated by Occidental contemporary societies. Even though in many cases, these imputations to territories and "changes" that this generates, triggering processes of formal, functional, and symbolic disarticulation of determinate spaces from urban tissue and in more serious measure, leads to deterioration, destruction, and disappearance of the cultural heritage built. In this paper, we seek to expose a look at the historical center of the city of Merida, Yucatan. City of prehispanic origins with continuous occupation until XXI century; where the course of history, apprehended in diverse historic stages of the region, had led real estates at the expense of territorial expansion, changes in land use, the introduction of modernity, and a minimal interest for its conservation. By the way, urban planning tools must integrate in their normative laws the tangible cultural heritage from a perspective of cultural management and valorization of spaces and buildings, to ensure their permanence to future generations.

Keywords: Cultural Heritage; Use Value; Urbanism; Heritage Sites; Historic Center.

Introducción

Ante la modernidad, el patrimonio edificado es contantemente amenazado ante intereses políticos, económicos e inclusive ideológicos. Si bien existen declaratorias y convenios internacionales que protegen y respaldan los centros históricos de muchas ciudades a lo largo del territorio mexicano, Mérida, ciudad de orígenes prehispánicos con asentamientos que datan de la época colonial, histórica y contemporánea; es constantemente amenazada por la despreocupación e inconsciencia de su población y de aquellos que aprueban y/o ejecutan los proyectos de "modernización del centro histórico". Si bien la urbanización es un proceso ineludible de la sociedad contemporánea, esto no debe ser sinónimo del desmantelar el patrimonio edificado; sino más bien se debe buscar los mecanismos de integración, revalorización y puesta en valor de los edificios y sus espacios para que formen parte de la nueva dinámica urbanística del siglo XXI.

El proceso de urbanización de la ciudad de Mérida, al cual se le puede vincular con el proceso de expansión territorial de la urbe, no solo genera efectos sobre las unidades territoriales aledañas (siendo estos efectos más evidentes de la expansión urbana) si no que, también, ejerce presiones hacia su mismo interior y en específico sobre centros prioritarios para el funcionamiento de la urbe. Éste es el caso del centro histórico de la ciudad de Mérida ya que cumple un papel multidimensional prioritario para la ciudad, ya sea como centro de abastecimiento de productos o como dotador de servicios de salud, educación y transporte, sin dejar de lado los servicios turísticos impulsados recientemente.

De esta manera al centro histórico de la ciudad de Mérida no se le puede disociar de ese papel multidimensional prioritario para el funcionamiento de la urbe y como lugar de concatenación de todos los procesos económicos, sociales, políticos y culturales que confluyen en él, los cuales de una u otra manera amenazan el patrimonio cultural edificado que alberga.

Derivado de lo anterior, son, tanto, el proceso de modificación dialéctica del centro histórico, como la penetración de nuevos paradigmas sociales y culturales las dinámicas que permiten comprender la paulatina modificación sobre las nociones de valor de uso, valor de cambio, valor simbólico y patrimonio, las cuales han ido repercutiendo en el patrimonio cultural edificado.

El centro histórico de Mérida: de la modificación dialéctica a la llegada del deterioro

Hablar de conservación, puesta en valor o gestión del Centro histórico de la ciudad de Mérida y del patrimonio cultural edificado que este congrega, evoca en un primer momento abordar las estrategias y los planteamientos para lograr tales acciones en "pro" de dicho espacio, sin embargo, abordar el tema implica, intrínsecamente, hablar de que aquel centro histórico se ha deteriorado o ha perdido el llamado "valor", luego entonces, implica abordar del proceso de deterioro que al día de hoy experimenta el Centro histórico de la ciudad de Mérida.

Los factores del deterioro actual

En ese sentido, Pereza (1996) plantea que el proceso de deterioro de los centros históricos y en específico el de Mérida se debe a diferentes factores:

1.   Crecimiento urbano y abandono.- Donde el crecimiento paulatino de la ciudad, que se experimenta principalmente en 4 etapas y que van desde la consolidación de la zona centro o centro histórico de los siglos XVIII y XIX hasta los actuales procesos de expansión sobre las unidades territoriales aledañas, va a decantar en un proceso de abandono, incentivado primordialmente por la oferta de vivienda en la periferia de la ciudad y por el paulatino cambio de uso de suelo, lo cual va a redimensionar progresivamente las actividades congregadas en dicho centro (Peraza 1996).

2.   Especulación del suelo central y periférico.- Aunado al proceso de crecimiento de la urbe se comienza a dar un proceso cimentado en un tipo de "actividades mediante las cuales se compran ciertos bienes a un determinado precio para vender bienes idénticos a los mayores precios, que se dan, en otras circunstancias de tiempo y lugar para lucrarse con la diferencia" dichas actividades están relacionadas con el mercado del suelo sobre el que se expande la ciudad y hacia el interior de la misma en los espacios que comienzan a ser altamente valorados por la lógica económica, derivado de su localización bajo la dinámica de descentralización nacional de servicios, la cual hará que el centro histórico

de provincia se convierta cada vez más en un centro administrativo-burocrático, por lo tanto un punto clave (Peraza 1996).

3.   Centralización y tercerización del Centro Histórico.- En esencia, los dos factores anteriores van a redimensionar las actividades desarrolladas en dicho espacio, en ese sentido la oferta de vivienda en la periferia conduce a el paulatino abandono del centro, que, aunado a la dinámica especializadora del centro histórico como un punto de dotación de servicios detonarán el cambio de uso de suelo y a la posterior tercerización del espacio (Peraza 1996).

Agregar al discurso las consideraciones anteriores, hechas por Peraza, no solo implica reconocer que hay una problemática concreta en el Centro histórico de la ciudad de Mérida (deterioro), si no también permite establecer puntos concretos para aproximarse a la comprensión de tal fenómeno.

El Proceso de modificación histórica de la ciudad

Pese a las consideraciones anteriores, para ahondar en la comprensión de las dinámicas prevalecientes en el centro histórico, no solo es pertinente considerar la formalidad de dicho espacio; calles, manzanas, espacios, edificios, etc., sino que es necesario reconocer el centro histórico como un "Núcleo Vivo", social y culturalmente hablando, tal y como lo menciona Peraza.

Partiendo de lo anterior, por el hecho de ser un ente vivo y dinámico, el abordaje del centro histórico remite a reconocer que en él se expresan procesos dialecticos, procesos sociales y culturales intangibles en continuo cambio que se irán modificando y materializándose en lo tangible de la forma edilicia o urbanística. En ese sentido, Peraza plantea que a lo largo del existir del centro histórico se han suscitado diferentes etapas de transformación tanto de orden ideológico como formal: Identidad colonial, Identidad criolla, Identidad nacionalista y mestiza, Sincretismo internacional (Peraza 1995).

Dicha caracterización temporal hace referencia a un proceso de transformación, si, formal, pero también un proceso de asimilación de nociones e ideologías que se fueron fundiendo con las nociones preexistentes, expresándose a través de la forma. Las calles, traza urbana, edificios, el estilo de estos últimos, etc. se modifican paulatinamente respondiendo tanto a las cambiantes actividades que en ellos se desarrollan, como a las valorizaciones que la población vinculada a estos elementos formales asigna.

En ese sentido, la degradación que hoy experimenta el centro histórico no es otra cosa que un nuevo proceso de modificación formal derivado de la modificación de nociones ideológicas y por el redimensionamiento de las actividades que este espacio da cabida. Sin embargo la velocidad implícita en el nuevo cambio imposibilita, de alguna manera, un proceso de asimilación ideológica que trascienda a la asimilación urbana y arquitectónica. En ese sentido, la forma del centro histórico no logra dar cabida a las nuevas actividades deseadas a realizar bajo la lógica económica del nuevo paradigma, y la imposibilidad mencionada conlleva a la sustitución de la forma.

El patrimonio edificado de Mérida, Yucatán: el estado actual del patrimonio

En el ceno de la nueva dinámica imperante, bajo el nuevo paradigma, se valoriza el suelo y más que el edificio, se valoriza económicamente el emplazamiento, por el fenómeno de centralidad, por en encima del valor de uso o el valor simbólico. De alguna manera se está hablando que producto de la modificación ideológica, el sistema de valorizaciones de la población, que desarrollaba sus actividades en el centro histórico, se terminó modificando, haciendo que aquellos espacios y edificios que poseían multiplicidades de valorizaciones sociales e históricamente fundadas como las simbólicas, de uso, religiosas, etc. terminen reduciéndose a la valorizaciones económicas producto del valor de cambio del edificio.

La lógica económica

De acuerdo con lo anterior, la lógica económica va a hacer el punto de inflexión al momento de establecer las valorizaciones de los elementos formales del centro histórico. En concordancia con ese orden de ideas, Arizaga (2010) establece lo siguiente:

Las áreas urbanas o centros históricos que contienen patrimonio cultural material e inmaterial, se encuentran sometidas a fenómenos de tipo social y económico, como la depreciación del suelo, el deterioro físico, carencia de infraestructura de servicios básicos, o instalaciones caducas, cambio de uso de suelo, provocando que estas zonas se conviertan en centralidades caracterizadas por la exclusión social, inseguridad física y vandalismo, con graves problemas de funcionalidad en relación con la ciudad que las acoge. A todo lo mencionado, se adicionan la falta de valoración del patrimonio por parte de la población, que desconoce sus potencialidades (Arizaga 2010, 129).

Lo dicho hasta el momento, permite aproximarse a comprender la realidad del centro histórico y su estado actual, permite aproximarse a comprender, el abandono/deterioro edilicio, la especulación del suelo y la tercerización del espacio (sustitución edilicia, demolición, etc).

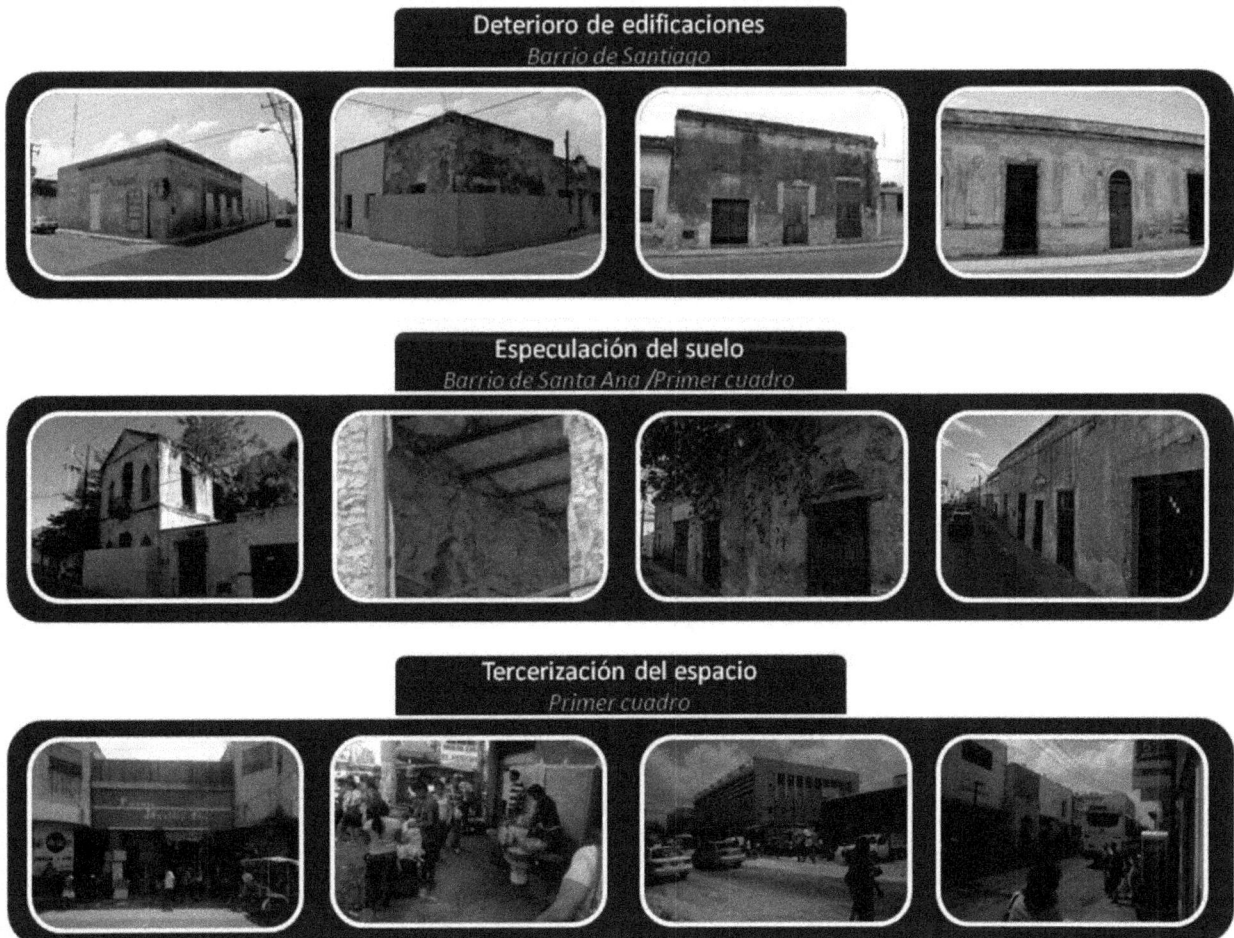

Figura 1.- Ejemplificación de los factores de degradación del centro histórico de la ciudad de Mérida.
Fotos y cuadro de los autores.

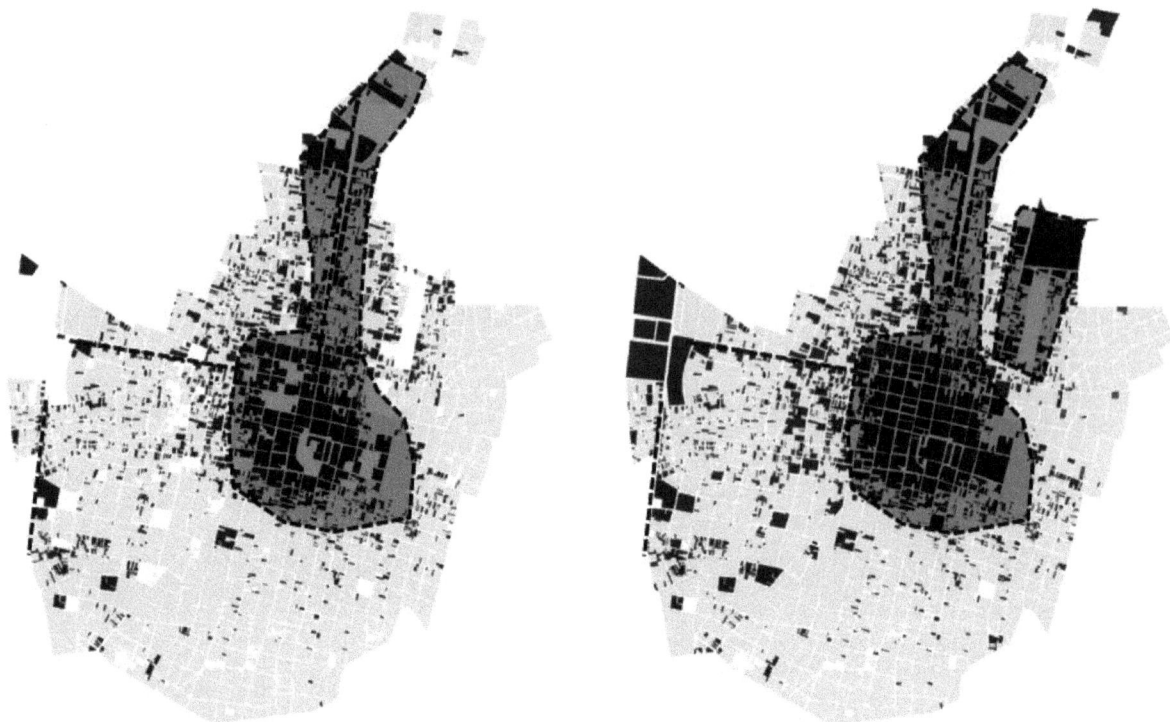

Figura 2.- Mapas de ubicación espacial de factores de degradación del centro histórico de la ciudad de Mérida. En el mapa de la izquierda se muestra la agrupación del uso de suelo comercial (color obscuro) sustituyendo al habitacional (color claro). En el mapa de la desecha se muestra la concentración de usos de suelo tanto comercial, equipamiento e industrial (color obscuro). Ambas concentraciones responden a una disposición dictada por factores económicos. Elaboración de los autores, basado en información geoestadística del programa sectorial de vivienda 2007.

La normatividad y políticas de conservación

Derivado de la dinámica de degradación, ejemplificada con anterioridad y aunado al valor intrínseco del patrimonio cultural edificado (primordialmente designado, estipulado e imputado por las instancias que se encargan de su conservación y salvaguarda) el patrimonio se encuentra también, inmerso en un proceso de conservación, salvaguarda y puesta en valor, que deriva, entre otras acciones, en normativas, legislaciones y proyectos de intervención.
P
ara el caso concreto de México se puede mencionar: la *Ley Federal sobre Monumentos y Zonas Arqueológicos, Artísticos e Históricos* (1972) y en particular para Mérida: la *Declaratoria de Zona de Monumentos Históricos en la Ciudad de Mérida* (1982) que es de orden federal; la *Declaratoria de zonas del patrimonio cultural del municipio de Mérida* (2004-2007) o el *Reglamento para la Preservación de las Zonas de Patrimonio Cultural del Municipio de Mérida* (2008) de orden municipal, o el proyecto Puesta en valor del centro histórico de Mérida Yucatán: caso primer cuadro, a cargo del gobierno del estado y realizado durante la gestión 2007-2012, enfocado, este último en proyectos concretos de Renovación, Restauración o Rehabilitación del patrimonio cultural edificado.

Dichas acciones se van a integrar a la tendencia de agregar el patrimonio cultural a la lógica económica a través del denominado capital cultural. Colorado y otros (1996) mencionan que con la globalización se da una búsqueda de ventajas competitivas, lo cual lleva a la revalorización, entre otras cosas, de los recursos culturales, lo que va a llevar a un aprovechamiento de formas alternativas de capital, como lo es el capital cultural.

Por otra parte (Pantoja y Toscano 2010:166), a pesar de la innegable importancia de los vestigios arqueológicos y/o arquitectónicos que existen actualmente en las ciudades, el patrimonio se encuentra inmerso en complejos procesos de mercantilización, así como de las políticas culturales y turísticas impulsadas por el estado mexicano. Las consideraciones anteriores permiten comprender la racionalidad bajo la que generan acciones las de intervención formal, referidas con anterioridad, las cuales se realizan solo en determinados sectores de aquel patrimonio cultural edificado. Para el caso de la ciudad de Mérida, las acciones de Renovación, Restauración o Rehabilitación en el centro histórico se hacen operativas bajo el cobijo de las políticas culturales y turísticas, interviniendo los sectores del centro histórico valorizados económicamente como parte de aquel capital cultural y con "potencial" turístico; generando así, una serie de disparidades territoriales e intervenciones parciales.

Figura 3.- Ejemplificación de contradicciones al momento de intervenir el patrimonio cultural edificado bajo la valorización económica del "capital cultural". Fotos y cuadro de los autores.

El patrimonio ante el valor de uso

A lo largo del presente trabajo se ha hecho mención que el proceso de degradación que experimenta el centro histórico, de alguna manera, es producto de la modificación ideológica y económica, la cual termina impactando en la modificación del sistema de valorizaciones de la población que desarrolla sus actividades en el centro histórico, haciendo que la multiplicidad de valorizaciones sociales e históricamente fundadas como las simbólicas, de uso, religiosas, etc. que los usuarios asignaban e imputaban a los espacios y edificios, terminen reduciéndose a la valorizaciones económicas producto del valor de cambio del edificio.

Pero, no basta con hacer mención de dicho fenómeno, habrá que aproximarse a las nociones de valor, para avanzar en logro del objetivo de este escrito y plantear algunas recomendaciones que tiendan a la gestión y la conservación del patrimonio cultural Meridano.

En ese sentido Ballart plantea que existe un tipo de objetos dentro de la cultura material que produjeron las culturas pasadas y que son reconocidos por el paso del tiempo, estos a su vez, ponen en relación el pasado y el futuro, estos objetos son: los monumentos (Ballart 2006,

34). Estos, al trascender en el tiempo y permanecer ahí, conllevan de alguna forma a una permanencia en la memoria de los pobladores, con lo cual forjan o refuerzan y en algunos casos crean identidades o sentido de pertenencia a ciertos lugares. Sin embargo, esto poco a poco ha ido cambiando y ha generado cada vez menos interés (Martín 2013, 174).

Desde finales del siglo XX y lo que va del siglo XXI, la practica en cuanto a la valorización del patrimonio ya sea arqueológico, histórico, arquitectónico o artístico se ha modificado; por ello "…en el contexto de un mundo más globalizado, que es dominado por presiones económicas cada vez más poderosas, la tendencia a regularizar todos los aspectos de la vida representa un factor de riesgo indudable para el patrimonio"… el cual…"con el nuevo estilo de vida mundial, la actitud ante testimonios históricos del pasado cambia (Ballart 2001, 166)".

Ante estos cambios, "…el hombre ha sido el factor más decisivo en el deterioro del patrimonio –cultural- e inclusive el natural, donde muchas veces se da de manera consciente" (May y Delgado 2010). Ballart (2006, 37) sostiene que los fenómenos sociales de nuestros días como el consumismo y el progreso tecnológico, así como la destrucción de objetos obsoletos son el principal factor de la amenaza al patrimonio histórico. La producción-destrucción va de la mano junto con la expansión de manchas urbanas y de infraestructura que no considera la conservación como parte necesaria del desarrollo.

Padró (2002 en Guevara y Valdespín 2010) sostiene que el patrimonio adquiere su valor en función del uso que se le otorgue. El patrimonio y la misma idea de bien cultural sugieren que estamos ante algo de valor. Valor en un sentido cualitativo y estimable. En este sentido, el valor da una sensación de aprecio hacia determinados objetos por el mérito de atesorarlos, por su utilidad, por satisfacer una necesidad o proporcionar bienes (Ballart 2006, 61). Por ende, el valor es meramente un concepto relativo a cada Individuo y/o sociedad y que va sujeto a una concepción de pertenecía, cultura e importancia.

Así mismo, Ballart (2006) propone tres tipos distinto de uso en cuanto a los objetos del pasado los cuales son: el valor formal, el valor simbólico-significativo, y el valor de uso. El valor formal corresponde a la idea indiscutible en que determinados objetos son apreciados por la atracción que despierta a los sentidos, ya sea por el placer que proporcionan en razón de sus formas o cualidades sensibles y por el mérito que presentan. En cuanto al valor simbólico-significativo, este es el que se otorga a los objetos del pasado en cuanto al vehículo de significación que estos representan por la relación que tuvieron con los grupos humanos del pasado, sea persona o personas que lo utilizaron o produjeron. (Ballart 2006: 66). Dentro del valor simbólico-significativo, hay que entender al objeto como un vehículo portador de significaciones del pasado, de mensajes y relaciones entabladas entre las personas y su entorno en el pasado. Este tipo de valor es el cotidianamente otorgado por arqueólogos, historiadores y todo tipo de investigadores con mirada hacia el pasado.

Por otro lado y en lo que refiere al caso de estudio, el valor de uso (Ballart 2006, 65-67) se refiere al sentido de utilidad, es decir, el patrimonio visto como objeto, cuál es su utilidad o qué hacer con él. En este sentido, el patrimonio pasa de ser algo meramente conceptual, a ser objeto mercantil que debe satisfacer necesidades materiales y bajo este sentido estaría el valor utilitario del objeto histórico. En este sentido, el valor de uso o utilidad se refiere a la cualidad del producto en tanto que sirve para realizar alguna actividad o brinda satisfacción a las necesidades humanas, ya que al final "…el mercado determina la planificación de los territorios" (Carvajal 2011, 140).

Desde la década de 1980 y hasta la actualidad, es cada vez más común que las poblaciones –sobre todo de ciudades donde el turismo es parte de la cotidianeidad- se pregunten cuál es el valor utilitario de los bienes culturales con los que se relacionan, y en particular del patrimonio arqueológico y/o arquitectónico. Lo anterior resulta de la mera necesidad de encontrar nuevas alternativas de explotación económica, siendo esta la forma en la cual se ha transformado la valorización de estos bienes y en función de los nuevos usos que les asignan las comunidades y pobladores descendientes (Guevara y Valdespín 2010).

Desafortunadamente, -y como enfoque particular hacían el siglo XXI- pareciera que sin la utilización social del patrimonio este pierde toda oportunidad de preservación y conservación. Esto genera que corra el riesgo de la necesidad de nuevas dinámicas de promoción local del turismo cultural, las cuales, sin duda, dañaran irremediablemente los vestigios arqueológicos y/o arquitectónicos. Ahora toca enfrentar el reto de conservar el patrimonio, el cual debe partir del principio de la identificación, valoración y apropiación del patrimonio por parte de las comunidades locales. Solo entonces puede ocurrir la participación activa de la comunidad para que la adecuada conservación del patrimonio cultural sea posible (Guevara y Valdespín 2010).

Ballart (2001, 17) señala que: "La noción de patrimonio, tal como la entendemos en el sentido de aquello que poseemos, aparece históricamente cuando en el transcurso de generaciones, un individuo o un grupo de individuos identifica como propios un objeto o conjunto de objetos…" de esta forma, "…la herencia, en el sentido de traspaso y sin connotaciones jurídicas obviamente aquí, relaciona, conecta, vía objetos físicos, unos seres con otros; los hombres y mujeres de ayer, con los hombres y mujeres de hoy". De esta forma, "el legado patrimonial es siempre un recordatorio permanente para las generaciones venideras de todo lo bueno y valioso que merece conservarse del pasado (Ballart 2001, 20)".

De acuerdo con la UNESCO, el patrimonio es el "…conjunto de elementos naturales y culturales, tangibles e intangibles, que son heredados del pasado y creados recientemente… (Crespi y Planells 2003:13)"; esto es fundamental para la sociedad puesto que refleja los acontecimientos por los que ha pasado la misma, las problemáticas que ha tenido a lo largo del tiempo y sus diferentes formas de pensar (Canto et. al. 2010).

"Una vez que las comunidades se identifican con estos valores y reconocen la importancia de su conservación, entonces es posible el aprovechamiento del patrimonio cultural en beneficio del desarrollo económico y de la identidad de las comunidades. La preservación física y el entendimiento de los valores que le dan significado e importancia a estos bienes patrimoniales, pueden entonces permitir que sea una fuente de beneficio económico sostenible y compatible con su conservación, y en donde los habitantes locales pueden ser los primeros beneficiados, tanto cultural como económicamente (Guevara y Valdespín 2010)".

La gestión contra la normatividad

Como hemos observado, de poco sirven las normativas e instituciones internacionales con respecto al patrimonio cuando los poderes públicos no cumplen con la responsabilidad en lo referente a la conservación de los bienes que lo integran. Menor es su participación en la generación de propuestas que permitan implementar y coordinar iniciativas de la sociedad encaminadas a valorar, proteger, defender y disfrutar del patrimonio histórico y cultural. Por ende, muchas de las amenazas para la conservación patrimonial, derivan de la escasa sensibilidad de las administraciones competentes (Castillo y Martínez 2011, 18).

Por ende se deben "...promover acciones orientadas a la protección, armonizándolas con los procesos de transformación de sus estructuras espaciales y sociales. Sin embargo, esto resulta complejo cuando el Estado cede espacios al sector privado. Ante esta situación, estamos aún distantes de concebir la conservación del patrimonio urbano como preocupación social" (Neely 2012, 84).

Sin embargo, no toda la culpa es de las autoridades, ya que hay aspectos que urge trasladar a la sociedad: como el derecho de todos los ciudadanos al disfrute de los bienes culturales, la implantación de buenas prácticas de uso y conservación, la implicación de los jóvenes y los deberes que tienen los propietarios (Castillo y Martínez 2011, 19). Es por esto que "...la vinculación patrimonio y sociedad debe ser imprescindible en las políticas de protección hacia dos sentidos: uno mediante la colaboración de iniciativas privadas y sociedad civil en tareas de conservación y protección; la segunda a nivel de movilización ciudadana en defensa de los valores reconocidos en bienes históricos" (Castillo y Martínez 2011, 17). Ante esto, "...los bienes del patrimonio urbano son claves en la materialización y fortalecimiento de la memoria colectiva, y su mantención permite rescatar lugares de significación ciudadana, mejorar la calidad de vida y también proteger la permanencia y arraigo. Está en la comunidad, reconocer las señales distintivas y valores urbanísticos que la distingue a través del uso cotidiano; esto implica que es indispensable que la comunidad se apropie del patrimonio que ha heredado y que los procesos de desarrollo consideren no sólo las potencialidades físicas del territorio para planificar el uso del espacio sino que también los derechos de las personas en cuanto conservar vivas sus señales de identidad" (Neely 2012, 83).

En la última década, la movilización ciudadana a favor del patrimonio, consiste de un papel activo, propositivo y valorativo (Castillo y Martínez 2011, 25) de suma importancia, donde las asociaciones, vistos como grupos de personas unidas a través de una estructura organizativa sólida y formalmente constituida; han surgido en los últimos años relacionadas con el conocimiento, difusión o protección del patrimonio cultural, la mayoría de ellas de carácter local, Sin embargo, algunas han estado más enfocadas hacia el estudio y divulgación de bienes históricos carentes de protección que a la denuncia social

y judicial de actuaciones inadecuadas o ilegales. (Castillo y Martínez 2011, 19). Esto va generando que los "...ciudadanos seamos sujetos y protagonistas del destino de nuestros barrios y no simples objetos receptores pasivos" (Carvajal 2011, 140).

De acuerdo con Neely (2012, 84), se requiere la presencia de tres agentes para asegurar el éxito de la gestión del patrimonio: la institucionalidad -para dar viabilidad a un proyecto colectivo y coordinar las instancias para la obtención de recursos-; la ciudadanía -para dar sentido acerca del patrimonio que la ciudadanía valora y desea preservar; contribuyendo a la identificación de elementos patrimoniales de valor; legitimar procedimientos, acciones a seguir en la recuperación o conservación del patrimonio y hacer un seguimiento de las acciones emprendidas- y los técnicos -(académicos, profesionales y operativos) para sistematizar la información; crear y operar los instrumentos para identificar, valorar y proteger los elementos patrimoniales y diseñar los procedimientos y las acciones a seguir en la recuperación o conservación del patrimonio (Neely 2012, 84).

Consideraciones finales: la llamada "puesta en valor"

El presente trabajo nos lleva a una serie de reflexiones las cuales dejamos a su consideración, por ejemplo: ¿Puede cambiarse el uso o remodelarse un edificio de valor histórico por necesidades actuales? (García 1999, 16). Si estamos ante la necesidad de expansión de obras de infraestructura como carreteras, ductos de gas, cableado o redes hidráulicas y al excavar se pone en riesgo algún inmueble, entonces ¿Cuál debe ser el destino de este? ¿Se desaparece bajo el discurso del "progreso y desarrollo"? ó ¿Se gestiona y protege de acuerdo a la memoria?.

Más aun, ¿Qué pasa con esos edificios, predios y/o espacios que están a la espera de un desastre natural para finalmente ceder al paso del tiempo?, ¿Sera acaso convertido en estacionamiento o en una nueva construcción que estará de acorde a la "modernidad" de la ciudad, la cual está inmersa en la dinámica del llamado y nada protegido "centro histórico"?.

Mientras el patrimonio arquitectónico se siga "idealizando" y analizando de forma aislada bajo "...conceptos como identidad, tradición, historia, monumentos, los cuales claramente delimitan un perfil –poblacional- y un territorio, en el cual se tiene un particular sentido de su uso" (García 1999, 16); este está condenado a su desaparición.

Las identidades, tradiciones e historia son por su naturaleza y origen ligado al ser humano, cambiantes. Entonces, si estos conceptos discursivamente y en la vida diaria están en contante dinámica, ¿Por qué el patrimonio como concepto y practica sigue estancado a un "imaginario" de como la sociedad "debería" ver, usar y/o valorizar este mismo?

Bibliografía

Aguilar Albornoz, Raúl Amílcar. *Sitios patrimoniales: haciendas y quintas*. Mérida, México: Ayuntamiento de Mérida, 1998.

Ballart, Josep. *El patrimonio histórico y arqueológico: valor y uso*. Barcelona, España: Editorial Ariel S.A., 2006.

Ballart Hernández, Josep y Jordi Juan i Tresserras. *Gestión del patrimonio cultural*. Barcelona, España: Editorial Ariel S.A. ,2001.

Canto Ramírez, María Eugenia; Manuel Alejandro García Franco y Mashelli Contreras Hernández. *Salvamento, destrucción y conservación de haciendas henequeneas en la región de Mérida*. Estado de México: Ponencia presentada en el III Simposio de arqueología: Estrategias en Arqueología. Tenancingo, 2010.

Castillo Ruiz, José y Celia Martínez Yañez. "La importancia del público en la conservación: la movilización ciudadana a favor de la defensa del patrimonio.", *Revista Americana de Patrimonio* No 1, (2011): 15-29.

Carvajal, Rosario. "Barrio Yungat: una experiencia de participación ciudadana.", *Revista Americana de Patrimonio* No 1, (2011): 137-145.

Colorado Campos, David. "Patrimonio cultural y desarrollo regional", *Revista eure* vol. XXII, No 66, (1996): 89-99.

Crespi Vallbona, Monserrat y Margarita Planells Costa *Patrimonio cultural*. Madrid, España: Editorial Síntesis, 2003.

García Canclini, Néstor. "Los usos sociales del Patrimonio Cultural". En *Patrimonio Etnológico. Nuevas perspectivas de estudio*, Encarnación Aguilar Criado (Editor), 16-33. España: Consejería de Cultura. Junta de Andalucía, 1999.

Guevara Chumacero, Miguel y Michelle Valdespín Valdés. "Arqueología y proyectos comunitarios. Objetos y Estrategias.", En *Memorias del 1er Congreso de Patrimonio Cultural en México: Problemática Actual y Propuestas para su Intervención*, Mérida, Yucatán: Asociación Yucateca de Especialistas en Restauración y Conservación del Patrimonio Edificado A.C. y Facultad de Arquitectura, Universidad Autónoma de Yucatán. Manuscrito en CD, 2010.

Gobierno del Estado de Yucatán. *Puesta en valor del Centro Histórico de Mérida Yucatán: Caso primer cuadro*. Yucatán, México: Gobierno del estado de Yucatán, 2012.

_____ *Programa Sectorial de Vivienda*. Yucatán, México, Gobierno del Estado de Yucatán, 2007.

May Castillo, Manuel y Pedro Delgado Kú. "Arquitectura maya en peligro. Deterioro y pérdida del patrimonio cultural.", En *Memorias del 1er Congreso de Patrimonio Cultural en México: Problemática Actual y Propuestas para su Intervención*, Mérida, Yucatán: Asociación Yucateca de Especialistas en Restauración y Conservación del Patrimonio Edificado A.C. y Facultad de Arquitectura, Universidad Autónoma de Yucatán. Manuscrito en CD, 2010.

Martín Medina, Geiser Gerardo. "Entre Montes y Solares: El valor y uso local de construcciones Mayas en comunidades del sur del Estado de Yucatán", En *Patrimonio cultural mexicano: modelos explicativos*, ed. Juan García Targa, (Oxford: Brithis Archaeological Reports, 2013), 173-182.

Neely Marjolaine. "Gestión urbana en el contexto de la reconstrucción patrimonial", *Revista Americana de Patrimonio* No 2, (2011): 81-93.

Pantoja Díaz, Luis y Lourdes Toscano Hernández. "El patrimonio arqueológico en los espacios urbanos de Mérida, Yucatán y sus implicaciones sociales". *Mirada Antropológica*. No. 8-9 (2010): 166-177.

Peraza Guzmán, Marco Tulio. *El origen reparador, el centro histórico en la Mérida moderna*. Mérida, Yucatán: Facultad de Arquitectura. Universidad Autónoma de Yucatán, 1996.

_____ *Procesos territoriales de Yucatán*. Mérida, Yucatán: Facultad de Arquitectura. Universidad Autónoma de Yucatán, 1995.

Villanueva Salazar, Lucia. "Vivienda, patrimonio cultural arquitectónico." en *Memorias del IV Seminario Internacional de Conservación del Patrimonio. "Lecturas y estrategias del patrimonio tangible e intangible"*, Mérida, Yucatán: Facultad de Arquitectura. Universidad Autónoma de Yucatán. Manuscrito en CD, Mérida, Yucatán. , 2008.

Reflexiones sobre el "patrimonio arqueológico" en la ciudad de Mérida, Yucatán: ¿patrimonio de quien, patrimonio para quién?

Marcos Noé Pool Cab

Facultad de Ciencias Antropológicas

Universidad Autónoma de Yucatán.

Abstract

In this chapter de state of the concept of heritage is analyzed, in terms of the protection of material pre-Hispanic culture, taking the archeological research in Yucatan as a reference. It will discuss to what point the discourse about Yucatecan identity has its grounds for the protection, research and promotion of the pre-Hispanic Mayan culture.

Who are really interested in protecting the culture? Who consider the pre-Hispanic cultural heritage as their own? How do citizens identify themselves with that heritage? These questions will guide the analysis and reflection. It will take into account the perception that, people living in Mérida, have about the "protected archaeological sites", as they interact day by day in those places, with different uses and meanings. Such places are "Archaeological Park Dzoyilá" in the Reparto Granjas suburb; The East Recreational Park "Chen Ho" in del Parque suburb; The Park at Las Americas suburb and the Park at Salvador Alvarado Oriente suburb. These four locations contain archaelogical vestiges as part of the park areas and they are thought to had been satellite-settlements around the ancient pre-Hispanic city of *Ichcanzihó*, today Mérida city.

Introducción

El presente ensayo tiene su origen en la ponencia intitulada ¿patrimonio de quien patrimonio para quién? Presentada en el Congreso cultura y patrimonio mexicano del siglo XX, Mérida, Yucatán, 24 de octubre de 2014 en la ciudad de Mérida, Yucatán. Las reflexiones que al final hacemos, se originan de una serie de entrevistas que estudiantes de la facultad de ciencias antropológicas realizaron como parte de las actividades de su servicio social en el proyecto "Investigación y difusión del patrimonio cultural y arqueológico en el estado de Yucatán". En este proyecto -entre otras actividades- se han llevado a cabo pláticas y conferencias sobre la importancia del patrimonio cultural y arqueológico, tanto en escuelas primarias como secundarias, así como a público en general en el estado de Yucatán. Pero consideramos importante salir a los espacios donde la gente está en frecuente interacción con los vestigios arqueológicos y saber lo que sienten y piensan. Por lo mismo se consideró llevar a cabo este ejercicio en los parques arqueológicos de la ciudad de Mérida, Yucatán.

En este trabajo presentaremos los resultados de las entrevistas realizadas a la gente que frecuenta el parque arqueológico de su fraccionamiento o colonia, tales como: el *Parque arqueológico Dzoyilá* en el fraccionamiento Reparto Granjas, el *Parque Recreativo Oriente "Chen Hó"*, en el fraccionamiento del Parque, el parque del fraccionamiento las Américas y el parque de la colonia Salvador Alvarado Oriente (ver figuras 1 y 2). De acuerdo a la clasificación de De Vicente (2006), estos cuatro espacios tratan de vestigios arqueológicos integrados a áreas verdes. Tal como menciona García Targa (2012, 236) la integración de estos parques tiene

como objetivo, renovar las evidencias arqueológicas dentro de los espacios naturales que permitan que la gente tenga "entornos favorables para el descanso, el conocimiento y la cohesión social a través de la protección, el respeto y el uso racional del patrimonio en sentido amplio".

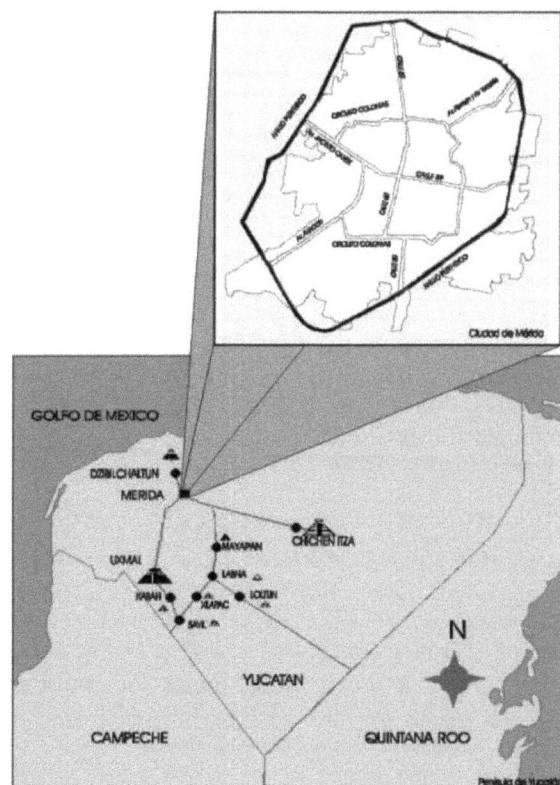

Figura 1. Ubicación de la ciudad de Mérida (tomado de Pool 2015, 159).

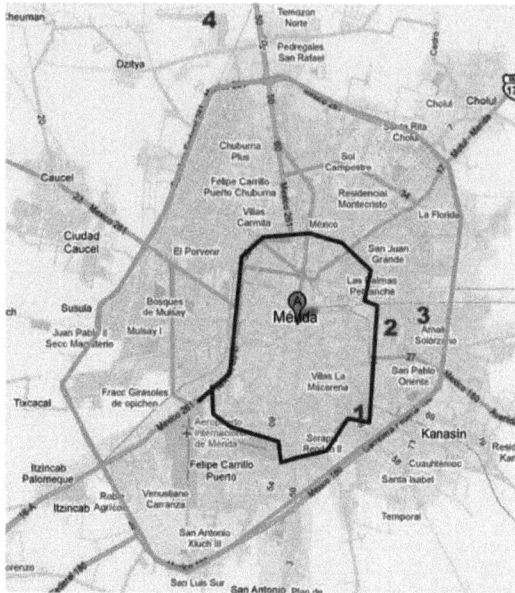

Figura 2. Ubicación de los parques: 1) Dzoyilá, 2) Chen Hó, 3) Salvador Alvarado Oriente, 4) Fraccionamiento las Américas.

Antecedentes históricos de los sitios arqueológicos

Parque arqueológico Dzoyilá

Los restos arqueológicos de este sitio fueron encontrados durante la construcción de la primera etapa del fraccionamiento "Reparto Granjas", en 1976. Los trabajos de prospección arqueológica realizados por investigadores del INAH, revelaron que las estructuras que correspondían al sitio de Dzoyilá, tal como los campesinos de la región le llamaban a los vestigios. En el Atlas Arqueológico de Yucatán está registrado con la clave 16Qd(7):150) (Garza y Kurjack 1980). De todas las estructuras del sitio, destaca un grupo de edificios, de entre 3 y 5 metros de altura que definen una plaza. Fueron identificados como el núcleo del asentamiento. Alrededor de este espacio central se localizaron numerosas plataformas rectangulares que soportaron construcciones de material perecedero. Además de las construcciones, se recobraron diferentes artefactos de molienda, restos de vasijas y otras formas cerámicas, utensilios de piedra, etc. que son evidencia de del sitio como unidad habitacional (Escalante Carrillo 2010, 143; Gallareta Negrón 2000, 8-9; Ligorred Perramón 2009, 141).

Barrera Rubio (1983) menciona que el nombre original del sitio pudo ser Dzoyilá o Dzoyolá, al parecer mencionado en el Chilam Balam de Chumayel, como punto de paso de los llamados "Itzaes" en su travesía por el norte de Yucatán. Sin embargo, los materiales arqueológicos no aseveran esta hipótesis derivada de los relatos etnohistóricos. La cerámica del sitio indica una amplia ocupación que se remonta desde el Preclásico Tardío (250 a.c.-250 d.C.), hasta fines del Clásico Terminal (800-1000 d.C.) y principios del Posclásico Temprano (1000-1200 d.C.), con una intensa actividad

constructiva durante el Clásico Tardío (600-800 d.C.) (Gallareta Negrón 2000).

La abundante e importante información del sitio permitió finalmente que las autoridades municipales conservaran parte de la arquitectura en pie integrándola a un parque comunitario que además de funcionar como espacio recreativo permitiera tener a la vista los restos arqueológicos de este antiguo asentamiento prehispánico. Por lo que se esperaría garantizar la valoración como patrimonio de los habitantes del fraccionamiento y público general (Escalante Carrillo 2010; Gallareta Negrón 2000; Ligorred Perramón 2009).

Actualmente, los restos del parque arqueológico Dzoyilá, se ubican entre las calles 49, 52, 48 y 51 del fraccionamiento "Reparto Granjas", en el oriente de la ciudad de Mérida (ver figura 3).

Figura 3. Parque arqueológico de Dzoyilá.

Parque Recreativo Oriente "Chen Hó"

Se localiza a una cuadra de circuito colonias, en las inmediaciones del IMSS 59 y el Conalep I, en el actual fraccionamiento del Parque, en el oriente de la ciudad. El sitio arqueológico se conoce como "Chen Hó" ("el pozo de T'hó"), en alusión al pozo comunitario perforado en la época prehispánica. Los vestigios integrados en el parque actualmente, con el crecimiento urbano de la zona, quedaron delimitados por la Avenida Rafael Matos Escobedo y las calles 10, 16 y 57 del citado fraccionamiento (ver Dzul Góngora 2001; De Vicente 2000; Escalante Carrillo 2010, 117; Ligorred Perramon 2009, Anexo 9).

El sitio fue registrado, en 1980, en el Atlas Arqueológico de Yucatán con la clave 16Qd(7):149, como asentamiento de rango IV (Garza y Kurjack 1980). Posteriormente, en 1992 y 1993 personal del Centro INAH Yucatán llevó a cabo los peritajes y la prospección arqueológica de "Chen Hó". A partir de los recorridos, se elaboró un plano que registró ocho estructuras y la topografía particular de cada una de ellas. En total, se trató de un conjunto arquitectónico formado por ocho estructuras que en su momento debieron albergar construcciones de materiales perecederos. Destacaron, por sus características, la plataforma E2, que cuenta con un pozo comunitario, y la plataforma E-1, que consta de tres niveles dispuestos de modo piramidal (ver Dzul Góngora 2001; De Vicente 2000).

El sitio de la ex hacienda Chen Hó, presenta construcciones más tempranas en una subestructura de la Estructura II Construida con las esquinas redondeadas, que en el área maya nos sugiere una manufactura que corresponde entre el Preclásico Tardío y el Clásico Temprano. La Estructura III-1 es un edificio piramidal de planta rectangular con las esquinas redondeadas al noroeste y suroeste y remetidas en sus vértices. La escalinata central está compuesta por cuatro escalones y fue construida utilizando bloques de piedra relativamente megalíticas. La manufactura del muro basal del lado norte se hizo con una inclinación remetida en forma de talud tablero (Velázquez citado en Dzul 2001, 20). La estructura III-2 presenta una arquitectura Pre izamaleña en las subestructuras y una serie de modificaciones constructivas y especiales en los conjuntos ya de estilo propiamente izamaleño (Ligorred Perramon citado en Dzul Góngora 2001, 20).

La evidencia cerámica revela una larga secuencia que data entre el 300 a.C. y el 400 d.C., agregado a que la arquitectura presenta una combinación del estilo megalítico y el del Petén. Asimismo, en uno de los entierros se encontró una ofrenda consistente de una olla tipo Chuburná Café tapada con un cajete tipo Sierra Rojo (Ligorred Perramón citado en Dzul Góngora 2001, 141).

El parque recreativo de oriente es uno de los que presentan mayor cantidad, calidad y monumentalidad de los vestigios arqueológicos que se han integrado a las áreas verdes de la ciudad de Mérida. Esta peculiaridad fue determinante para que algunas de las estructuras de este asentamiento fueran restauradas, consolidadas y preservadas. Los desarrolladores del fraccionamiento vieron una importante oportunidad de mantener a la vista de los habitantes del lugar, parte de lo que fue el antiguo asentamiento denominado Chen Hó (ver figura 4).

Parque Arqueológico Salvador Alvarado Oriente
Los restos arqueológicos se localizan a 4.5 kilómetros de lo que fuera el antigua asentamiento prehispánico de T´hó. Por lo que es probable que sus habitantes mantuvieran relaciones fuertes con los de T´hó, incluso tal vez formando parte de éste (Dzul Góngora 2001).

Los vestigios arqueológicos se encuentran en el actual parque arqueológico de la colonia Salvador Alvarado Oriente (entre las calles 40 y 40 A por 25 A5). De acuerdo a las inspecciones previas y exploraciones, realizadas entre los años 1987 a 1993 por arqueólogos del Instituto Nacional de Antropología e Historia, se descubrió una gran plataforma (36 metros de ancho, 54 metros de largo y altura oscilante de 1.1 a 1.8 metros) sobre la cual se edificaron 3 estructuras. Otra estructura de menores dimensiones fuera de esta plataforma, también fue identificada (Dzul Góngora 2001).

El conjunto arquitectónico y los materiales arqueológicos hallados (metates, manos de metates, cerámica utilitaria, etc) parecen mostrar que se trató de un grupo habitacional.

Arquitectónicamente manifiesta características del estilo puuc y megalítico de Izamal. De acuerdo a la cerámica encontrada análisis, el lugar estuvo ocupado desde el Preclásico Tardío (250 a.c.-250 d.c.), con un importante crecimiento al final del Clásico Temprano (300-600 d.c.). La mayor mayor actividad constructiva y arqueológica al parecer fue durante el Clásico Tardío (600-800 d.c.) y Terminal (800-1000 d.c.) que es cuando hay una influencia importante de la cultura del Puuc (Dzul Góngora 2001, 227-228).

La condición de los vestigios arqueológicos excavados, y la necesidad de los colonos con contar con un espacio lúdico y familiar, determinó que las autoridades decidieran integrar los primeros en un parque con temática arqueológica. Son escasas las estructuras que se conservaron, pero se sabe que otras han sido destruidas a través del tiempo por los procesos de urbanización de la zona; además hay restos que se ubican en patios actuales de la colonia (ver figura 5).

Figura 4. Vista parcial del sitio Chenhó en el Fraccionamiento del Parque.

Figura 5. Parque Salvador Alvarado Oriente.

Parque Arqueológico Fraccionamiento las Américas

Este sitio se localiza detrás del anillo periférico, en el norte de la ciudad de Mérida. Se conservaron como muestra de este asentamiento dos estructuras que pertenecieron a un conjunto habitacional. La función doméstica de este contexto es indicada por la presencia de un metate. Sobre el basamento principal se observa restos del desplante de una estructura al parecer abovedada. Este mismo edificio presentó una ampliación en el costado sur en donde se ubicó un pequeño altar rectangular con un agujero en su interior. En consecuencia, se determinó la creación de un parque comunitario que "preservara" las estructuras y vestigios excavados, consolidados y restaurados y que, entre otras cosas, permitiera "apreciar" una mínima parte de los antiguos mayas que allí se asentaron. El parque quedó comprendido entre la avenida 59 y por las calles 59 A, entre 90 y 92 del Fraccionamiento las Américas (Ligorred Perramón 2009, Anexo 9) (ver figura 6).

Figura 6. Vista parcial del parque arqueológico del fraccionamiento las Américas

El consumo de los espacios y lo que la gente piensa

Dado los antecedentes históricos, y los objetivos por rescatar y salvar los restos de arquitectura en pie de los sitios arqueológicos antes mencionados, nos pareció interesante conocer de manera directa que piensa la gente sobre "el patrimonio" que tienen a la vista y con el que interactúan constantemente. Utilizamos el término consumo de los espacios, para referirnos a los lugares frecuentemente utilizados para el desarrollo de actividades habituales. En el caso de los parques arqueológicos son espacios utilizados recurrentemente por la gente para el ejercicio físico o sólo para recreación.

Para conocer el grado de apreciación e importancia que los ciudadanos tienen sobre el "patrimonio arqueológico" se visitó de manera periódica los parques antes mencionados para entrar en contacto con las personas que frecuentan de manera habitual estos espacios, seleccionando de manera arbitraria a quienes se les haría la entrevista informal. Por otra parte, también se realizaron algunas entrevistas domiciliarias, en casas aledañas a los parques. A las personas entrevistadas se les preguntó acerca de su actividad, profesión, edad, nivel de estudios, religión, entre otras tantas; sólo para dar pie a las preguntas que nos iban a referir sobre la apreciación y percepción que tienen sobre el patrimonio arqueológico. Los resultados fueron los siguientes (ver tabla 1 al final del texto):

Fraccionamiento Reparto Granjas

En este lugar se entrevistaron a 51 personas jóvenes, cuyas edades fluctuaron entre los 13 a 35 años. A la pregunta sobre si tenían conocimiento de la existencia de vestigios arqueológicos en el parque, el 65 por ciento (33) respondió afirmativamente y el 35 por ciento (18) manifestó no tener conocimiento. Ante la pregunta sobre sí era o no importante la conservación de los vestigios arqueológicos en el parque, coincidentemente tuvimos la misma proporción, el 65 por ciento (33) respondió afirmativamente y el 35 por ciento (18) negó la importancia. A la pregunta sobre si tenían cierto sentimiento de orgullo por la presencia de vestigios arqueológicos consolidados en "su fraccionamiento y su parque" el 71 por ciento (36) respondió afirmativamente y el 29 por ciento (15) negativamente. Vale la pena señalar que, de estas 51 personas entrevistadas, solamente nueve (el 18 por ciento) tenían cierto grado de conocimiento y comprensión de la lengua maya.

Fraccionamiento del Parque

En este lugar se entrevistaron a 52 personas. Las edades de los entrevistados fluctuaron entre los 15 y 45 años. Sólo dos personas eran mayores de 70. A la pregunta sobre si tenían conocimiento de la existencia de vestigios arqueológicos en el parque, el 54 por ciento (28) respondió afirmativamente y el 46 por ciento (24) manifestó no tener conocimiento. Ante la pregunta sobre sí era o no importante la conservación de los vestigios arqueológicos en el parque, el 62% (32) respondió afirmativamente y el 38 por ciento (20) negó su importancia. A la pregunta sobre si tenían cierto sentimiento de orgullo por la presencia de vestigios arqueológicos consolidados en "su fraccionamiento y su parque" el 84 por ciento (44) respondió afirmativamente y el 16 por ciento (8) negativamente. De las 52 personas entrevistadas, solamente el 16 por ciento (31 %) tenía cierto grado de conocimiento y comprensión de la lengua maya.

Colonia Salvador Alvarado Oriente

En este lugar se entrevistaron a 50 personas. Las edades de los entrevistados fluctuaron entre los 15 y 50 años. A la pregunta sobre si tenían conocimiento de la existencia de vestigios arqueológicos en el parque, el 94 por ciento (47) respondió afirmativamente y el seis por ciento (3) manifestó no tener conocimiento. Ante la pregunta sobre sí era o no importante la conservación de los vestigios arqueológicos en el parque, el 62 por ciento (31) respondió afirmativamente y el 38 por ciento (19) negó su importancia. A la pregunta sobre si tenían cierto sentimiento de orgullo por la presencia de vestigios arqueológicos consolidados en "su fraccionamiento y su parque" el 76 por ciento (38) respondió afirmativamente y el 24 por ciento (12) negativamente. De las 50 personas entrevistadas, solamente el 26 por ciento (13) tenía cierto grado de conocimiento y comprensión de la lengua maya.

Fraccionamiento las Américas

En este lugar se entrevistaron a 49 personas. Las edades de los entrevistados fluctuaron principalmente entre los 15 y 38 años. Sólo una tenía 13 años y dos eran mayores de 50. A la pregunta sobre si tenían conocimiento de la existencia de vestigios arqueológicos en el parque, el 59 por ciento (29) respondió afirmativamente y el 41 por ciento (20) manifestó no tener conocimiento. Ante la pregunta sobre sí era o no importante la conservación de los vestigios arqueológicos en el parque, el 67 por ciento (33) respondió afirmativamente y el 33 por ciento (20) negó su importancia. A la pregunta sobre si tenían cierto sentimiento de orgullo por la presencia de vestigios arqueológicos consolidados en "su fraccionamiento y su parque" el 47 por ciento (23) respondió afirmativamente y el 56 por ciento (26) negativamente. De las 49 personas entrevistadas, solamente el dos por ciento (1) tenía cierto grado de conocimiento y comprensión de la lengua maya.

Comentarios

¿Qué podemos decir de los anteriores resultados? Que es alto el desconocimiento de la existencia de restos arqueológicos prehispánicos por parte de la gente que frecuenta estos parques, a excepción de la colonia Salvador Alvarado Oriente. Este dato no es de importancia mínima, en vista de que se trata de usuarios y consumidores cotidianos de tales espacios. Por otra parte, la falta de importancia para la gente de tener en sus espacios cotidianos vestigios arqueológicos fluctuó entre el 33 y el 38 por ciento, lo que nos indica que hay un porcentaje importante de la gente que no le da valor alguno al "patrimonio arqueológico". No obstante, aunque pareciera contradictorio, existe un porcentaje importante (47 al 84 por ciento) de gente que se enorgullece por tener vestigios arqueológicos en su colonia o fraccionamiento.

Por supuesto que, al realizar las entrevistas, no esperábamos un total conocimiento y valoración del patrimonio arqueológico. Simplemente los resultados corroboraron en cierta medida nuestras sospechas. En muchos casos aun teniendo conocimiento de la existencia de los vestigios, las personas desconocían que se trataba de asentamientos prehispánicos mayas. Pero no todas son malas noticias. Aun así, fue mayor la cantidad de gente que manifestó valorar y darles importancia a los asentamientos prehispánicos consolidados en sus parques.

Reflexiones

Hablar de patrimonio es hablar de riqueza, no necesariamente en términos económicos, aunque en primera instancia el término tiene esta acepción. Si el patrimonio es riqueza, debe reflejarse en mejor calidad de vida. Por otra parte, de acuerdo a la definición que de la UNESCO al Patrimonio Cultural, no tenemos objeción en aceptar que los vestigios arqueológicos entran en la definición de Patrimonio. Pero con el término patrimonio también se designa a un conjunto de bienes propios - o en su defecto heredado de los ascendientes-, con los que cuenta una persona o grupo de personas, el cual nos hablará de la riqueza o la pobreza del individuo o del grupo.

De acuerdo a las respuestas de las poco más de doscientas personas entrevistadas, no se observa un sentimiento de propiedad e identificación por esto que llamamos patrimonio. Si bien un buen porcentaje de los entrevistados valora y da importancia a la presencia de los restos arqueológicos en los parques, un porcentaje también alto piensa lo contrario.

Autores como Joseph Ballart (2002), Manuel Gándara (2005) y Virginia Aguirre (2006), concuerdan en que el patrimonio cultural tiene distintos tipos de valor. Ballart (2002) por ejemplo nos habla del valor de uso, el valor formal y el valor simbólico. El valor de uso es aquel relacionado con la utilidad (satisfacción de necesidades, conocimiento, deseo, etc.), el valor formal está relacionado con lo estético y la experiencia sensorial (aquella a través de los sentidos) y el valor simbólico es la consideración, el significado que se le atribuye a los objetos del patrimonio (Ver Gutiérrez García 2012, 13).

De la gente entrevistada, el valor que más afloró fue el estético pues consideraban "bonitos" sus parques. En general, las personas coincidieron en que "sus parques" deberían ser más promocionados turísticamente y de esa manera obtener algún beneficio. Este sentir nos recuerda las palabras de la Directora General de la UNESCO, Irina Bokova, en la apertura del Tercer Foro Mundial de la UNESCO sobre la cultura y las industrias culturales. La cultura, motor del desarrollo sostenible.[1]

> «Creo que los países deben invertir en cultura con la misma determinación con la que invierten en recursos energéticos, en nuevas tecnologías» […]. «La cultura es el petróleo de países ricos en historia y en talento. En una economía mundial del conocimiento, los que eligen invertir en ella eligen en realidad invertir en el futuro». (Tomado de la sección cultura del periódico El Universal, versión digital del 04 de octubre de 2014).

---

[1] Foro mundial realizado del 2 al 4 de octubre de 2014 en Florencia Italia.

Bokova no se refería únicamente a la conservación del patrimonio, hablaba más de la creatividad y la contemporaneidad. En relación a los monumentos arqueológicos también son resultado de la creatividad del ser humano y no podemos negar que en su momento también fueron contemporáneos. El patrimonio es el enlace entre el presente y el pasado (ver Ballart 2006, 36) ¿Pero comparar nuestros vestigios arqueológicos e historia con el petróleo, como recomienda Bokova?, no es la realidad en sociedades como la nuestra que tienden a copiar el modelo capitalista.

Como sociedad, tenemos derecho a heredar de nuestros predecesores el patrimonio cultural; a su vez es nuestra obligación conservarlo para las generaciones futuras. Esta es una idea que tanto desde el plano humanista y academicista estaremos de acuerdo. Pero el concepto de patrimonio cultural y arqueológico vale más en los especialistas que en la sociedad en general. La pregunta es, ¿porque falta esta conciencia en la ciudadanía? La respuesta es sencilla: Porque fuera del valor y riqueza implícita en el discurso, la generosidad del patrimonio tal y como la UNESCO pregona, no se materializa en beneficios reales para los "supuestos herederos".

Me parece que hablar de patrimonio cultural y arqueológico es hablar de una concepción mercantilista utilizado como una metáfora de la riqueza para los pobres. Esta es la realidad latinoamericana. Es el consuelo que tienen los países subdesarrollados que, al no tener posibilidades reales de alcanzar riqueza para el pueblo, se les clasifica como ricos en cultura; por lo tanto, es resultado del intento fallido del sistema capitalista por generar riqueza y desarrollo social.

No se necesita de documentos internacionales o nacionales para que alguna manifestación cultural, tangible e intangible, pasada o presente, se le dé el calificativo de patrimonio y por ende de riqueza. Si patrimonio y riqueza van de la mano, la manifestación cultural cualquiera que fuese debe redundar en mejores condiciones de vida

Desde un punto de vista antropológico el concepto de patrimonio cultural como riqueza implica abundancia y diversidad, y en esto todos somos ricos. La riqueza potencial en conocimiento que el patrimonio arqueológico nos ofrece, es invaluable para los científicos; pero no es el mismo valor ni para el estado, que tiene como obligación distribuir con justicia la riqueza para el pueblo, ni para la sociedad que desconoce el valor histórico. Por otra parte, la promoción y apoyo que hoy en día vemos que el Estado realiza en favor de lo indígena, (como son programas culturales, foros, becas de apoyo, etc) es resultado de la deuda histórica que se ha tenido con los grupos culturales no occidentales de nuestro país.

Regresando al caso de los parques arqueológicos de la ciudad de Mérida, podemos decir que el beneficio que hasta ahora sería posible tratar en la conservación y difusión del patrimonio arqueológico es finalmente simbólico. En estos casos, se trata de ganancias más bien simbólicas, que trascienden lo material en sí mismo. Pero ¿para quién es el prestigio social y el poder? ¿Para el pueblo, para el Estado, para los Académicos?

El patrimonio cultural y arqueológico, no sólo relaciona el pasado con el presente, como pensarían los románticos de la historia. Debe articular también academia, pueblo, estado. Pero no existe tal articulación por la ambigüedad del concepto. Tal como señala Briceño Porras (2011), la raíz del mal recae en una deficiente "filosofía del patrimonio". ¿Sobre qué base filosófica se realiza la interpretación del patrimonio? Hasta ahora, el vocabulario causal tiene grandes limitaciones, de la manera tradicional como se ha conceptualizado el patrimonio a través de la lógica formal y la definición de la UNESCO (Briceño Porras 2011, ix).

> "El Patrimonio Cultural de un pueblo comprende las obras de sus artistas, arquitectos, músicos, escritores y sabios, así como las creaciones anónimas, surgidas del alma popular, y el conjunto de valores que dan sentido a la vida, es decir, las obras materiales y no materiales que expresan la creatividad de ese pueblo; la lengua, los ritos, las creencias, los lugares y monumentos históricos, la literatura, las obras de arte y archivos y bibliotecas." (Definición elaborada por la Conferencia de la UNESCO sobre Patrimonio Cultural, celebrada en México en el año 1982).

Pero de esta definición de patrimonio surgen varias preguntas: ¿De qué pueblo se habla? ¿A qué conjunto de valores se refiere que dan sentido al patrimonio?, ¿Para quienes es el disfrute de las obras de la cultura?, ¿Patrimonio para qué?, ¿Patrimonio para quienes?

La definición de patrimonio cultural de la UNESCO se inscribe en el deber ser idealista kantiano, excluyendo las condiciones objetivas de la realidad: las contradicciones sociales y los antagonismos de clase. La discusión no trata sobre los problemas que suscita una u otra definición de patrimonio, sino una–otra interpretación de lo heredado por el pueblo (Briceño 2011, 4).

Finalmente podemos decir que el interés o desinterés del pueblo en general hacia el patrimonio, depende en gran medida de las condiciones económicas y sociales. En Europa, la persona está inmersa en un paisaje de patrimonio cultural donde la historia está en calles, edificaciones, monumentos, paisaje, por lo que el patrimonio no pasa desapercibido (Briceño 2011, 19). En Latinoamérica y México hay que reflexionar para percatarse de la existencia de un objeto o un hecho patrimonial.   La noción tradicional de patrimonio, es

PREGUNTAS	Fraccionamiento Reparto Granjas (muestra: 51 personas)		Fraccionamiento del Parque (muestra: 52 personas)		Fraccionamiento Las Americas (muestra: 49 personas)		Colonia Salvador Alvarado Oriente (muestra: 50 personas)	
	SI	NO	SI	NO	SI	NO	SI	NO
Sobre el conocimiento de vestigios arqueológicos	33 (65%)	18 (35%)	28 (54%)	24 (46%)	29 (59%)	20 (41%)	47 (94%)	3 (6%)
Sobre la importancia de conservar los vestigios arqueológicos en el parque	33 (65%)	18 (35%)	32 (62%)	20 (38%)	33 (67%)	16 (33%)	31 (62%)	19 (38%)
Sentimiento de orgullo por la presencia de vestigios arqueológicos consolidados en su fraccionamiento y su parque	36 (71%)	15 (29%)	44 (84%)	8 (16%)	23 (47%)	26 (53%)	38 (76%)	12 (24%)
Entendimiento y/o conocimiento de la lengua maya	9 (18%)	42 (82%)	16 (31%)	36 (69%)	1 (2%)	48 (98%)	13 (26%)	37 (74%)

Tabla 1. Síntesis de lo que la gente piensa de los parques arqueológicos de la ciudad de Mérida, Yucatán.

un valor inaccesible a las clases populares. Basta con preguntarse: ¿Cuál puede ser la idea de patrimonio para los miles de personas pobres en Yucatán o de los millones de pobres que hay en México? Si bien la ponencia acá presentada no trata sobre el patrimonio y pobreza, las anteriores reflexiones vienen a colación por la idea última que tiene la UNESCO sobre el patrimonio cultural, como riqueza.

Para finalizar una primera conclusión es por todos sabida: eso que llamamos patrimonio cultural y arqueológico aún está distante del pueblo. Una segunda es que, necesitamos una adecuada "filosofía del patrimonio cultural" que considere la realidad social del pueblo y no seguir con el romanticismo académico patrimonialista. Necesitamos de verdaderas políticas de estado que consideren la "realidad" social y para ello el mismo estado necesita articularse con científicos cuyo conocimiento no esté condicionado por lineamientos institucionales, más bien, por el compromiso de entender objetivamente y de crear conocimiento útil para la sociedad.

Bibliografía

Aguirre, Arvizu Virginia, *El patrimonio arqueológico en México, su protección y conservación (1910-1924),* tesis de maestría en arqueología. México: ENAH, 2006

Ballart, Josep. *El patrimonio histórico y arqueológico: valor y uso.* Barcelona: Ariel, 2002.

Barrera Rubio, Alfredo, "La conquista de Yucatán y la fundación de Mérida", *Boletín de la Facultad de Ciencias Antropológicas de la Universidad Autónoma de Yucatán*, 10, no. 58 (1983).

Briceño Porras, Guillermo. *Caracterización del discurso de simón rodríguez y su incidencia en la conceptualización del patrimonio cultural*, tesis doctoral. Caracas: ULAC, 2011.

De Vicente Chab Esteban. "Parque recreativo de Oriente", *Ichcanzihó: los nacidos de la serpiente*, no. 3 (2000): 9.

De Vicente Chab, Esteban. "Resistencia y protección de los sitios arqueológicos del municipio de Mérida" en *Memorias del Segundo Anuario de Investigación Sobre Conservación, Historia y Patrimonio Arquitectónico y Urbano*, editado por Blanca Paredes Guerrero, Mérida: Universidad Autónoma de Yucatán, Facultad de Arquitectura, 2006.

Dzul Gónogora, Sara Eunice. Salvamento arqueológico en la colonia Salvador Alvarado Oriente de Mérida, Yucatán, tesis de licenciatura. Mérida: FCAUADY, 2001.

Escalante Carrillo, Andrés. *Reconocimiento y análisis arqueológico de superficie para la conservación del patrimonio arqueológico en áreas urbanizables de la ciudad de Mérida, Yucatán*, tesis de licenciatura. Mérida: FCAUADY, 2010.

Gándara Vázquez, Manuel, "¿Necesitamos un concento materialista (realista) de patrimonio arqueológico? Una aproximación congruente a la arqueología social" en *Boletín de antropología americana*, no. 41, (2005): 17-39.

Gallareta Negrón, Tomas, "Dzoyilá- Las Granjas. Una importante zona arqueológica de la ciudad de Mérida", *Ichcanzihó: los nacidos de la serpiente*, no.4 (2000): 8-9.

García Targa, Juan, "Los parques eco arqueológicos en el área maya: algunos aspectos de su gestión", *Estudios de Cultura Maya*, Volumen XXXIX, (2012): 227-245.

Gutiérrez García, Royma Nayeli. *El patrimonio arqueológico y la identidad en Izapa, Chiapas*, tesis de licenciatura, Mérida: FCAUADY, 2011.

Ligorred Perramón José de Calasanz. *La gestión municipal del patrimonio arqueológico de Mérida, Yucatán (México)*, tesis de maestría. Mérida: FCAUADY, 2009.

Pool Cab, Marcos Noé, "Estudios de vida cotidiana en arqueología. El caso de un grupo doméstico maya del período clásico", *Revista de Antropología y Sociología: VIRAJES*, 17, no. 2 (2015): 153-181.

Estrategia interpretativa aplicada en la curaduría de exposiciones

Mtra. Alejandra Mosco Jaimes
Escuela Nacional de Conservación, Restauración y Museografía
Instituto Nacional de Antropología e Historia

Resumen

La estrategia interpretativa que se presenta en este trabajo, es aplicada a la curaduría de exposiciones a partir de una metodología para la conceptualización, diseño y desarrollo de guiones para exposiciones. Esta metodología es una alternativa viable, estructurada y organizada para desarrollar exposiciones que puedan llegar a ser atractivas, didácticas, emotivas y participativas, que puedan generar conocimiento significativo y permanente en el público, para promover en ellos el compromiso y la toma de acciones para la conservación del patrimonio.

Palabras clave: Interpretación temática, patrimonio, curaduría, guiones, exposiciones, museos.

Abstract

The interpretative strategy presented herein relates to the curatorship of exhibitions based on a methodology for conceiving, designing and developing scripts for exhibitions. This methodology is a viable alternative: it is structured and organised so as to develop exhibitions that can be attractive, didactic, emotive and participative, able to generate significant and permanent knowledge in the public, so as to promote their commitment to heritage and their active participation in its conservation.

Keywords: Thematic interpretation, heritage, curatorship, scripts, exhibitions, museums.

I. ¿Por qué aplicar la interpretación temática en la curaduría de exposiciones?[1]

¿Qué es la interpretación temática?

La interpretación[2] en su significado más básico, es una traducción, como cuando se traduce de un idioma a otro. En términos de patrimonio, la entendemos de la siguiente manera:

> La interpretación temática es una estrategia de comunicación que traduce el lenguaje científico, técnico o especializado de cualquier disciplina o área de conocimiento a un lenguaje sencillo y claro para cualquier tipo de público, pero sin por ello perder el rigor científico, y tiene por objetivo revelar los valores y significado del patrimonio de una forma comprensible, emotiva, entretenida y disfrutable para así crear conexiones intelectuales y emocionales entre el público y el patrimonio, que inspiren la sensibilidad, consciencia y compromiso para su conservación. (Mosco 2012, 86)[3]

Se trata de un enfoque que se "centra en el público"[4] y no sólo en las colecciones o el patrimonio, pues reconoce la importancia de las personas y su papel en la conservación, se nutre teóricamente de varias disciplinas, entre ellas la pedagogía y la psicología cognitiva.

Se le llama temática porque se desarrolla a través de temas, ideas o mensajes. Ham (1983) recupera de Lewis (1980), y a su vez del pensamiento aristotélico, el principio de que la comunicación siempre debe trasmitir un propósito central. Al mismo tiempo, Ham al definir qué es lo que hace a la interpretación diferente a otras formas de comunicación, se remite a Tilden (1957) cuando afirma que "el relato es lo importante", es decir, la interpretación tiene que tener un mensaje o moraleja, pues las buenas historias, poemas, canciones, dramas, conferencias, charlas, exposiciones, folletos, rótulos, etc.,

---

[1] Profesora- investigadora en Escuela Nacional de Restauración, Conservación y Museografía, Maestra en Museología por la ENCRyM-INAH, Licenciada en Historia por la Escuela Nacional de Antropología e Historia, ENAH-INAH.
Professor - researcher at National School of Restoration, Conservation and Museology, Master in Museology, for ENCRyM-INAH, BA in History for the National School of Anthropology and History INAH ENAH.

[2] Cabe señalar que la interpretación temática a la que me refiero aquí no se trata del enfoque hermenéutico de la tradición filosófica utilizada principalmente en la historia y ciencias sociales.

[3] Ya en otros trabajos hemos tratado más a fondo antecedentes históricos, importancia internacional, vid., *La interpretación temática como estrategia para la conservación del patrimonio cultural y natural,* (Mosco, 2013), y sus fundamentos teóricos, vid., *Metodología interpretativa para la formulación y desarrollo de guiones para exposiciones,* (Mosco, 2012)

[4] Manuel Gándara, (arqueólogo mexicano, doctor en nuevas tecnologías y experto en divulgación) reconoce esta característica en su búsqueda por estrategias de conservación del patrimonio (sobre todo del contexto arqueológico de México), como la mejor alternativa para que ésta sea una responsabilidad compartida entre los especialistas y el público.

tienen lo que Ham llama theme, es decir, frase clave o idea principal.

Cuando la interpretación se organiza en temas / tesis / mensajes, que den sentido, orden y estructura a una presentación entonces se trata de interpretación temática.

No obstante, Gándara detectó que existe una ambigüedad precisamente con la palabra "temática" que deriva de la palabra en inglés *theme*, y que en español se traduce como tema, el cual normalmente entendemos como título. Ham explica la diferencia entre lo que podemos llamar título ó tópico y tema, en el cual entiende tópico como simplemente el objeto de la materia, mientras que el tema es el mensaje principal o idea rectora, la verdad es, que como apunta Gándara, en español, las palabras tema y tópico se utilizan de manera prácticamente indistinta, por ello, al respecto dice:

> La tesis permite articular el resto del discurso y proponer una totalidad que el visitante puede llevarse consigo al final de su recorrido por el sitio o el museo.
> Lo que hace diferente a este enfoque es se insiste en que la interpretación requiere como una de sus cualidades fundamentales, un "tema" o idea central -que yo he propuesto que se traduzca como "tesis"-, dado que no hace referencia a tema en el sentido de contenido ("*subject matter*"), sino de un enunciado que encapsule aquello que, como mínimo, nos interesa pueda llevarse consigo el visitante del sitio patrimonial. (Gándara 2001, 67-70)

Entonces, en adelante utilizaremos el término *tesis* para referirnos al concepto de *theme-tema* que maneja Ham.

¿Qué entendemos por curaduría?

Para empezar, es necesario precisar a qué nos referimos con este concepto, pues la propia palabra presenta mucha complejidad. Se trata de un término que no nace propiamente en el ámbito del museo, ni se aplica sólo en su contexto. De hecho, hoy en día aún existe mucha confusión acerca de su definición y campo de competencia en los museos, con más razón en los contextos no especializados.
Por ejemplo, en el diccionario de la Real Academia de la Lengua Española, su definición ni siquiera expresa un vínculo con los museos: "Curaduría. Cargo de curador de un menor." Y del término curador, ra, encontramos: quien tiene cuidado de algo, que cura, persona nombrada para cuidar de los bienes de un menor, o persona que cura algo; como lienzos, pescados, carnes, etc. (Real Academia de la Lengua 2001, 717)

En textos especializados sobre museos, también resulta bastante raro encontrar una definición, aparece utilizado el término en algunos de ellos, pero sin explicar su

significado. Muy poco existe publicado en lo que se refiere específicamente a la curaduría.[5]

Iker Larrauri, museógrafo mexicano de gran y reconocida trayectoria en México, describe de manera muy clara las funciones del curador:

> El curador es el investigador que conoce y estudia los temas y los materiales que dan motivo a la existencia y determinan las funciones de un museo. Para esto aplica los conocimientos de su especialidad y contribuye de esta manera a la conservación y divulgación de estos temas y materiales. Sus actividades se orientan en dos sentidos, por una parte, la organización, control y manejo de las piezas que forman las colecciones, y por otra, su estudio, identificación y clasificación, para conocer e interpretar el significado de éstas. En consecuencia, el curador además de tener a su cargo el cuidado de las colecciones, es quien sistematiza y conforma los contenidos temáticos y materiales de las exposiciones. Asimismo, tiene indirectamente injerencia y responsabilidad en los contenidos temáticos de los comunicados informativos y promocionales que emite el museo y en los programas educativos y de divulgación que realiza. Resumiendo la investigación y la gestión de colecciones en un museo son responsabilidad del curador. (Larrauri 2007, 92)

No obstante, llegar a esto no le fue nada fácil, pues contextualiza su reflexión al caso de México, donde explica que los términos *curador y curaduría* como acepciones relativas a la museología, se incorporaron al uso de esta actividad en tiempos recientes, particularmente, los ubica en la década de los años setenta del siglo pasado. Anterior a esto se empleaban en el mismo sentido las palabras de conservador y conservación, (aunque aún en algunos museos y países se siguen usando estos términos para referirse a las actividades arriba citadas).

Respecto a la definición de este término lo entenderemos de la siguiente manera:

> Curaduría es la disciplina que se encarga del estudio de las colecciones, el conocimiento y/o la creación artística reunidos en el museo, a través de su identificación, clasificación, documentación, catalogación, investigación, selección y ordenamiento, para la conceptualización y desarrollo de contenidos para las exposiciones a través de

---

[5] En literatura de arte moderno y contemporáneo es más común encontrar referencias sobre curaduría, pero se trata principalmente de experiencias de la "práctica curatorial".

la interpretación de sus valores y significado. (Mosco 2012, 43)

Ahora bien, refiriéndonos a "desarrollo de contenidos" en el sentido más amplio, pues serán la base para todos los programas de las exposiciones del museo: divulgación, catálogos, talleres, audiovisuales, folletos, guías, actividades complementarias, etc. Es por ello que estamos convencidos que la interpretación temática se debe aplicar desde la curaduría, es decir, desde la conceptualización y desarrollo de contenidos pensados en el público.

Pensando en el perfil del curador y basándonos en sus funciones, encontramos una visión casi generalizada de que el curador es, en esencia un investigador o especialista en alguna disciplina, dependiendo la naturaleza del museo: humanidades, artes o ciencias. Pero la investigación científica o académica no es una actividad exclusiva del museo (como muchas otras), por el contrario, es claro que existen otros centros de investigación, ajenos completamente a colecciones o espacios museísticos. Por tanto, sostenemos que lo que determina la diferencia del curador con el resto de los investigadores son justamente las funciones fundamentales que cumple en el museo, es decir: conservar, investigar, comunicar, exponer y divulgar.[6] Y aunque podría pensarse que estas funciones también pueden aplicarse en otros campos de manera individual, pensamos que en realidad es la interrelación indisoluble de ellas las que le dan un carácter único e inherente al museo.

Así, la investigación que se produzca en un museo, además de contar con todo el rigor académico y científico, también tiene que tener un enfoque propiamente museológico, es decir, de conservación, comunicación, exposición y divulgación, por tanto, el investigador del museo, a diferencia del resto, además tendría que traducir y hacer comprensibles los fenómenos u objetos de estudio a un público amplio y no sólo a la comunidad científica, lo que significa un esfuerzo y conocimientos extras al de su campo, pues comunicar e interpretar es justamente lo que a mi manera de ver lo convierte en un verdadero curador.

¿Por qué aplicar la interpretación temática a la curaduría?

Como ya se mencionó, esta estrategia se centra en el público para desarrollar programas que le sean relevantes, significativos y resulten en generar actitudes de conservación hacia el patrimonio. La comunicación temática se basa en tesis o mensajes, pero además en conocer a los diferentes tipos de públicos y sus formas de aprender, por ello consideramos idóneo aplicarla a la curaduría de "exposiciones pensadas en el público".

II. Los guiones y el proceso de trabajo en las exposiciones

En lo que refiere a las estrategias sobre conceptualización, planeación, desarrollo y montaje de exposiciones, la organización y proceso de trabajo se basa comúnmente en documentos llamados guiones, los más referidos en la literatura y utilizados en la práctica son: el guion museológico y guion museográfico. Sin embargo, no existe un consenso general sobre su contenido y características pues de museo a museo, de institución a institución y de país a país, encontramos tanto similitudes como diferencias.

En general se entiende al guion museológico como el documento donde se desarrollan e integran los contenidos o investigación científica o académica, aunque hay mucha ambigüedad, pues también encontramos terminologías como guion científico, académico, histórico, temático, etc., sin especificar claramente lo que contiene.

Por otro lado, el guion museográfico, regularmente comprende la lista de obra o temas distribuidos en el espacio, sus representaciones gráficas, apoyos didácticos, mobiliario, aspectos técnicos, de conservación, etc.

No obstante, existen varios inconvenientes con estas dos tipologías:

- Para empezar, es necesario distinguir la diferencia entre los guiones: temático, museológico, científico, académico, etc. y especificar en qué consiste cada uno.
- El término museológico se debería utilizar a nivel global, es decir, es integrador, contempla todo lo relacionado con la exposición y no sólo con los contenidos, sería la memoria que compila todos los guiones.
- El guion científico o académico es el documento donde se desarrollan los contenidos de una exposición, pero como su nombre lo dice, a nivel científico, académico, erudito, aún no dirigido al público, pero ya estructurado de acuerdo a la temática o colección a abordar en la exposición.
- Por tanto, es necesario agregar algunas categorías de guiones y una de ellas, muy importante es la que llamaremos guion curatorial.

Como ya anotamos, si asumimos que el curador, desde su formación académica como investigador, es quien produce los contenidos de una exposición: investigación, selección de obra, estructuración de los temas, orden discursivo, etc., entonces tenemos que en una primera fase desarrolla lo que podemos llamar un documento de carácter especializado, es decir, el guion científico o académico; pero no siempre con un carácter dirigido a un público amplio, pues muchas veces esa función se le encarga al museógrafo.

---

[6] Basándonos en las funciones del museo según el International Council of Museums, (ICOM).

Es por ello que consideramos necesario distinguir entre guion científico o académico[7] y guion curatorial, donde el primero integraría la investigación científica, por decirlo de alguna manera, "pura", y por otro lado el guion curatorial, que ya debe estar concebido con el objetivo de comunicar, pero que tampoco es el guion museográfico, pues éste contempla estrategias aplicadas al espacio, a los elementos gráficos y tecnologías que no son del dominio del curador sino del museógrafo (Ver Tabla 1).

Cabe destacar que en el ámbito del arte moderno y contemporáneo, muy claramente el tema de discusión entre los especialistas es el "discurso curatorial" o "práctica curatorial", aunque no se refieren claramente a algún tipo de "guion". Mientras que por el contrario, en museos de historia, antropología, arqueología, y ciencias en general, los especialistas discuten sobre el "discurso museográfico" ya que regularmente no existe un guion propiamente curatorial.

Por ello consideramos necesario hacer una tipología más clara, donde podamos diferenciar entre los siguientes guiones: temático, científico, curatorial, museográfico y museológico, los cuales podrían ser consecutivos, (aunque también pudiera cambiar algún orden), pero siempre interrelacionados y complementarios a la vez. (Ver Esquema 1)

a) Guion temático. Es el primer documento de trabajo donde se conceptualiza la exposición. Presenta de manera general el proyecto: sus objetivos y alcances, sede, antecedentes, justificación, estructura de la exposición, índice de núcleos temáticos, descripción general de la colección y/o primer borrador de lista de obra, cronograma de trabajo y presupuesto tentativo. Su formato es como de un documento ejecutivo, una síntesis clara y global que servirá como presentación del proyecto ante instituciones involucradas.

b) Guion científico / académico. Es el documento que integra la investigación científica / académica sobre los temas y subtemas definidos en el guion temático, sobre la colección o colecciones y la lista de obra, así como todas las fuentes y/o acervos consultados.

El formato es aún como un trabajo de investigación. Este guion puede ser la base del catálogo científico o razonado. Su lenguaje es aún en términos muy técnicos y va dirigido principalmente a investigadores y especialistas.

c) Guion curatorial.[8] Es el documento donde se integran y sintetizan los contenidos de manera esquemática, es decir, siguiendo la estructura del guion temático. Este guion es la versión muy sintetizada del guion científico donde se integran las primeras propuestas interpretativas y estrategias de comunicación que se utilizarán a lo largo de la exposición. Aquí se integra el cedulario o versión final de los textos que acompañarán la exposición, con un lenguaje muy breve, claro y dirigido al público amplio. El formato es en forma de esquema que combina contenidos con obra (si aplica) o la propuesta de representación si no hay colección tangible.

d) Guion museográfico. Es el documento donde se plasma la distribución de los núcleos temáticos (contenidos) junto con la colección, (si existe) en el espacio, además de todo el mobiliario, estrategias gráficas, tecnológicas y didácticas que se utilizarán para la exposición, así como aspectos técnicos y de conservación.

Debido a su complejidad, se conforma a su vez en tres fases o apartados:

i. Diseño arquitectónico
a. Plano museográfico
    i. Distribución de núcleos temáticos y contenidos en el espacio.
    ii. Distribución de colección u obra (si aplica)
    iii. Ruta de circulación
    iv. Especificaciones técnicas: de conservación, construcción, iluminación, soportes, seguridad, etc.
    v. Propuesta de apoyos museográficos (paneles, dioramas, recreaciones, ambientaciones, maquetas, etc.)

ii. Diseño gráfico
b. Imagen gráfica de la exposición.
    vi. i. Selección de gama cromática.
    vii. Selección de identidad gráfica. Tipografía, imágenes, etc.
    viii. Diseño de logo.
    ix. Diseño de ilustraciones.
    x. Diseño de cedulario.
    xi. Diseño de materiales de difusión: carteles, folletos, etc.
    xii. Diseño de multimedios.

iii. Diseño industrial
c. Diseño de mobiliario y apoyos técnicos.

---

[7] Según sea el caso, por ejemplo guion científico para referirnos a museos de ciencias o humanidades y guion académico para museos de arte y arte contemporáneo donde no se hace "ciencia" propiamente, pero sí existe un rigor académico.

[8] Cabe recordar que en el caso de exposiciones sobre arte moderno y contemporáneo, como vimos antes, el concepto de discurso o "guion" curatorial tiene un enfoque distinto al que aquí trabajaremos.

d. Guion museológico o memoria museológica. En el sentido que ya explicamos, este sería el guion que integra todos los guiones, es decir, es museológico porque tiene que ver con el museo en lo global, o en su caso con la exposición en global, además de que en él deberá documentarse todo el proceso y desarrollo de la exposición, desde su gestación, hasta el montaje, evaluación, desmontaje, resultados, estadísticas, etc.

III. Estrategia interpretativa aplicada en la curaduría de exposiciones

Redondeando, según el modelo arriba propuesto el curador tendría a su cargo el desarrollo de al menos los tres primeros guiones:

- Guion temático = conceptualización del proyecto.
- Guion científico - académico = investigación y desarrollo de contenidos, selección de obra.
- Guion curatorial = traducción, síntesis y selección de estrategias interpretativas para el público.
-

Por tanto, la interpretación temática se aplicaría desde la conceptualización, es decir, desde el inicio, el guion temático donde se definen los temas que se convertirán en mensajes principales o tesis que la exposición quiere comunicar y que dirigirán la investigación, por ejemplo:

Tema:
20 aniversario del Seminario Taller de Conservación y Restauración de Materiales Textiles
Tesis central
20 años restaurando los hilos de la historia

Tema 1
Los textiles y la vida cotidiana
Subtesis 1
Porque humanos somos, textiles hacemos.

Tema 2
El textil como testigo histórico
Subtesis 2
Tejiendo historias, entrecruzando vidas

Tema 3
La conservación y restauración del patrimonio textil
Subtesis 3
Todo por servir se acaba y acaba por no servir

Tema 4
20 años del STCRT
Subtesis 4
20 años rescatando nuestro patrimonio

Conclusión
Nos atraparon los trapos.

En el guion curatorial se determinan los objetivos interpretativos al menos en tres niveles:

- Objetivos de aprendizaje
- Objetivos emocionales y
- Objetivos de conducta (Veverka, s/f (a))

En este guion también se integran los textos o cédulas que el púbico leerá, por tanto deberán tener un lenguaje claro, breve y significativo, es decir, deberán hablarles dirigiéndose a las personas con elementos que les sean conocidos o de su cotidianidad. También se integran las estrategias interpretativas que van dirigidas a los diferentes estilos de aprendizaje del público y la lista de obra elegida por cada tema. Este documento se puede organizar en un cuadro. (Ver Tabla 2 y 3).

Guion científico/académico	Guion curatorial	Guion museográfico
Integra la investigación científica - académica, por decirlo de alguna manera, "pura".	Debe estar concebido con el objetivo de comunicar.	• Diseño arquitectónico • Diseño Gráfico • Diseño Industrial • Propuestas tecnológicas • Aspectos técnicos de producción y montaje • Aspectos de conservación del acervo • Aspectos de mantenimiento.
Es la investigación extensa.	Debe sintetizar los temas y subtemas del guion científico – académico.	
El texto aún es especializado.	Debe contener los textos ya dirigidos a público. Cédulas	
Debe contener todas las citas y referencias.	Debe contener estrategias interpretativas.	

Tabla 1. Diferencias de contenido entre guion científico - académico, guion curatorial y guion museográfico.

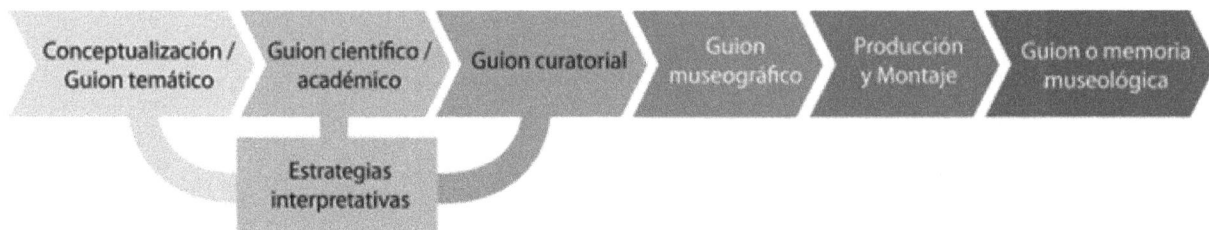

Esquema 1. Modelo propuesto para la *Metodología interpretativa para la formulación y desarrollo de guiones para exposiciones* (Mosco 2012).

Temas	Objetivos interpretativos	Cedulario	Obra / Estrategias interpretativas
1. Los textiles y la vida cotidiana 1.1 Los textiles y la vida cotidiana **Subtesis** **Porque humanos somos, textiles hacemos.**	**Conocimiento** ☐ Reconocer que los textiles nos acompañan a lo largo de toda nuestra vida ☐ Reconocer que muchos de los elementos que utilizamos en nuestra vida cotidiana están hechos a base de textiles. **Emoción** Asombro por reconocer a los textiles en los ámbitos de la vida cotidiana. **Acción** Ubicar en la ambientación objetos textiles.	**Cédula de cita** *Desde que nacemos hasta que morimos* "Cada individuo está rodeado de textiles desde su nacimiento hasta su muerte. Se camina sobre ellos, se viste con ellos, se sienta en sillas, sofás cubiertos de tela, se duerme sobre y debajo de telas, los textiles secan o mantienen seco al individuo, le ayudan a estar caliente o lo protegen del sol y el fuego, la infección ..." Norma Hollen 59 pp **Cédula temática** *Nos rodean por todas partes* **Los textiles se multiplicaron y diversificaron** para satisfacer una amplia variedad de tareas y comodidades de la vida cotidiana. **Son innumerables los objetos hechos con textiles:** medias, zapatos, ropa interior, abanicos, cortinas, colchas, sábanas, uniformes, banderas, estandartes, capas, tilmas, sombrillas, guantes etc. 42 pp	Ambientación de una habitación de la segunda mitad del siglo XIX mexicano con textiles de diferentes tipos: ☐ 2 Sillas ☐ Mesa con mantel ☐ Tapetes ☐ Cortinas ☐ Vestidos ☐ Ajuar de niños ☐ Abanicos ☐ Zapatos ☐ Sombreros ☐ Pañuelos ☐ Tapices ☐ Pedir al visitante que ubique los textiles utilizados en la habitación.

Tabla 2. Ejemplo de guion curatorial en forma de cuadro.

Temas	Objetivos interpretativos	Cedulario	Obra / Estrategias interpretativas
Tema 2 El textil como testigo histórico. 2.1 El textil como testigo histórico	**Conocimiento** Reconocer que los textiles hechos en México son únicos debido a la mezcla de tradiciones. **Emoción** Orgullo por la diversidad, belleza y calidad de nuestros textiles. **Acción**	**Cédula temática** *México se ha distinguido por sus ricas y variadas tradiciones textiles y de cestería.* **Nuestros textiles son el resultado de la incorporación de los saberes y tradiciones** tanto de grupos **indígenas** como de **todas las culturas del mundo.** **Logrando así productos únicos** de singular belleza elaborados con una gran diversidad de materiales y técnicas que hoy forman parte del vasto patrimonio textil de nuestro país. 51 pp	Mostrar textiles donde se observe la mezcla de elementos indígenas y el mundo. No. 21 Huipil Mixteco No. 23 Quechquemetl

Tabla 3. Ejemplo de guion curatorial en forro.

Reflexiones finales

Resumiendo la presente estrategia se basa también en un proceso de trabajo a partir de una tipología de cinco diferentes guiones para el desarrollo de exposiciones, en el cual, el guion curatorial aparece como un elemento clave.

El trabajo de conceptualización de las exposiciones comienza con el guion temático, donde se sintetiza de manera general el proyecto en su conjunto, de una forma clara y puntual. Este guion se construye, también a partir de mensajes (tesis) claros y objetivos dirigidos al público que definen los contenidos de la exposición.

Posteriormente, el guion científico / académico queda más claramente acotado a la investigación de los temas específicos consensuados en el guion anterior, obviamente sin descuidar el rigor académico. La investigación, más la selección de obra y/o la recopilación de material gráfico y complementario que nutra la exposición.

Continuamos con el guion curatorial, que es justamente el "eslabón" faltante entre el tradicional guion científico y el guion museográfico, pues es ahí donde se sintetiza y "traduce" la información científica a un lenguaje claro y sencillo (expresado principalmente en el cedulario), además de las estrategias interpretativas dirigidas al público. En este punto, también se conciben los materiales y actividades complementarias de la exposición, pues deberán estar en completa armonía con los objetivos interpretativos.

El guion museográfico aquí aparece estructurado en tres áreas fundamentales: diseño arquitectónico, diseño gráfico y diseño industrial. En él, se cristalizan las estrategias interpretativas del guion curatorial en el espacio, a través del diseño y los elementos museográficos, (maquetas, dioramas, ambientaciones, mobiliario, audiovisuales, dispositivos multimedia, etc.).

Finalmente, el guion o memoria museológica se presenta como una alternativa a la falta de sistematización y documentación de los procesos expositivos, que a veces aún no existe en los museos. Así pues, se convertiría en el documento integrador, testigo y guía de las prácticas expositivas; y al mismo tiempo constituiría una herramienta de consulta y análisis para el campo de la museología que tanta falta hace.

Destacamos entonces, que dado que la interpretación temática se concentra en el conocimiento y estudio del público, principalmente a partir de los hallazgos de la psicología cognitiva y del estudio del comportamiento humano en sus diferentes dimensiones; resulta una estrategia viable y adecuada para el diseño y desarrollo de diversos programas dirigidos a la conservación integral del patrimonio, incluyendo exposiciones en museos de muy diversos y variados temas, así como sitios patrimoniales.[9]

Bibliografía

Gándara, Manuel, *Aspectos sociales de la interfaz con el usuario. Una aplicación en museos.* Tesis de doctorado. México: UAM Azpacozalco, 2001.

Ham, Sam, *Interpretación ambiental. Una guía práctica para gente con grandes ideas y presupuestos pequeños.* EUA: North American Press. Colorado, 1992.

Larrauri, Iker, "Curas, curanderos y curadores en los museos", en: *Diario de campo No. 41, febrero 2007,* 89-94. México: CONACULTA-INAH, 2007.

Mosco, Alejandra, *Metodología interpretativa para la formulación y desarrollo de guiones para exposiciones.* Tesis de maestría. México: ENCRYM-INAH, 2012.

Mosco, Alejandra, "La interpretación temática como estrategia para la conservación del patrimonio cultural y natural", en *Patrimonio cultural mexicano. Modelos explicativos,* ed. Juan García Targa. (Oxford: Brithis Archaeological Reports, 2013), 47-58.
Real Academia de la Lengua. *Diccionario de la Lengua Española Tomo II*, España: Real Academia de la Lengua, 2001.

Veverka, John, I*nterpretive Master Planning, Volume 1: Strategies for the New Millennium,* Edinburgo: MuseumsEtc Ltd., 2011.

---

[9] Esta metodología también se ha aplicado a sitios patrimoniales como zonas arqueológicas y monumentos históricos, vid., *Metodología para el desarrollo de esquemas interpretativos*, (Mosco 2012, 138-216)

El patrimonio arqueológico, ¿patrimonio cultural de todos?. Algunas reflexiones en torno al uso y disfrute social

Arqlgo. Luis Raúl Pantoja Díaz
Instituto Nacional de Antropología e Historia-Delegación Yucatán
Mérida, Yucatán, México

Resumen

México en es un país rico en patrimonio cultural y es foco de atención de diversos sectores que lo visualizan de diversas diferentes maneras; por ejemplo intereses políticos y/o económicos. Para el caso del patrimonio tangible, en específico el arqueológico, representa la parte del patrimonio que ha generado una serie de intereses que lo envuelvan en diversos puntos de atención. Desde la academia y la investigación se ve la necesidad de su conservación y estudio e investigación, lo cual difiere y choca con los intereses mercantilistas del turismo.

Recientemente, los llamados "pueblos originarios" exigen el derecho de explotar este recurso para el bienestar de las comunidades, que pocas veces son beneficiadas. Por ende, en este trabajo se pretende hacer una reflexión sobre el uso y valoración de los monumentos y zonas arqueológicas del país, concentrando la atención en Yucatán. Por lo tanto, este trabajo tiene como propósito hacer una reflexión sobre el uso y valoración de los monumentos y zonas arqueológicas del país, centrando la atención en Yucatán. Eliminado porque se repite.

Abstract

Mexico is a rich country in cultural heritage and it is focus of attention of diverse sectors that visualize it of different ways; for example political and / or economic interests: For the case of the tangible heritage, in specific the archaeological, it represents the part of the heritage that has generated a series of interests that involve it in diverse points of attention. From academia and research is the need for their conservation and study, which differs from the mercantilist interests of tourism.

Recently, the so-called "original people" demanding the right to exploit this resource for the wellbeing of the communities, which are rarely benefited. Therefore, this paper aims to reflect on the use and evaluation of monuments and archaeological sites in the country, centring the attention in Yucatán.

El Patrimonio Cultural

El término Patrimonio es un vocablo con el que se quiere indicar el legado del padre recibido en herencia y que nosotros transmitimos también a nuestros descendientes, para asegurar la continuidad del linaje; es decir, es aquello que proviene de nuestros padres y a su vez nosotros transmitimos a nuestros hijos.

La noción de patrimonio, es aquello que poseemos y aparece históricamente cuando en el transcurso de generaciones, un individuo o un grupo de estos, identifica como propio o propios un objeto o un conjunto de objetos (Ballart 2002, 17).

Pero el concepto se amplía a bienes de índole espiritual, como derechos y obligaciones, por lo que actualmente se habla de patrimonio histórico y patrimonio cultural (en sentido antropológico), queriendo significar una herencia colectiva, que puede referirse a un determinado pueblo o toda la humanidad.

Para entender la importancia del patrimonio es preciso entender qué es el patrimonio cultural, para ello la UNESCO (United Nations Educational, Scientific and Cultural Organization) (1982) lo define de la siguiente manera:

> El Patrimonio Cultural de un pueblo comprende las obras de sus artistas, arquitectos, músicos, escritores y sabios, así como las creaciones anónimas, surgidas del alma popular, y el conjunto de valores que dan sentido a la vida, es decir, las obras materiales y no materiales que expresan la creatividad de ese pueblo; la lengua, los ritos, las creencias, los lugares y monumentos históricos, la literatura, las obras de arte y los archivos y bibliotecas.[1]

En la medida en que estos valores se mantengan y se transmitan de una generación a otra, se puede decir que el patrimonio cultural está formado por las prácticas que

---

[1] Definición elaborada por la Conferencia Mundial de la UNESCO sobre el Patrimonio Cultural, celebrada en México en el año 1982.

expresan las tradiciones, rasgos simbólicos con arraigo en el grupo social.

Por tal motivo, el patrimonio cultural ha adquirido un gran valor social (con múltiples derivaciones culturales, económicas, turísticas etc.) y que puede ser puesto al servicio de la sociedad para incrementar la educación de la misma, así como su disfrute de ahí que se hable hoy tanto de los recursos culturales.

En México, gracias a sus zonas arqueológicas, sus museos, sus ciudades históricas, su gastronomía, el folklore, entre otros elementos, el país es un mosaico pluricultural, sin olvidar que se encuentra entre los siete países con mayor número de sitios declarados patrimonio de la humanidad; entre ellos los que el estado de Yucatán, que se cuenta con dos sitios arqueológicos declarados por la UNESCO con esta categoría.

El Patrimonio arqueológico

El patrimonio arqueológico constituye el testimonio esencial de las actividades humanas del pasado, es tan importante que la UNESCO a través de su órgano ICOMOS (International Council on Monuments and Sites) estableció una carta sobre arqueología, en donde se expresa que tanto el conocimiento como la comprensión de los orígenes y del desarrollo de las sociedades humanas revisten una importancia fundamental para toda la humanidad, ya que sirven para identificar sus raíces culturales y sociales. Por consiguiente, en el Artículo 1 de esta carta se define el concepto de Patrimonio Arqueológico de la siguiente manera:

El "patrimonio arqueológico" representa la parte de nuestro patrimonio material, para la cual los métodos de la arqueología nos proporcionan la información básica. Engloba todas las huellas de la existencia del hombre y se refiere a los lugares donde se ha practicado cualquier tipo de actividad humana, a las estructuras y los vestigios abandonados de cualquier índole, tanto en la superficie, como enterrados, o bajo las aguas, así como al material relacionado con los mismos (ICOMOS, 2004).

El patrimonio cultural y en específico el patrimonio arqueológico, es protegido por cada país, pues en la Conferencia General de la Organización de las Naciones Unidas para la Educación, la Ciencia y la Cultura, en su 17a, reunión celebrada en París del 17 de octubre al 21 de noviembre de 1972, en su apartado I, Artículo 3, hace patente que:

Incumbirá a cada Estado parte en la presente Convención identificar y delimitar los diversos bienes situados en su territorio y mencionados en los artículos 1 y 2.

Por otra parte en el apartado II. Protección nacional y protección internacional del Patrimonio cultural y natural, menciona en el artículo:

Cada uno de los Estados Partes en la presente Convención reconoce que la obligación de identificar, proteger, conservar, rehabilitar y transmitir a las generaciones futuras el patrimonio cultural y natural situado en su territorio, le incumbe primordialmente. Procurará actuar con ese objeto por su propio esfuerzo y hasta el máximo de los recursos de que disponga, y llegado el caso, mediante la asistencia y la cooperación internacionales de que se pueda beneficiar, sobre todo en los aspectos financiero, artístico, científico y técnico (1972).

Por lo anterior, México es pionero en la conservación del patrimonio arqueológico.

Legislación del patrimonio Nacional

Para los arqueólogos, antropólogos, historiadores y otros científicos sociales; el patrimonio arqueológico es insustituible como objeto de estudio, porque sirve de puerta de acceso al pasado, junto con la memoria y la historia escrita, cuando éstas existen. De allí la importancia de su protección.

El patrimonio arqueológico conecta a los seres humanos del pasado con los del futuro y es un legado que relaciona una generación con otra a fin de que la vida continúe, lo que se debe a que los objetos que constituyen este patrimonio pueden durar más que las personas, viniendo a formar así una historia materializada que, como señalan J. Ballart y J. Juan-Tresserras (2007), habla de culturas y civilizaciones, de prácticas y costumbres, así como de creencias y rituales.

El Patrimonio cultural mexicano es basto y diverso, por lo que en todo momento el marco jurídico tanto federal como estatal en Yucatán, prevé su preservación y cuidado, las sanciones por el incumplimiento de los mismos, así como los tratados internacionales firmados con México.

Por ejemplo, la UNESCO y la OEA (Organización de los Estados Americanos) cuentan con tratados internacionales y acuerdos o convenios de derecho internacional que lo protegen, de los cuales varios o en casi todos los acuerdos internacionales México ha firmado. Como muestra de lo anterior, la UNESCO expresa el artículo 3 de la convención de 1972 antes mencionado.

Ahora bien, con base en la Constitución Política de los Estados Unidos Mexicanos, se le asigna la responsabilidad al El Instituto Nacional de Antropología e Historia (INAH) (organismo federal creado en 1939) para de llevar a cabo la investigación, la conservación, la protección y la difusión del patrimonio prehistórico arqueológico, antropológico, histórico y paleontológico de México (Olive y Castro 1988, 19).

Entre las normas e instrumentos legales se pueden enlistar, por lo que respecta a la competencia federal: la Constitución Política de los Estados Unidos Mexicanos; la Ley Orgánica del INAH; la Ley Federal sobre Monumentos y Zonas Arqueológicos Artísticos e Históricos y su reglamento; las disposiciones Reglamentarias para la Investigación Arqueológica en México.

En cuanto a la competencia estatal se encuentran: la Constitución Política de cada Estado; la Ley Orgánica de los municipios de cada Estado; así como la Ley de Asentamiento Humanos; entre otros.

Es importante mencionar que la legislación mexicana vigente en materia de protección al patrimonio arqueológico es uno de los pocos instrumentos legales que existen en el continente, y ha servido de modelo para otros reglamentos.

La gestión del patrimonio cultural forma parte del estudio fundamental del INAH, por lo que desde el punto de vista jurídico, es el órgano competente en materia de monumentos y zonas de monumentos arqueológicos e históricos; facultades que le han sido conferidas en los artículos 1, 2 de la *Ley Orgánica del INAH* (1986); así como los artículos 3 (fracción IV) y 44 de la *Ley Federal sobre Monumentos y Zonas Arqueológicos, Artísticos e Históricos* (1972), que a la letra dicen:

ART. 1°.- Se crea el Instituto Nacional de Antropología e Historia, con personalidad jurídica propia y dependiente de la Secretaría de Educación Pública.

ART. 2°.- Son objetivos generales del Instituto Nacional de Antropología e Historia la investigación científica sobre Antropología e Historia relacionada principalmente con la población del país y con la conservación y restauración del patrimonio cultural arqueológico e histórico, así como el paleontológico; la protección, conservación, restauración y recuperación de ese patrimonio y la promoción y difusión de las materias y actividades que son de la competencia del Instituto.

ART. 3°.- La aplicación de esta Ley corresponde a:
...
IV.- El Instituto Nacional de Antropología e Historia;

ART. 44.- El Instituto Nacional de Antropología e Historia es competente en materia de monumentos y zonas de monumentos arqueológicos e históricos.

No obstante lo anterior y para el mejor desempeño de sus funciones, el INAH constantemente convoca la participación de organismos civiles interesados en la protección del patrimonio, lo que también se encuentra regulado en el capítulo I del Reglamento de la Ley Federal sobre Monumentos y Zonas Arqueológicos, Artísticos e Históricos (1993). Así mismo se establecen los términos de referencia sobre el patrimonio arqueológico, que implican no sólo su valoración sino además sus implicaciones sociales, políticas y legales.

En México la Ley Federal sobre Monumentos y Zonas Arqueológicos, Artísticos e Históricos, no ayuda mucho a responder la pregunta hecha en el subtítulo, pues dice:

Son propiedad de la Nación, inalienables e imprescriptibles (Art. 27). "Son monumentos arqueológicos los bienes muebles e inmuebles, producto de culturas anteriores a la hispánica en el territorio nacional, de la flora y de la fauna relacionados con estas culturas." Asimismo, se le considera Zona de monumentos arqueológicos al *"área que comprende varios monumentos arqueológicos inmuebles, o en el que se presuma su existencia".*

Por su parte, la Constitución Política de los Estados Unidos Mexicanos dispone en su artículo 27 lo siguiente:

"En consecuencia, se dictarán las medidas necesarias para ordenar los asentamientos humanos y establecer adecuadas provisiones, usos, reservas y destinos de tierras, aguas y bosques, a efecto de ejecutar obras públicas y de planear y regular la fundación, conservación, mejoramiento y crecimiento de los centros de población; para preservar y restaurar el equilibrio ecológico".

Por otra parte; se determina en el Artículo 28 de la Ley Federal sobre Monumentos y Sitios (última reforma publicada DOF el 28 de enero de 2015) que el patrimonio arqueológico se compone de: *"Bienes muebles e inmuebles, producto de culturas anteriores al establecimiento de la hispánica en el territorio nacional, así como los restos humanos, de la flora y la fauna, relacionados con esas culturas"*

Es por lo anterior que a nivel nacional, la preservación del patrimonio mexicano corresponde al Instituto Nacional de Antropología e Historia (INAH), en lo que toca a la custodia del patrimonio paleontológico, arqueológico e histórico de los periodos prehispánico, virreinal y siglo XIX, por lo que queda en manos del Estado.

La investigación antropología es una tarea fundamental del INAH y para ello cuenta con más de 800 académicos en las diversas áreas (historia, antropología social, antropología física, arqueología, lingüística, etnohistoria, etnología, arquitectura, conservación del patrimonio y conservación y restauración).

A pesar de lo anterior, se plantea el cuestionamiento, ¿el patrimonio arqueológico de es de todos?, ¿Todos los mexicanos tienen acceso a este legado cultural y a su disfrute social?

El patrimonio arqueológico de México y de Yucatán

La nación mexicana, geográficamente se divide en dos grandes áreas culturales; una de ellas es Mesoamérica, la cual corresponde a una de las seis regiones en el planeta donde surgieron civilizaciones originarias que se constituyeron a partir de su propio proceso y sin recibir influencia de otras sociedades, por lo que representa el mayor ejemplo de patrimonio arqueológico prehispánico que comprende diversas culturas con un largo periodo de ocupación.

Las culturas mesoamericanas en este gran territorio dejaron muestra de diversas manifestaciones entre las que destacó la arquitectura con espectaculares monumentos y ciudades, que a su vez concentraron diversas expresiones de las artes y la ciencia, tales como: la arquitectura, la escritura, el calendario, la astronomía, obras hidráulicas, una compleja religión, así como aspectos de su desarrollo social y de urbanismo.

Cabe mencionar que el legado arqueológico de estas culturas no solo ha persistido a través del tiempo, sino también al embate de la modernización, acompañada de la urbanización, la especulación y el saqueo; por lo que se han realizado actividades para su restauración y conservación.

No se sabe con exactitud cuántos sitios arqueológicos existen, sin embargo, hasta mayo de 2011 el Instituto Nacional de Antropología e Historia (INAH) tenía un registro de 43 mil 855 sitios arqueológicos, pero el número crece conforme avanzan las investigaciones[2]. De esta cantidad de sitios bajo custodia y resguardo del INAH, únicamente 181 se encuentran abiertos al público, entre los más grandes y emblemáticos están: Teotihuacán en el Estado de México; Monte Albán en Oaxaca; El Tajín en Veracruz; la Quemada en Zacatecas; Chichén Itzá y Uxmal en Yucatán; así como Tulum en Quintana Roo; por lo que en cada uno se ha invertido recursos para su investigación y puesta en valor.

En el caso de Yucatán, existe un registro de más de 2800 zonas arqueológicas (Garza y Kurjack 1980), de las cuales sólo 14 están abiertas al público, con una puesta en valor que muestran a través de los trabajos de investigación y de restauración de la majestuosidad de los edificios y monumentos, basta mencionar además de Chichén Itzá y Uxmal, a: Ek Balam, Kabah, Labná, Sayil, Mayapán, Aké, Oxkintok, Xcambó, etc. entre los más conocidos. Otros sitios como; Kulubá y Kiuik no están abiertos al público oficialmente, pero han sido trabajados; mientras que Izamal y Acanceh también son importantes a pesar de contar con una problemática especial, puesto que se encuentran inmersos en ciudades vivas.

Asimismo, existen sitios arqueológicos menos monumentales, que igualmente son relevantes para el conocimiento de la historia, ubicados en las zonas urbanas. En el caso particular de Mérida, se pueden mencionar los sitios de *Chen Hó, Dzoyilá, Xoclán*, San Pedro Cholul, Flor de Mayo, *Caucel*, y recientemente aquellos núcleos encontrados en la comunidad de Sitpach, en el extremo nororiente del municipio meridano; todos ellos investigados a través de salvamento arqueológico debido a sus características y la problemática de la expansión urbana (Pantoja 2013, 136).

El uso y disfrute de las zonas arqueológicas de Yucatán

Como se ha mencionado, sólo 14 zonas arqueológicas están abiertas al público en Yucatán; sin embargo, existen otras zonas de monumentos que se encuentran trabajadas pero no están en esta lista, entre las que se encuentran Kulubá y Kiuik.

En cada una de éstas se ha invertido tiempo, recursos y esfuerzo para realizar las investigaciones y recuperar parte de su esplendor; sin embargo su puesta en valor, como espacio cultural y educativo se ha diversificado por diversas circunstancias que más adelante analizaremos.

Las zonas abiertas al público representan museos al aire libre, que cuentan con información e infraestructura básica para el visitante; sin embargo, se derivan diversos aspectos económicos y sociales que hacen que dichas zonas sean visitadas con mayor frecuencia que otras. Se puede mencionar la dimensión de la zona de monumentos, la zona económica donde se encuentra, la facilidad de vialidades y transporte y los costos por acceso.

Aunque el INAH ha establecido mecanismos para facilitar el disfrute de las zonas de monumentos a la sociedad, aún existen candados que las hacen inaccesibles para diversos sectores de la sociedad.

Dentro del esquema de las zonas y museos en custodia del INAH, se han divido en cinco categorías y dependiendo de ésta será el costo por acceso en 2014: 1) zonas con categoría AAA, la tarifa corresponde a $ 59.00; 2) la zona con categoría AA es de $57.00; 3) la de tipo A corresponde a $ 48.00; 4) la categoría B a $43.00; y 5) finalmente la categoría C que equivale a $36.00. Cabe señalar que estas tarifas no incluyen la introducción de la cámara de vídeo y espectáculos como los de luz y sonido.

Por norma, están exentos de pago los mexicanos y residentes extranjeros en México, así como los adultos mayores de 60 años, niños menores de 13 años, discapacitados, jubilados y pensionados, así como los Profesores y estudiantes con credencial vigente de la institución a la que pertenecen o la emitida por el Instituto Mexicano de la Juventud (Poder Joven); así como los pasantes o investigadores que cuenten con permiso del INAH para realizar estudios afines a los

---

[2] Según la información de la Dirección de Operación de Sitios del INAH

museos, monumentos y zonas arqueológicas también se encuentran exentos de pago. Los domingos, el acceso es libre a los museos, monumentos y zonas arqueológicas sólo para visitantes nacionales y extranjeros residentes en México, pero no aplica para las áreas tipo AAA.

Sin embargo, en Yucatán nos encontramos con que para ingresar a las zonas arqueológicas de Chichén Itzá y Uxmal es necesario adquirir dos boletos; uno por el cobro que hace el INAH, correspondiente al pago de derechos de la Federación $57.00 para visitantes nacionales y extranjeros; y otro que aplica el organismo estatal denominado como Patronato CULTUR, que es de $71.00 más a nacionales, $125.00 a extranjeros, $35.00 a mayores de 60 años de edad, y $6 a niños menores de 12 años. Afortunadamente este patronato exenta del pago extra a las personas con capacidades diferentes.

¿De quién son las zonas arqueológicas de Yucatán?

La Ley Federal sobre Monumentos y Zonas Arqueológicos, Artísticos e Históricos, antes mencionadas, determina que: *"son propiedad de la Nación, inalienables e imprescriptibles"* (Art. 27); sin embargo, de los más de 40 mil sitios arqueológicos que el INAH tiene bajo su custodia no son de su propiedad. Basta decir que, sólo en Yucatán una fracción de Kabah y otra de Chichen Itzá son propiedad de la Federación, el resto presenta diversos regímenes de tenencia de la tierra, ya sea de carácter estatal, municipal, ejidal, comunal o privado

En la actualidad, las empresas trasnacionales y los estados tienen un interés específico en poseer extensiones de tierra con o en zonas de monumentos arqueológicos como parte de una visión y concepto turístico que genere ganancias.

Al no regular la compra de dichas tierras se expone al patrimonio a múltiples acciones enfocadas a su exploración, lo que podría significar el dejar a los sitios a merced de especuladores inmobiliarios y desarrolladores de espacios turísticos por una parte o para la explotación de materia prima para la construcción. Aquí es donde se presenta la ecuación:

Zona arqueológica = a turismo= a dinero

Esto no deber ser así, pues para habilitar una zona de monumentos implica una fuerte inversión y hacer estudios de diversos tipos. En estos casos es cuando especuladores del "turismo cultural" promueven la explotación de las áreas con monumentos arqueológicos de las comunidades rurales, primero con la bandera de abatir la pobreza, crear empleos y segundo se "venden" los derechos a los pueblos originarios de poseedores del patrimonio por herencia dando pie a diversos problemas, entre ellos el que organismos particulares y/o estatales como CULTUR quiera sacar provecho al patrimonio de todos, la incursión de vendedores ambulantes en Chichén, el uso de lo "maya" como mercancía, entre otros

problemas que aún no se maximizan, en cuanto que la vocación de una zona arqueológica como Chichén Itzá, está ligada en primera instancia al turismo social y educativo, es decir cultural (Barrera 2013, 6).

La idea de que el desarrollo vía turismo está en armonía con la protección de la naturaleza y sin menoscabo con la herencia cultural de los pueblos, es parte fundamental del discurso que se emplea para promover la inversión en este campo. (Morales 1999, 17), pensando erróneamente que es la solución del desarrollo económico de las comunidades cercanas a una zona de monumentos arqueológicos.

Un ejemplo de especulación entorno al uso del patrimonio, fue el caso de Chichén Itzá en el año 2010, en el que Gobierno de Yucatán compró (a través del Patronato CULTUR) 82 hectáreas de esta zona arqueológica a la familia Barbachano, quien posee la propiedad con otros miembros de la misma familia.

Pese a que la Ley General de Bienes Nacionales y la Ley Federal sobre Monumentos y Zonas Arqueológicos, Artísticos e Históricos establecen que las zonas y monumentos arqueológicos son bienes nacionales de uso común y de dominio público adscritos al sistema educativo nacional, están entrando, como escenarios mercantiles masivos a un orden global elitista, señala Iván Franco en su libro *¿Quiénes lucran con el patrimonio cultural en México?* (Franco, 2011).

Lamentablemente al margen de la ley, las autoridades tanto federales como estatales han sido partícipes y han permitido la explotación comercial de zonas y monumentos arqueológicos como por ejemplo: El Tajín en Veracruz; Tulum y la Riviera maya en Quintana Roo; así como Uxmal y Chichén Itzá en Yucatán. Por lo que, con estas actuaciones se han beneficiado particulares sin que ello se traduzca en un beneficio social para las zonas de los monumentos.

Como ya se ha mencionado, aunque se encuentran protegidos por la Ley Federal sobre Monumentos y Zonas Arqueológicos, Artísticos e Históricos, sin importar el régimen de propiedad donde éstos se encuentren, en la vía de los hechos esto no ocurre así pues jurídicamente lo que la ley protege por declaratoria es el monumento en sí, no las tierras donde se encuentran. En ese sentido, la normatividad únicamente limita los derechos de los propietarios sobre los usos que le pueden dar a la tierra. Lo correcto sería que el Estado tuviera la capacidad de comprar terrenos, expropiar e indemnizar, sin embargo esto no ha sido posible.

Disfrute social del patrimonio arqueológico

Una vez planteado el panorama en el que se encuentra el patrimonio arqueológico, se analizará cuál es el beneficio que conlleva el tener un vasto patrimonio cultural.

¿Realmente la población disfruta y siente propio el patrimonio arqueológico?, son cuestionamientos complejos; sin embargo, en estos años, el interés por las expresiones más significativas de la historia y la identidad, así como la preocupación por la preservación del patrimonio han aumentado.

Pues a nivel de educación básica se introduce a los escolares a este concepto (en asignaturas como "La Entidad donde vivo" en 3° de primaria y "Riqueza Patrimonial de Yucatán" en 1° de secundaria) y se refuerza en el nivel medio superior ("Historia de México y sus repercusiones en Yucatán"), a pesar de sus carencias didácticas y la poca capacitación de los docentes.

Pero, lamentablemente en la vía de los hechos no ocurre así, nos encontramos con que para ingresar a las zonas arqueológicas donde se encuentran Unidades de servido del "patronato" (por ejemplificar, en Chichén Itzá y Uxmal), es necesario adquirir dos boletos, de manera que el Estado no promueve el disfrute social de las zonas arqueológicas y crean una imagen que esto es solo para turistas, el cual llega al estado a gastar.

Analizando esta situación, una familia promedio (pensando que ésta consta de cuatro miembros) de clase media, de la capital del estado, que quisiera conocer Chichén Itzá o Uxmal (sitios emblemáticos de Yucatán) ¿tendrá los recursos suficientes para acceder a estos lugares?

Considerando que hará una inversión de pasajes, alimentos y entradas este costo, sobrepasa el salario mínimo de la región ($63.77 en 2014), haciendo imposible su disfrute como parte de su patrimonio.

Lo que en cierta medida viola sus derechos como mexicano, ya que este es un derecho fundamental del individuo en la que se pueden visualizar tres aspectos: 1) el derecho a la creación cultural como libertad creativa; 2) el derecho de acceso a los bienes y servicios culturales que presta el Estado; y 3) el derecho a participar en la vida cultural de una sociedad.

Esto está claramente establecido en la Constitución Política de los Estados Unidos Mexicanos, donde además de fortalecer la educación se promueve:

"Art. 3.-...
V. Además de impartir la educación preescolar, primaria, secundaria y media superior, señaladas en el primer párrafo, el Estado promoverá y atenderá todos los tipos y modalidades educativos -incluyendo la educación inicial y a la educación superior- necesario para el desarrollo de la nación, apoyará la investigación científica y tecnológica, y alentará el fortalecimiento y difusión de nuestra cultura;

"Art. 4.-...
Toda persona tiene derecho al acceso a la cultura y al disfrute de los bienes y servicios que presta el Estado en la materia, así como el ejercicio de sus derechos culturales. El Estado promoverá los medios para la difusión y desarrollo de la cultura, atendiendo a la diversidad cultural en todas sus manifestaciones y expresiones con pleno respeto a la libertad creativa. La ley establecerá los mecanismos para el acceso y participación a cualquier manifestación cultural."

El patrimonio cultural es de todos, hay que conocerlo, conservarlo y hacerlo nuestro.

Foto.- Visita guiada a estudiantes de la licenciatura en turismo de la Universidad Intercultural de Quintana Roo (foto M. Medina).

Conclusión

El patrimonio cultural mexicano no se restringe a los testimonios materiales del pasado, que muestran el largo proceso histórico, comprende también las formas vivas de valores que persisten en la actualidad y que se hacen presentes.

Sin embargo a pesar de la riqueza de México en materia de patrimonio arqueológico, el conocimiento y disfrute social no llega por igual a todos los mexicanos.

La población de clase media y de escasos recursos no tiene en sus prioridades de vida, el conocer el patrimonio arqueológicos, por lo que en cierta medida el acceder a una zona de monumentos, en de los fines de semana (especialmente en domingo) está fuera de su alcance, creando de esta manera una imagen elitista al acceso a dichos bienes que por ley le corresponden.

Por otra parte, pensar que el patrimonio arqueológico tiene el uso exclusivo de mercancía para el turismo, crea una mala expectativa, cuando debe cumplir su misión lúdica y didáctica.

Diversos especialistas del INAH han analizado el lado negativo del turismo mal gestionado en los bienes patrimoniales, pues este crea en las comunidades aledañas diversas problemáticas como bien describe Lucero Morales entre ellas; el "aumento en los precios de los bienes de consumo básico y en la renta de la tierra, el cambio de actitud en los habitantes de las localidades visitadas debido al disturbio de su vida cotidiana, la pérdida de privacidad y de acceso a recursos naturales, un deterioro a la belleza estética del paisaje, la contaminación en varias formas y problemas específicos como el vandalismo" (1999, 17-18).

La reflexión sobre el uso y valoración de los monumentos y zonas arqueológicas del país dependerá que se fortalezcan y apliquen los programas educativos en los niveles de aprendizaje inicial (primaria y secundaria), de esta manera se está sembrando la semilla del interés sobre las raíces culturales de la población, la cual comprenderá la importancia del patrimonio cultural en general y en particular el patrimonio arqueológico. Ya que si lo conoce y valora se podrá apropiar de éste, lo cual dará mayor sentido de identidad.

Por otra parte, es preciso encontrar un punto de equilibrio para promover la certeza jurídica sobre la tenencia de la tierra donde se encuentra el patrimonio arqueológico, lo cual no permita la especulación inmobiliaria, la explotación de los monumentos por personas sin capacidad y conocimiento.

Asimismo es necesario hacer accesible la visita a la población para que conozcan los sitios arqueológicos, sus monumentos y sus bienes muebles, respetando las tarifas oficiales, haciendo que no se mercantilice el patrimonio con cobros que no son adecuados, ya que solo la federación es competente en materia de administrar los bienes culturales arqueológicos.

Por lo cual, se sugiere crear programas que pongan al alcance las visitas a zonas patrimoniales emblemáticas, cuidando la capacidad de carga de dichos sitios. Así como reforzar la misión que tenían los museos (de ser aquellas ventanas al pasado de las culturas ancestrales) con la misión didáctica para los que fueron creados sin lucrar con estos.

Si bien el turismo es importante para la economía, deberá haber un equilibrio que busque realmente los beneficios de las comunidades locales donde se encuentren las zonas arqueológicas abiertas al público, ya que en la actualidad los beneficios son pocos (empleos temporales, bajos salarios y suministro de algunos servicios), pero en cambio los costos de vida aumentan, las ganancias del gobierno y empresas no son reinvertidas en la comunidad y las desigualdades sociales se incrementan.

Bibliografía

Ballart Hernández, Josep, *El Patrimonio Histórico y Arqueológico: Valor y Uso,* Barcelona: Ariel Patrimonio, 2002.

Ballart Hernández, Josep y Jordi-Joan Tresserres, *Gestión del Patrimonio Cultural,* Barcelona: Ariel Patrimonio, 2007.

Barrera Rubio. Alfredo, "Hacia un modelo sustentable de espacio patrimonial. El caso de Chichen Itzá.", en *Patrimonio cultural mexicano. Modelos explicativos,* ed. Juan García Targa. (Oxford: Brithis Archaeological Reports, 2013), 1-13.

Constitución Política de los Estados Unidos Mexicanos, 1917.

UNESCO, Convención sobre la protección del patrimonio mundial, cultural y natural, en: Cartas internacionales sobre la conservación y la restauración. Monuments and Sites / Monuments et Sites / Monumentos y Sitios. Edited by ICOMOS Editorial Board: Gustavo Araoz, Francisco Lopez Morales, Axel Mykleby, Michael Petzet, Dosso Sindou, Marilyn Truscott. (1972): 55-61.

Disposiciones Reglamentarias para la Investigación Arqueológica en México. Consejo de Arqueología de México. INAH

Evaristo Sánchez. Jesús, "El mundo maya que ya no es de los mayas", en *Dimensión social del patrimonio cultural del mundo maya. Memoria de jornadas Académicas,* INAH. (1999): 27-44

Franco, Iván, *¿Quiénes lucran con el patrimonio cultural en México?.* Mérida, Yucatán: Unas letras industria editorial, 2011.

ICOMOS, Carta Internacional para la Gestión del Patrimonio Arqueológico de 1990 En: Cartas internacionales sobre la conservación y la restauración. Monuments and Sites / Monuments et Sites / Monumentos y Sitios. Edited by ICOMOS Editorial Board: Gustavo Araoz, Francisco Lopez Morales, Axel Mykleby, Michael Petzet, Dosso Sindou, Marilyn Truscott. Office: International Secretariat of ICOMOS, 49-51 rue de la Fédération, F-75015 Paris. (2004): 110-112

INAH. Página web (http://www.inah.gob.mx/zonas-arqueologicas),

Ley Orgánica del INAH.
Diario Oficial de la Federación del 13 de enero de 1986

Ley Federal sobre Monumentos y Zonas Arqueológicos Artísticos e Históricos, *Diario Oficial de la Federación* del 6 de mayo de 1972, reimpresa en INAH, 1995.
Morales Cano. Lucero. "Una Introducción al mundo maya.", En "*Dimensión social del patrimonio cultural del mundo maya. Memoria de jornadas Académicas,* 17-20. México: INAH, 1999.

Olive Negrete, Julio C. y Augusto Urteaga Castro-Pozo *INAH. Una historia.* Colección divulgación, México: INAH, 1988.

Pantoja Díaz. Luis Raúl. "Los espacios arqueológicos en las zonas urbanas, su puesta en valor, reflexiones y futuro", En *Patrimonio cultural mexicano. Modelos explicativos,* ed. Juan García Targa. (Oxford: Brithis Archaeological Reports, 2013), 133-140.

Reglamento de Ley Federal sobre Monumentos y Zonas Arqueológicos Artísticos e Históricos, *Diario Oficial de la Federación* del 8 de diciembre de 1975.Publicado en 1993 y Reimpreso en INAH, 1995.

Estrategias en la divulgación del patrimonio arqueológico del municipio de Mérida

José Trinidad Escalante Kuk
Departamento de Patrimonio Arqueológico.
Ayuntamiento de Mérida, Yucatán.

Abstract

This paper, describes the approach in which Merida's City Council, through the Department of Archaeological Patrimony of the Subcoordination of Cultural Patrimony, it is currently working on the stimulation and diversification of strategies for the communication of the cultural patrimony, in this case archaeological patrimony, directly to the citizens that attend to the nearest patrimonial sites, such as the archaeological parks located in the Municipality of Merida, Yucatan.

Taking into consideration, that for something to be comprehend it needs to be preserved and taking care of, it has been implemented a set of actions focus on creating an emotional connection with the public, which at the end, is the public that grants relevance to the past into the present, by showing the relation between legacy and permanence with the transmission of the archaeological patrimony. In this paper we discuss some of the problems present in some archaeological parks of the municipality, such as the high incidence of vandalism on archaeological monuments.

Until this day we have register over 220 archaeological sites around the municipality territory, this settlements present a varied size range, from large cities like *T`Hó* and *Dzibichaltún*, enclosure palaces like *Xoclán, Xkatzmil* and *Chen Ho* to settlements of smaller size but as important, like *Cholul* and *Dzoyila, el Cerrito*.

As an important alternative to stop the loss of archaeological heritage, it has been launched the creation of archeo-botanical parks, which are public spaces, completely accessible to the public. Until the moment we have 15 archaeological parks. These parks are municipal property, and have some type of infrastructure that makes them enjoyable, as can be trails, paths, green areas, exercise and game areas, benches, lightning, and recollection of garbage system, amongst others. The relevance of this places it is that within it is located archaeological monuments (made by prehispanic maya) and historical (elements from the conquest and colonial periods), coexisting with the modern vicinities and neighbourhoods of the city. This evidence of patrimonial buildings can be consolidated and restored or still not intervened but vigilante and kept safe. Besides this cultural patrimonial value, many of this spaces hold within and important quantity of floral and faunal endemic species.

There are also over 40 urban areas with archaeological remains on assignment or property of the municipality or in legal process to be. This archaeological reserves are delimited by the INAH and do not have any infrastructure, but they are periodically monitored. These spaces possess a large variety of archaeological and historic contexts, which constitute true arcaheo-botanicals reserves that must be integrated to the city accordingly to its potential. This means that in a few decades we will have at least 50 archaeo-botanical parks in Mérida.

The strategies employed to bring closer the recognition and teaching of the good practices from the citizens to their immediate archaeological and cultural patrimony, it is supported on the concept of the patrimony itself, being this concept understood as Gonzalez, M. (Gonzáles 2007,207-262) defines as the social, cultural and educational resource that has the purpose of forming democratic, critic and insightful citizens capable of reflecting on the past that we have as present. We have collaborated with basic education level schools (kinder garden, elementary schools and high schools) nearby or immediate to the archaeological parks, besides organizing activities amongst neighbours and authorities, which has allow us to get to know deeply the situations of coexistence, appreciation, use or vandalism taking place in this patrimonial spaces.

Keywords: Patrimonio cultural, divulgación, parques arqueológicos, ciudadanía, vandalismo, estrategias.

La educación como estrategia en el conocimiento, cuidado, preservación y transmisión del patrimonio cultural

Señalaré de manera general, las aportaciones conceptuales que brinda la didáctica del patrimonio, entendiendo por este concepto lo que nos indica González, M. (Gonzáles 2007, 222) como el recurso social, cultural y educativo que tiene la finalidad de formar una ciudadanía democrática, crítica y reflexiva del pasado que se tiene como presente. Por su parte, Freire, (Freire 1997, 38), señala la importancia de que el aprendizaje sea relevante para la propia vida de quien aprende, responda a sus necesidades vitales y, en conjunto con su grupo social, este nuevo conocimiento lo empodere; y la idea de que "nadie aprende solo, nadie enseña solo", es decir, que el aprendizaje es un proceso eminentemente social (Gándara 2003, 19).

La definición sobre patrimonio cultural, como "todo lo creado por el ser humano, tangible e intangible tanto en el pasado y en el presente que influye en la ciudadanía en formar su historia e identidad. Es una construcción y deconstrucción en constante evolución que depende de los criterios, urgencias, paradigmas, e intereses de la sociedad."(Gonzáles 2007, 31), nos permite apropiarnos o trabajar con una de las premisas importantes que podemos tener del y con el patrimonio cultural, es decir la influencia en crear una ciudadanía, aspecto de mucho valor para instituciones públicas como el caso del Ayuntamiento de Mérida.

La didáctica del patrimonio tal como señala García V. (2007, 676) debe convertirse en un factor importante para ayudar a formar a personas (que serán ciudadanos) en los aspectos fundamentales de la vida, como son el respeto a las diferentes culturas, a la diversidad de expresiones que permiten crear conciencia de ser ciudadanos para resaltar aquellos aspectos históricos, artísticos y éticos que favorecen el respeto entre culturas y eliminan la desigualdad y la exclusión.

Si comenzamos a involucrarnos en las actuaciones de las personas desde sus primeras etapas de su formación dentro de la sociedad, como lo es la educación a nivel básico, puede resultar en establecerse vínculos con los valores que se le asigna al pasado y conectarlos a su presente. Esta relación al paso de los años puede seguir aumentando, y con ello modificándose, en otros niveles educativos superiores. Resultaría interesante que actuando desde la memoria colectiva de la sociedad, se reconozca y ejerza el sentido de pertenencia y consolidación de la diversidad cultural, como aspectos en la programación a un mejor futuro (García2007, 674).

De acuerdo con García V. (2007, 675), debemos relacionarnos con educar en los niños a que "aprendan a mirar a su alrededor con ojos históricos, e incluso a valorar críticamente el patrimonio cultural local, ligados a objetos y acciones a sus antepasados como parte de su vida cotidiana y relacionarlo con sus anhelos y luchas" Hacer críticos de su entorno a los niños, quizá pueda llegar a plantearles la simiente de lo que ellos esperan del futuro y como pueden contribuir a obtenerlo.

Siguiendo la idea de García V. (2007, 672), en la que los primeros años en la educación formal en los niños – aproximadamente de 7 a 13 años- es prioritaria, ya que es durante esta que se comienza a construir múltiples experiencias familiares, escolares y sociales, que hacen al niño identificarse y definirse como miembro de la sociedad, incorporando las características y valores de la sociedad en sus aspectos tangibles e intangibles, que van de generación en generación.

Ahora bien, ¿en cuáles aspectos teóricos y estratégicos podemos basarnos para la transmisión de la importancia del patrimonio arqueológico? De manera muy general se puede responder a la anterior interrogante, con la carga significativa de las ideas de Tutiaux-Guillon (2003) (González 2007, 245) que considera al patrimonio cultural, y para este trabajo al arqueológico en los siguientes apartados: La transmisión, es decir, como un elemento del pasado en el presente y que se proyecta en el futuro. Es simbólico y por ello augura una continuidad. La trascendencia, se ve como una carga simbólica que va

más allá de su propio significado. La familiaridad, los monumentos arqueológicos como parte de la comunidad, de la sociedad y del imaginario colectivo. La participación, la vinculación de la sensación de emocionar y transmitir como un símbolo de identidad cultural y ciudadanía en la relación pasado-presente-futuro, que solo implicaría la capacidad de recibir-conservar y transmitir.

La propuesta de Tatiaux-Guillon, 2003 (González 2007, 246) vincula los criterios que provienen de las últimas aportaciones científicas (transmisión y trascendencia), que son los aportes de las distintas disciplinas científicas encargadas de la difusión y estudio del patrimonio cultural y juntamente con aquellos de la didáctica social (familiaridad y participación) en los cuales se desarrolla por medio de las experiencias directas de las personas con su patrimonio cultural.

Las ideas antes mencionadas, no son meramente ideas academicistas, es real, que maestros, pedagogos, investigadores, entre muchos otros invierten su tiempo en dar a conocer el patrimonio arqueológico. Sin embargo, existen algunas limitaciones en cuanto a la divulgación y enseñanza del patrimonio : la falta de preparación de los docentes frente al tema patrimonial, la escasez de material divulgativo para el público no especialista, y por supuesto, la utilización del patrimonio arqueológico únicamente por los investigadores, ya que en las escuelas solo son usados en momentos puntuales y en su mayor parte como referencias de curiosidades con el objetivo de ilustrar aquello que se había explicado en clases (García 2007, 678).

Considero que el patrimonio arqueológico debería ser un pretexto, una herramienta de comunicación y de expresión, y no solo un artefacto que se debe estudiar únicamente por especialistas, o un nuevo contenido que se debe incorporar en las programaciones o la excusa para hacer salidas. No debe ser un objetivo en sí mismo, sino una herramienta de comunicación entre las personas, para descubrir y tratar de respondernos ¿quién soy y quiénes son los otros?, ¿quiénes somos? y ¿cómo somos en sociedad?

Sitios patrimoniales y arqueológicos en la ciudad de Mérida

Es necesario partir de una breve semblanza del panorama del arqueológico en el actual territorio municipal de Mérida en la que se basan las estrategias de divulgación. Hasta la fecha se ha registrado más de 220 sitios arqueológicos en todo el territorio del Municipal (PDUM 2012), estos asentamientos tienen rangos variados desde grandes ciudades como T`Hó y Dzibichaltún, recintos palaciegos como Xoclán, Xkatzmil y Chen Ho hasta asentamientos de menor tamaño pero de igual importancia como son Cholul y Dzoyila.

Como una importante alternativa para detener la pérdida del patrimonio arqueológico, se ha puesto en marcha la creación de los parques arqueobotánicos, que son espacios totalmente accesibles al público. Hasta el momento se cuenta con 15 parques arqueológicos, distribuidos en el oriente, norte, poniente de la ciudad de Mérida.

Los parques arqueológicos se distinguen por encontrarse en propiedad municipal y contar con algún tipo de infraestructura que los hace disfrutables, como son los andadores, senderos, baños, iluminación, áreas de ejercicio, etcétera. Estos espacios son usados por los vecinos inmediatos por medio de una diversidad de actividades culturales, deportivas, de comercio y de ocio. De esta manera tenemos Parques Arqueológicos tan antiguos como *Dzoyila*-Granjas creado a finales de la década de 1970, hasta los más recientes como *Soblonke* en el fraccionamiento Gran Santa Fe, en la llamada área urbana de Ciudad Caucel.

Además hay más de 40 áreas urbanas con vestigios arqueológicos en cesión y pertenecientes al Municipio o en vías de serlo. Estas Reservas Arqueológicas, son delimitadas por el INAH y no cuentan con una infraestructura, aunque sí con vigilancia periódica. Estos espacios poseen una gran variedad de contextos prehispánicos, que constituyen verdaderas reservas arqueobotánicas que deberán ser integradas a la ciudad adecuadamente, según sus potencialidades.

¿Cómo divulgar el patrimonio? Experiencias, aprendizajes, limitantes y metas

Desde su fundación, el Departamento de Patrimonio Arqueológico del Municipio de Mérida (DPAM) y entre sus múltiples funciones, ha realizado una serie de acciones como medida de protección y dignificación de los monumentos arqueológico que se encuentran en espacios públicos en el municipio. A continuación se presentara aquellas estrategias implementadas desde el año 2013 hasta la fecha (2016) dentro del Programa de Rehabilitación de Parques y Reservas Arqueológicas como parte de la recuperación de espacios públicos patrimoniales.

Patrimonio Arqueológico cerca de Ti.

Tomando en cuenta aquellas escuelas de nivel básico cercanas a los diferentes parques arqueológicos del municipio, se ha creado una iniciativa en la que se pretende acercar el conocimiento del patrimonio arqueológico inmediato a los niños de 7 a 13 años, así como a jóvenes y adultos.

Esta estrategia consiste en una plática divulgativa, en la que de manera coloquial, se da a conocer la importancia de los monumentos arqueológicos cercanos a las escuelas y viviendas de los alumnos. El objetivo de estas pláticas[1], se divide en tres aspectos: ¿qué es el patrimonio

cultural?, ¿cuál es tu patrimonio arqueológico más inmediato? y ¿cómo proteger tu patrimonio arqueológico?, la idea, es desarrollar en los niños la inquietud sobre los aspectos positivos del patrimonio y como es que existen actos que dañan la integridad de los vestigios, tales como el grafiti.

A través de las distintas platicas ejercidas en las escuelas, se ha podido observar que si bien, los niños entienden el concepto de patrimonio cultural y más aún las diferencias entre lo tangible, intangible, mueble e inmueble e incluso por épocas, en reiteradas ocasiones la sombra de grandes asentamientos prehispánicos no tan inmediatos a sus escuelas, eclipsa aquellas evidencias patrimoniales tan cercanas. A lo que me refiero, en casi todas las pláticas, las y los niños relacionan al patrimonio arqueológico prehispánico maya, casi inmediatamente con el sitio arqueológico de *Chichen Itza*, la idea del sacrificio de niños y mujeres en cenotes, y por supuesto a la "bajada del dragón" también han estado presentes.

En la medida que se les indaga si conocen la evidencia de algún elemento de importancia prehispánica cerca de su escuela, tardan en relacionar lo que tienen inmediato: su parque arqueológico, que puede no estar a más de tres cuadras de distancia, y llega a aumentar más la desinformación, cuando se les pregunta sí conocen otros parques arqueológicos en la ciudad. Nos hemos dado cuenta, que no lo relacionan inmediatamente como su patrimonio cultural.

Utilizando una estrategia de la didáctica del patrimonio, en el que hacemos un traslape imaginario, mostrando que las evidencias tangibles del patrimonio arqueológico de los parques, son elementos que quedan de antiguos asentamientos humanos. El paseo imaginario se efectúa para que los niños aprendan o tengan curiosidad de reconocer un mundo totalmente diferente al que ellos viven. ¿cómo? simplemente hacemos todo más práctico cuando les decimos que los mayas prehispánicos eran seres humanos, y por ende tenían una serie de pasiones tan propias, odio, amor, esperanza, amistad, etc, y surgen en los niños interrogantes tan curiosas, ¿qué sí tenían novia?, ¿de qué trabajaban?, ¿dónde iban al baño?, ¿qué hacían si no tenían internet? La interpretación por medio de la imaginación justificada y en base a los datos arqueológicos es primordial. Mientras más efectuemos este ejercicio, el conocimiento y reconocimiento del patrimonio será efectivo ya que permite la herramienta del asombro, y evidentemente algo sorpresivo queda mejor grabado en el recuerdo, que aquellos "datos duros" a los que podemos estar acostumbrados los investigadores.

Por medio de esta práctica, se acerca a entender que esos sitios ahora no usados por sus originales dueños, podrían ser sus propias casas, sus cuartos o utensilios. Es entonces que les apropiamos la problemática del vandalismo, al mostrarles que seguramente a ellos no les

---

1 La plática debe ser no mayor a los 30 minutos, debe estar llena de imágenes y acompañarlo con elementos tangibles, como figurillas, artefactos de lítica, o piezas cerámicas, además de una dinámica de preguntas-respuesta-debate. Al finalizar, les entregamos un cuaderno de

actividades en el que ellos pueden jugar aprendiendo sobre distintos elementos arqueológicos y culturales del municipio.

gustaría que le marcase, o destruyese aquello que reconocen como patrimonial.

Algunos de los niños y jóvenes, nos han sorprendido, reconociendo las huellas tangibles de sus "quizá" inocentes actos vandálicos. Para ellos el expresar su amor, odio, territorialidad, no demerita la importancia de las evidencias patrimoniales que han sobrevivido durante siglos, simplemente porqué no reconocen el valor del patrimonio. Si bien no todo es tan negativo, los alumnos han llegado a ser participativos, y nos han sorprendido siendo tan críticos con su patrimonio inmediato, por ejemplo, se nos indago sobre los castigos al que serían merecedores y cómo se podría revertir el efecto.

Limpieza de grafitis en los Parques Arqueológicos

Se trata de una serie de ejercicios en los parques arqueológicos, en la que se ataca el problema tangible del grafiti en los monumentos prehispánicos. Bajo la supervisión y guía del Área de Restauración del Centro INAH Yucatán (CIY), se ha estudiado diversas técnicas y materiales para poder revertir el efecto de los grafitis. El que mejor ha dado resultado es un gel desarrollado por el CIY a base de acetil cetona, que no daña la integridad de la roca caliza, y actúa como un abrasivo únicamente de la pintura, esto se apoya con la acción mecánica de cepillado con cerdas suaves, y abundante agua. En promedio un área de 60 x 60 cm puede llevar 3 horas en ser completamente removida, y esto puede variar, pues mientras más fresca es la pintura del grafiti más fácil es de remover, en comparación con aquellas que tienen más tiempo y muestran más opacidad, ya que se integran a la capa superficial inmediata de la piedra caliza, entre otros valores como el tipo de pintura, el color, la marca y calidad así como el impacto sobre la piedra.

Para estas jornadas, la batuta está a cargo de especialistas en restauración del INAH, en compañía de arqueólogos, estudiantes universitarios, voluntarios y asociaciones civiles, todo bajo la coordinación y logística del Ayuntamiento de Mérida que proporcionan parte de los recursos materiales y humanos. Para esta actividad las escuelas cercanas a los vestigios prehispánicos, son invitadas por medio de las pláticas de Patrimonio Arqueológico Cerca de Ti, así como a los padres de familia y vecinos inmediatos a través de los grupos de Consejo de Participación Ciudadana de las colonias y fraccionamientos.[2].

Ha sido posible el retiro completo de los grafitis sobre los monumentos de los Parques arqueológicos de Dzoyila-Granjas, Vergel II (Las Tumbas), Chen Ho (Parque Recreativo de Oriente), El Cerrito (Salvador Alvarado Oriente), Villa Magna I y II, y Juan Pablo II. En algunos lugares el retiro de los grafitis se dio muy fácilmente en la cual solo se requirió una jornada de intervención (Juan Pablo II, Villa Magna I y II, las Tumbas), pero en otros por la extensión del daño sobre los monumentos arqueológicos se requirieron varias sesiones (Granjas Dzoyilá, El Cerrito y Chen Hó).

Hemos reportado que con el paso de las semanas, meses, el acto vandálico es perpetrado en los monumentos arqueológicos nuevamente como es el caso de los parques arqueológicos el Cerrito (Col. Salvador Alvarado Oriente), Chen Hó (Frac. del Parque) y Dzoyilá (Granjas). ¿Por qué regresan los grafitis?, ¿por qué sigue este agravio al patrimonio arqueológico? El grafiti en los vestigios arqueológicos, es solo una ventana de un aspecto mayor al acto agraviante. Estamos visualizando el contorno de algunas problemáticas de las colonias cercana e inmediata.

El vestigio patrimonial, además de ser en sí, nos habla de la problemática del lugar entre los jóvenes sobre todo y de las carencias en la infraestructura que puede proporcionar las autoridades al emplear los espacios como canchitas de futbol, o la acumulación de basura. Tal como he indicado con anterioridad, el patrimonio debe ser un pretexto en la comunicación, para crear una ciudadanía incluyente y responsable. A menos que no entendamos las dinámicas sociales, y tomemos en consideración las medidas de integración social, en la que no exista la exclusión, el grafiti sobre los monumentos seguirá presente. ¿Acaso debemos ponerle una malla, reja o un guardia armado para la protección de los monumentos arqueológicos?

Jornadas de Participación Ciudadana

Es una actividad que tiene como objetivo la recuperación de la imagen de los parques arqueológicos, específicamente aquellos que por su extensión denotan un deplorable aparente "estado de abandono y desuso". La estrategia consiste en la limpieza, recolecta de basura, acondicionamiento de senderos, pinta de bancas, y en ocasiones de la creación de letreros que ayuden a lo conservación y cuidado del patrimonio arqueológico y del parque.

Los actores principales son los vecinos inmediatos, muchas veces a través de los consejos de participación ciudadana, en colaboración con asociaciones civiles, grupos scout, estudiantes de nivel superior y del apoyo de otras áreas del Ayuntamiento de Mérida. Estas jornadas, nos permiten comprender como la desidia, la falta cultura de reciclaje y recolección de basura, además de problemas de tránsito, son solamente la punta de un iceberg que va hacia los problemas sociales como la delincuencia y el mal uso de los espacios públicos.

Ante nuestra óptica desde el DPAM hemos notado que algunos usuarios pueden llegar a emplear de manera equivocada el espacio público de los parques arqueológicos, poniendo en riesgo los monumentos que se encuentren en él. Pero también hemos notado aquellos

---

[2] Los niños se han mostrado muy participativos y les entusiasma poder aprender a limpiar los vestigios prehispánicos, en conjunto esos días de acción también se efectúan actividades lúdicas y ceremonias mayas de desagravio.

usuarios que emplean estos lugares de manera más responsable e incluso masiva, lo que nos ha llegado a cuestionarnos ¿por qué no vienen algunos? y ¿por qué si vienen los que vienen? Dependiendo del parque arqueológico hemos notado la presencia de ciertos tipos de usuarios recurrentes, tales como las agrupaciones civiles como los Grupos de Scouts, ciclistas, Pentatlón Militarizado, e incluso para actividades religiosas y de integración estudiantil; pero también ciudadanos que van de paso, a correr, para acortar caminos, para distraerse y descansar entre otros.

Hay que considerar que a pesar de no verse en número conglomerado, en algunos Parques Arqueológicos como por ejemplo, Xoclán (que cuenta con aproximadamente 35 hectáreas) al tener un espacio muy amplio, aparenta estar deshabitado, aunque esto puede sorprendernos al ver las distintos tipos de usuarios que acuden, en distintos horarios, ya sea para caminar, pasear a sus mascotas, de paso para llegar a sus casas, como escapatoria del estrés del estudio, para eventos deportivos (ciclistas y corredores) ¿qué pasa con los vecinos inmediatos de los parques arqueológicos?, su dinámica es completamente distinta y por ello requieren de equipamientos y soluciones particulares.

Algunos de estos estos parques arqueológicos cumplen una función social, al ser integradores de dinámicas comunitarias tan diversas, pero otro de los aspectos más relevantes, es que son pulmones verdes de la ciudad, son generadores de oxígeno, microclimas que refrescan y de albergar ecosistemas únicos en el Municipio (Xoclán, Anikabil, Chen Hó). Ya con lo último, la función vital de estos espacios debe ser tomada de manera prioritaria.

Taller de Arqueología para niños

Con el fin de acercar el conocimiento patrimonial y arqueológico del municipio, se ha creado un taller en época de las vacaciones escolares de verano, dirigido a niños de 8 a 13 años. Este espacio de convivencia, con la que por medio de actividades lúdicas, pláticas, prácticas de campo y visitas guiadas, los pequeños pueden conocer aspectos de su patrimonio cultural inmediato. Esta actividad se desarrolla a inicios de las vacaciones de verano, y es únicamente por espacio de seis días. Al finalizar los niños son evaluados por medio de un Rally cultural, en el que colaboran como equipo a resolver y fortalecer lo aprendido durante el curso. Como estímulo, a todos los niños se les entrega materiales didácticos, de lectura y elementos distintivos del taller.

Este curso se desarrolla gracias a la participación de especialistas en los temas de patrimonio y cultura maya, asociaciones civiles, al Programa Decir UADY, y a las direcciones de Desarrollo Social, Instituto de la juventud, y la Subdirección de Patrimonio Cultural, además de estudiantes voluntarios de la Universidad Autónoma de Yucatán.

Si bien, el Taller de Arqueología, año con año es un rotundo éxito, no debemos saludar con esta bandera,

mientras existan comentarios por parte de los padres de familia, que celebran estas puestas didácticas, argumentando que "son únicas". A decir verdad, cada año diversas instituciones, museos, asociaciones, permiten la interacción con los niños durante sus vacaciones. Debemos entonces comprender que el éxito de cada una de las participaciones, sería complementado, cuando tengamos una correcta herramienta de logística, y temática que integre a varios grupos.

En pocas palabras, la vinculación con los que tienen éxito, nos dará más éxito. Es por ello que esta actividad, está totalmente abierta para todos los grupos y asociaciones civiles que quieran trabajar en equipo en pro de nuestros próximos agentes de cuidado del patrimonio, la niñez.

Otras aproximaciones divulgativas del patrimonio arqueológico

Otras actividades que tienen como marco la divulgación del patrimonio cultural y natural, han sido el desarrollar actividades recreativas que son fácilmente repetidas en distintos ambientes, como son: Rallys Culturales, Juegos Patrimonio, Materiales de apoyo, ("Conoce tu Patrimonio Cultural", "Conoce tu Patrimonio Arqueológico", trípticos, separadores de libros y un cuaderno de "Practica de Campo Xoclán Didáctico"). Las anteriores herramientas de trabajo, permiten abarcar más espacios y públicos, para interesarlos en el patrimonio del Municipio.

Reflexión final

El uso de la didáctica del patrimonio cultural puede ayudar a entender las sociedades actuales como resultado de un proceso de evolución histórica, con lo que el patrimonio se convierte en herencia que vincula aspectos culturales y tradiciones, que permite valorar los cambios y las continuidades de las maneras de vivir, de las mentalidades, de los gustos estéticos, de la organización política, económica y social.

El patrimonio cultural conlleva a entender el nexo de la diversidad y pluralidad que caracteriza el entorno; ¿acaso la enseñanza de la valorización de nuestro patrimonio, no puede ser tomada como el refuerzo hacia la educación de las personas, ciudadanos que celebren la diversidad?.

Las acciones estratégicas mostradas en este texto, son hacia los habitantes del Municipio Mérida, que puede permitirles tener más parámetros sobre cómo ser ciudadanos. Las metodologías empleadas al momento de enseñarle a los niños su patrimonio cultural, como estrategia en la educación del patrimonio son enriquecedoras para ambas partes, los exponentes (Ayuntamiento) así como para los receptores (ciudadanos o en formación), de manera personal puedo recalcar que es durante el contacto personal hacia los niños y público-ciudadano, en los que se puede dejar la simiente del cuidado de patrimonio cultural.

Las experiencias que pueden desarrollarse en los niños de manera positiva, a través de la didáctica del patrimonio arqueológicos, repercutirá en la creación de agentes protectores, difusores, gestores y estudiosos del patrimonio. Las diversas acciones suponen que incidirán en el imaginario de futuros agentes sociales, ciudadanos que entiendan la importancia de cuidar lo que por herencia legal les pertenece. Como una medida de evitar daños, revertir efectos, mejorar el medioambiente y sobre todo vivir en diversidad, vivir con seguridad y paz. Cada día, en cada plática, con cada ciudadano, en cada actividad, tener la idea de que necesitamos de todos, que esto no es suficiente y ¡qué bueno que no lo es!, qué debemos aprender a colaborar comunidad.

Agradecimientos

Sirvan estas líneas para agradecer el apoyo de los Arqlgos. Esteban de Vicente, Eduardo Puga Salazar, Nereyda Quiñones y a la Arqta. Cinthia González León quienes han estado al pendiente en la planeación, en el apoyo y en la guía de las estrategias divulgativas y de la recuperación de los espacios patrimoniales ¡eternas y muy sinceras gracias! Agradecimiento al Dr. Juan García Targa, por la invitación al Congreso Cultura y Patrimonio Mexicano del siglo XXI en Octubre de 2014, así como de la oportunidad para poder reunir los trabajos y publicarlos, en verdad que le estoy agradecido. De manera especial a la colega Claudia Lara por el apoyo en la traducción del abstract. ¡Muchas gracias!, y por supuesto a mi Plumita de Quetzal.

Bibliografía

Freire, Paulo. *Pedagogía del oprimido*. México D.F.: Siglo Veintiuno Editores, 1997.

Gándara, Manuel. "La interpretación temática: una aproximación antropológica" en *Antropología y Patrimonio: investigación, documentación e intervención*, editado por H. Hernández de León & V, 110-124. Sevilla: Comares, 2003.

Gándara, Manuel. "La narrativa y la divulgación significativa del patrimonio en sitios arqueológicos y museos" en *Gacetas y Museos*, no. 54 (2013), 17-23.

García V, Zaida Samanta. "Estrategias Educativas para la Valorización del Patrimonio Cultural en la Educación de Venezuela" en *Educere*, volumen11, no. 39(2007): 673-681.

González Monfort, Neus. "El valor educativo y el uso didáctica del patrimonio cultural" en *Educación primaria. Orientaciones y recursos (6-12 años)*. Barcelona: Wolters Kluwer España-Educación, 17: 207-262, 2007.

Ayuntamiento de Mérida, Programa de Desarrollo Urbano del Municipio de Mérida, Vigente desde el 5 de agosto de 2012.

Verde Cañetas, Adrián. Cuaderno de Campo Xoclán. Mérida Yucatán: Ayuntamiento de Mérida, 2007.

Propuesta para la apropiación ciudadana de los espacios patrimoniales urbanos

Arqlgo. Luis Daniel Domínguez Aguilar
Arqlgo. Roberto Carlos Can Cituk
Arqlgo. Edwin Roberto Baas García
Xíimbal K'áax A.C.
"Conservación, investigación y difusión del patrimonio cultural y natural"

Abstract

"A proposal to encourage citizens to proactively preserve those urban spaces that reflect their city's heritage"

Every day we live surrounded by heritage sites located throughout our city. Whether restored or not, we walk amidst these eco-archaeological parks, homes, businesses, farms or historical monuments. Usually, the sites go unnoticed by most people; even by the authorities who, for several reasons are unaware of the existence of these spaces. Thus, they sit doomed to neglect and oblivion.

This proposal is for a plan to generate a change of social attitude. We hope to use the members of our civil society organization, Xíimbal k'aax, to work on several strategies for increasing citizen awareness and support for preserving heritage sites in the urban area of Mérida. Initially we will survey and analyze citizen opinions to understand a better way to fight the factors causing the phenomenon of non preservation. After analysis, we will deliver solution options that can be used to promote citizen interest and support as well as to generate self-sustaining projects for identified heritage sites.

Introducción

Cotidianamente, ciudadanos y visitantes de la ciudad de Mérida convivimos con espacios patrimoniales de carácter material, como las haciendas Mulsay, Kankirixche, Chichí Suarez, Xcumpich, entre otras; los numerosas edificios históricos, además de varios vestigios arqueológicos entre los que se encuentran Dzoyilá, Granjas, Chen Hó, Salvador Alvarado Sur, Vergel, Villamagna Poniente, Las Américas, San Pedro Cholul, Soblonké Caucel Norte, Xoclán, además de los vestigios de Oxmul y Nohoch ké en el fraccionamiento Los Héroes.

Los vestigios arqueológicos que han quedado inmersos en la mancha urbana son producto de los trabajos de salvamento y rescate en la ciudad a consecuencia del crecimiento constante e irrefrenable que ésta tiene; de manera que comúnmente la práctica arqueológica urbana queda supeditada a los desarrollos de infraestructura como parte de un esfuerzo por no perder la totalidad del patrimonio que se encuentra en el municipio. Sin embargo, esta labor generalmente es reaccionaria y no preventiva.

En 1998 Josep Ligorred Perramon en su libro "*T'hó, la Mérida ancestral*" hacía mención del riesgo en el que se encontraban los restos de los sitios prehispánicos dentro de Mérida, así como a la necesidad de realizar exploraciones y excavaciones sistemáticas. Hoy, parte de la problemática que se puede apreciar es que tras casi 16 años de exploraciones desde estas palabras, se han realizado una gran cantidad de excavaciones arqueológicas en todos los sectores de la ciudad, "conservando" o más bien manteniendo una serie de construcciones en áreas de conservación que han quedado en el olvido de las autoridades y el desconocimiento de la población en general, produciendo que pasen desapercibidas en la vida de los ciudadanos, siendo algunas (las que han quedado en terrenos baldíos) focos de delincuencia y vicio.

Aquellos vestigios que han corrido con más suerte y fueron excavados y restaurados, comúnmente carecen de un plan de trabajo y mantenimiento constante que los respalde desde su concepción por lo que de igual forma la sociedad civil se encuentra desvinculada y ajena a estos espacios, abandonándolos y hasta produciendo su destrucción sistemática. Estos restos como generalidad muestran abandono y maltrato expresado en maleza, basura, grafiti y expolio, por una parte; y por otra, la falta de un uso efectivo por la ciudadanía para su disfrute y bienestar.

Este trabajo explora las posibles razones de esta problemática, tomando en cuenta que la conservación de los bienes culturales depende en gran medida de su valor de uso y que este valor no se dará de forma adecuada si existe una falta de comprensión del vestigio por parte del público. Lo que se busca es generar una aportación desde la óptica de una Organización de la Sociedad Civil para que estos espacios sean apropiados de manera efectiva, por lo que se discuten una serie de estrategias que contribuyan al acercamiento, salvaguardia y finalmente apropiación de los espacios patrimoniales urbanos por parte de la ciudadanía, ponderando de manera privilegiada al usuario final.

Problemática

En la actualidad los espacios patrimoniales dentro del perímetro urbano de Mérida no son efectivamente apropiados por el ciudadano para su valoración, protección, conocimiento y uso; derivando esto, como se ha expresado, en el maltrato de dichos espacios o su abandono. Esta falta de apropiación puede deberse a múltiples causas que pueden ir desde el desconocimiento de lo que es y representa el monumento, la falta de un significado propio para la comunidad donde se inserta, pasando por la falta grave de divulgación en términos sencillos, aunado a las poco eficientes o nulas políticas de protección y promoción por el Estado.

Es indispensable considerar que la conservación de los bienes culturales depende en gran medida de las actitudes de las personas, puesto que son ellas las que conviven a diario con tales espacios. Consideramos la relevancia de la ciudadanía ya que como se ha expresado anteriormente "la conducta de la sociedad civil será siempre de enorme trascendencia en relación a la conservación de los bienes culturales y, tanto para bien como para mal, de mayor impacto que el papel desempeñado por las instituciones gubernamentales" (Llul 2005, 201).

La problemática detrás de la falta de apropiación

Detrás de la carencia del sentido de propiedad de los espacios patrimoniales urbanos se encuentran a grandes rasgos:

- La falta de conocimiento ciudadano sobre el lugar o monumento, su significado cultural en términos amplios.
- El hecho de que los espacios patrimoniales parezcan obsoletos, así como su abandono funcional, "contribuye a la desvalorización de los mismos, lo que favorece a la desprotección y pérdida del patrimonio cultural" (Manzini 2011, 18).
- Desajenación del patrimonio: tradicionalmente la protección y administración patrimonial ha sido exclusiva del Estado moderno originando que la ciudadanía se sienta ajena a su propio patrimonio,
- Desinterés o falta de atención y mantenimiento por parte de las autoridades locales y nacionales, muchas veces por una falta de visión para una planificación y desarrollo urbano que sea eficazmente incluyente de dicho monumento, además de la consiguiente falta de promoción de los vestigios patrimoniales dentro de las políticas del Estado.
- Falta de divulgación y más de una divulgación en términos sencillos, lo que requiere de crear o elaborar significados precisos sobre el espacio patrimonial, a partir de la investigación profesional, científica, para dar contenido y sustento al patrimonio; tomando en cuenta sus múltiples facetas y contextos. Derivado de lo anterior, las limitaciones técnicas

didácticas empleadas en el monumento para su promoción, lo que no lo hace comprensible para un público no experto.

Estos espacios son vistos por el ciudadano en el mejor de los casos como un ente abstracto del que se tiene la conciencia que hay que cuidar, pero el cual es difícil de entender por lo que se entra en un círculo vicioso donde se conjugan los problemas arriba mencionados; al no entenderlo, no me interesa, por ende, el ciudadano no se siente con el derecho de exigir, pero tampoco con la obligación de participar activamente en la apreciación y conservación de este patrimonio.

El público como primer y último fin

Creemos firmemente que la investigación arqueológica debe en principio estar orientada a la ciudadanía. Esta idea viene en gran parte de que es la sociedad misma en su conjunto la que aporta los impuestos que financian la investigación y sin la cual no tendría sentido y, sin embargo, aun cuando la investigación no fuera financiada por el dinero público es claro que la gente tiene derecho a un pasado histórico entendible, puesto que éste surge de la misma sociedad y "solo adquiere sentido en tanto que sirve al desarrollo integral de las personas y las comunidades" (Ruiz 2004, 16). Es decir, su razón de ser es social, sus valores deben ser disfrutados por toda la sociedad o dejan de tener sentido como patrimonio cultural. En este sentido es lícito que la misma sociedad pueda exigir e involucrarse en lo que considera importante de conservar en el medio en el que habita, según sus propias perspectivas y valores.

Por ello tenemos que tomar en cuenta que lo que es relevante o, en este caso, lo que es patrimonio para unos no tiene que serlo para otros. ¿Qué hacer entonces? Partimos de que la trama urbana de nuestra ciudad está constituida de diversos monumentos, arquitectura o restos arqueológicos, los que a decir de Nicolau i Martí expresan "sus diferentes fases de esplendor y decadencia, las aportaciones de diferentes culturas y pueblos, la superposición de estilos artísticos" (Nicolau 2005, 2). O sea, hablamos de la diversidad de la vida urbana.

Además, considerando la diversidad de públicos los expertos pueden aprender de sus intereses, de lo que es o no importante en lo que denominamos patrimonio y en qué medida es relevante para ellos. Como diría Ruiz Zapatero "...evitar creer que lo que queremos los arqueólogos o expertos en patrimonio es necesariamente lo que quiere la mayoría del público" (Ruiz 2004, 21).

Podemos decir finalmente que, si el Patrimonio es producido colectivamente, debe de ser disfrutado colectivamente. Nuestra aportación como investigadores puede empezar por la divulgación. A pesar de que muchas veces se le considera un ejercicio arriesgado, ya que con frecuencia falta mucha información para poder hacer análisis amplios y ofrecer resultados generales, debemos buscar la manera de hacerlo y hacerlo de una manera más efectiva. Esto no es nada fácil, como veremos más adelante.

El concepto de apropiación

Hemos estado planteando la necesidad de la apropiación de los espacios patrimoniales urbanos por parte de la ciudadanía. Con esto queremos enfatizar la "apropiación" en dos vertientes: una apropiación que implica la valoración, resguardo y protección; seguido de un nivel talvez aún más importante que es del uso y disfrute de dichos espacios para el bienestar colectivo. Es en este último sentido en el que más debemos de contribuir.

Los diversos valores del patrimonio

Se ha hablado de que los diversos monumentos o espacios urbanos que denominamos patrimoniales presentan al mismo tiempo la existencia de múltiples y distintas lecturas originadas en la diversidad de personas, grupos sociales, épocas, así como las circunstancias histórico-sociales que acompañaron o acompañan la existencia de dichos bienes. Nos referimos a lo que podemos llamar los valores del patrimonio, los cuales en opinión de algunos investigadores "son ponderaciones que se hacen de las características que le dan importancia a los bienes en un marco ideológico propio de la época y el lugar donde se efectúa la valoración (Manzini 2011, 24).

Para nuestro fin entendemos que los valores patrimoniales se refieren a la relevancia que un individuo o una colectividad le asignan al espacio patrimonial, tomando en consideración que los valores son cambiantes en el tiempo y son asignados individualmente pudiendo ser compartidos en mayor o menor medida dentro de una colectividad (Robles 2002, 56-57). Estos valores pueden ser:

- Científicos. - Cuando el patrimonio se aprecia como evidencia del pasado y es susceptible a ser investigado, produciendo conocimiento bien estructurado a partir de la metodología de investigación moderna.
- Estéticos. - En cuanto se refieren a la apreciación de las formas ya sea por la asignación de belleza o de un carácter exótico.
- Históricos. - cuando se le relaciona a un evento de importancia desarrollado en el tiempo.
- Ideológico-Simbólicos. - cuando el espacio adquiere una relevancia basada en un conjunto estructurado de ideas, dictado generalmente por una jerarquía, así es como tradicionalmente nuestro patrimonio ha sido usado para generar una identidad y un nacionalismo estructurado.
- Económico. - En cuanto el patrimonio es visto como un producto mercantil y puede ser usufructuado. En su idea tradicional el espacio patrimonial se vuelve un atractivo turístico que genera importantes ganancias.
- De Uso: Meramente en el sentido utilitario que cada individuo le da sin que éste vaya ligado a cualquier de los anteriores.

Los valores que asignamos a un elemento patrimonial no son en lo absoluto excluyentes, muy por el contrario, vamos a ver más de uno en ellos. Así tenemos que el carácter histórico de los paisajes urbanos puede actuar como un valor añadido que propicia la cohesión social e identidad ciudadana (valor ideológico), al mismo tiempo que puede potencializar nuevas actividades, así como la oferta turística (valor económico). De manera que la valoración del patrimonio no es solo una práctica intelectual (valor científico) sino que involucra múltiples intereses y actitudes, surgidos de los diversos públicos y fines.

Comúnmente los ciudadanos asignan de manera automática el valor de uso al patrimonio urbano, quedando relegado o en total desconocimiento el resto de los valores. En el mejor de los casos se usan los espacios porque están y en esa medida no se genera una vinculación a ellos quedando en el abandono en poco tiempo. El valor de uso por sí solo no genera un arraigo ni de la sociedad ni del estado, tiene que estar acompañado de otro u otros para alcanzar el objetivo de la preservación.

Trabajo en el espacio patrimonial

El proceso de trabajo por el que un espacio patrimonial debería pasar antes de llegar a estar disponible para su uso involucra: La estrategia de trabajo, la cual supone el primer acercamiento al objeto de estudio; en ella se analizan todos los factores que confluyen sobre él y se traza en base a éstos el camino para el proceso de investigación. En este segundo paso se realiza propiamente el trabajo sobre el vestigio cultural (excavación, consolidación, restauración, etc) siempre apegado al método científico, posteriormente y ya con toda la información y materiales recuperados se procede al análisis y procesamiento de datos donde toda la información será interpretada para llegar a conclusiones. Tradicionalmente acá comienzan los problemas para el espacio patrimonial, al generar éstos resultados de manera únicamente en su vertiente Técnico-científica y generalmente concluir con eso. Ahora bien, a este proceso se le deben de sumar dos etapas medulares, la planeación y el manejo del espacio patrimonial.

La planeación puede desarrollarse a la par del análisis y procesamiento de datos y es ésta la parte medular y la que decidirá el futuro del patrimonio, su apropiación y conservación, en ella se generaran, mediante la base de una investigación con óptica social-humanista y siendo consiente de los múltiples valores patrimoniales, las estrategias multidisciplinarias para la correcta apropiación (valoración, resguardo, protección y disfrute) del patrimonio.

El manejo es el último momento de importancia en la vida de un espacio patrimonial urbano, y se trata de la aplicación de las diferentes estrategias que se diseñaron durante la planeación para garantizar el resguardo, protección, pero sobre todo mantenimiento al patrimonio. Si se ha hecho una correcta planeación, el manejo será en cierta medida más sencillo, y se podrán atender los posibles problemas antes que éstos se presenten (de manera preventiva y no reaccionaria).

En la medida en la cual alguno de los aspectos mencionados sea descuidado u omitido pueden presentarse períodos de crisis evidenciados por la destrucción o abandono de estos espacios. La consideración de los factores anteriores puede llevar a una mejor gestión de los espacios patrimoniales urbanos en un mundo en el que, como se ha dicho, los bienes culturales están inmersos en un contexto globalizado donde los bienes son vistos y valorados principalmente desde una perspectiva económica (González 2007, 1). La gestión puede llevar no solo al desarrollo sostenible del patrimonio sino de los grupos que coexisten con él.

El trabajo de Xíimbal K'áax como A.C.

En Xíimbal K'áax A.C. están en proceso una serie de actividades orientadas a una educación patrimonial, reconociendo que nuestra perspectiva toma como eje lo académico, lo que llamamos un valor científico, para integrar a partir de él, las diversas formas de valorar el patrimonio que la ciudadanía puede asignarle a un vestigio. Para conseguir esto y siguiendo con las estrategias de planeación antes mencionadas, se ha considerado en primera instancia la toma de opinión de la ciudadanía acerca de lo que ellos consideran como patrimonio y como les gustaría aprender de él mediante encuestas que por medio de un muestreo cualitativo y cuantitativo nos permita, no imponer nuestros valores, sino el generarlos conjunto a la sociedad civil.

En este sentido la generación de estudios más complejos que partan de una dimensión antropológica y que nos den un panorama lo más exacto posible sobre la situación social en torno a nuestros vestigios patrimoniales (tenencia de la tierra, uso de suelos, grupos sociales directamente asociados, asentamientos humanos en torno al sitio y condiciones de la población colindante) son vitales y el apoyo, recursos y colaboración de instituciones del estado, academia y grupos de la sociedad civil, harán una marcada diferencia.

Si bien la propuesta que hacemos como asociación civil busca mejorar la generación a futuro de los espacios culturales, también se centra en gran medida a la apropiación de los espacios existentes, por lo que la evaluación del estado en el que se encuentran dichas áreas es vital para, partiendo de ello, buscar alternativas participativas con las instituciones estatales y la sociedad en general. En esta línea Xíimbal K'áax AC se ha dado a la tarea de monitorear la situación de los espacios que cuentan con la presencia de vestigios arqueológicos restaurados e integrados a la traza urbana de Mérida, generando las denuncias pertinentes ante el INAH cuando se ha identificado algún daño como el caso del Vergel, Granjas, Chen Ho y Salvador Alvarado Oriente los cuales en términos generales presentan basura, grafitis, daños estructurales resaltando separación y expolio de elementos, perdida de volumen de núcleo, disgregación de material constructivo, deterioro de elementos de integración, invasión de vegetación menor y mayor, la cual ha derivado en agrietamientos y fisuras en paramentos y pisos.

La Sección de Restauración del Instituto Nacional de Antropología e Historia en conjunto con el Departamento de Patrimonio Arqueológico del Municipio de Mérida, han generado un proyecto para la limpieza y rehabilitación de espacios patrimoniales en la cual Xíimbal K'áax AC fue invitado a colaborar, aunque actualmente nos hemos integrado de manera formal a éste. El proyecto "Rescatando nuestro patrimonio" ha retirado grafitis de algunos de los monumentos arqueológicos invitando a los vecinos alrededor de estos espacios a participar activamente en esta labor. Sin embargo, los alcances del proyecto no se limitan a una simple limpieza ya que no se estaría dando solución a la problemática real, es por esto que en conjunto con el Proyecto permanente de Educación de Xíimbal K'áax AC y las dependencias antes mencionadas se han impartido una serie de pláticas orientadas a la educación patrimonial en escuelas primarias.

En el mismo sentido y de un modo más amplio, abarcando la educación maternal, preescolar, primaria y próximamente secundaria, así como a la sociedad civil en general, nuestra asociación se ha dado a la tarea de contribuir en la educación patrimonial teniendo la certeza de que una correcta apropiación de los bienes patrimoniales puede ser generada a partir de un conocimiento científico bien estructurado en un lenguaje adecuado al público general. Este conocimiento además es reforzado por medio de actividades lúdicas relacionadas al patrimonio material y al trabajo arqueológico en diversos escenarios, como han sido los talleres de verano arqueológico del ayuntamiento de Mérida, los eventos de la iniciativa privada como la 2° carrera del Grupo Promotora Residencial, la celebración del Día del Niño en el parque-zoológico Animaya, entre otros.

Por otra parte, Xíimbal K'áax está contribuyendo con un trabajo de manera cercana a las comunidades brindando asesoría para el manejo de sus espacios patrimoniales. Con estos actos, se avanza hacia la salvaguarda, apropiación y uso responsable de éstos, poniendo de manifiesto que las comunidades pueden ser coadyuvantes al Estado en la administración de sus propios recursos.

Reflexiones finales

Resumiendo, las ideas y conceptos anteriores Xíimbal K'áax AC considera que para lograr la apropiación de los espacios patrimoniales en un sentido amplio que involucre la valoración, resguardo, protección y disfrute, en primer lugar, se deben reconocer la existencia e identificación de múltiples valores asignados por la sociedad a los vestigios culturales para su conservación. Esto se puede lograr con un acercamiento a la gente mediante la investigación multidisciplinaria con base social.

Reconociendo que para la protección es básico el conocimiento y comprensión de la sociedad, que además es nuestra obligación y compromiso ético el informar a la ciudadanía en cuanto a que son sus vestigios como herederos de estas culturas, y por qué los trabajos se hacen por y para ellos, los resultados de los trabajos deben poder ser entendidos por toda la sociedad. Para ello es necesario implementar aspectos pedagógicos y de difusión tanto en los espacios patrimoniales como fuera de éstos. Dentro de estos espacios algunas propuestas son la clara señalización didáctica, gráfica y sencilla de un modo general e interpretativo que propicie la reflexión.

Una vez conseguida la comprensión, uno de los puntos medulares para conseguir la apropiación es fomentar la participación social, convirtiendo al investigador en un gestor que busque confluir intereses aparentemente encontrados como los de iniciativa privada, sociedad y Estado. En esta parte las universidades como ente formador también tienen que hacer su labor para que los especialistas en materia patrimonial egresen con las herramientas necesarias, pero especialmente con una óptica humanista.

Producto de esta gestión deben elaborarse planes de manejo con estrategias participativas de todos los actores involucrados. Estos pueden incluir el estudio y monitoreo de los espacios para conocer el impacto turístico y la capacidad de público a captar para no generar algún daño. Por otra parte, la administración de los espacios patrimoniales debe poder no solo involucrar al Estado sino a ese público diverso captando su participación de acuerdo a sus intereses de apropiación y con ello su disfrute. Con esto los espacios no sufrirán el desinterés y abandono en el que hoy se encuentran.

Debemos entender que cada espacio, cuenta una historia particular, la historia de quienes vivieron antes que nosotros, pero más importante es, que en conjunto estos espacios nos narran la vida de nuestra ciudad como un gran colectivo. Desgraciadamente ésta se da de forma aislada y no como un esfuerzo conjunto del desarrollo de

Mérida. Lo que se pretende es que los habitantes y autoridades de esta ciudad se den cuenta que en esta lectura se encuentra parte de su vida misma y se interesen y la cuiden como tal, que la apropien.

Bibliografía

González, Angélica. *La gestión del patrimonio arqueológico en México*. Barcelona: Fundación Bosch Gimpera. Universitat de Barcelona, 2007.

Ligorred Perramón, Joseph. *T'hó, la Mérida ancestral: Ichcanzihó, "los de rancio abolengo"*. Mérida: H. Ayuntamiento de Mérida, 1998.

Llul, Josué. "Evolución del concepto y de la significación social del patrimonio cultural," en *Readings Images and Methodologies in Art Education*. Alcalá de Henares: Escuela Universitaria Cardenal Cisneros, Universidad de Alcalá, 2005.

Manzini, Lorena. "El significado cultural del patrimonio," *Revista digital Estudios del Patrimonio Cultural*. No. 6 (2011): 27-42.

Nicolau, Antoni. "Excavar, exponer, conservar. Criterios técnicos para un proceso de decisión," en: *De la excavación al público: procesos de decisión y creación de nuevos recursos*. Zaragoza: Ayuntamiento de Zaragoza, Área de Cultura y Turismo, Servicio de Cultura: Institución Fernando el Católico, 2004.

Robles, Nelly. "Nuevas estrategias para la conservación de Monte Albán," en *Sociedad y patrimonio arqueológico en el valle de Oaxaca, Memoria de la Segunda Mesa redonda de Monte Albán*, editado por Nelly Robles, 53 – 65. México, D.F: INAH – CONACULTA, 2002.

Ruiz, Gonzalo. "Comunicar el patrimoni," en *3es. Jornadas d'estudi del patrimoni del Baix Llobregat*. Primera Edición. Coordinador Pilar Vicente. Madrid: Universidad Complutense, 2004.

El ecomuseo universitario intercultural "Yakunaj K'aax", José María Morelos, Qroo, una forma de apreciación del patrimonio natural y cultural maya

Cecilia Medina Martín
Vianney Cupiche Herrera
Aurora Xolalpa Aroche
Universidad Intercultural Maya de Quintana Roo,
José María Morelos, Quintana Roo, México

Abstract

Since the early 1970's museums in nature, recently referred to as ecomuseums, allow people to explore cultural heritage as expressed through social and historical developments within an environmental context, bringing together cultural and natural resources and community participation, a principal objective for ecomuseums is to strengthen the cultural identity of the region as well as secure sustainable long-term economic growth. In the Intercultural Maya University of Quintana Roo, one ecomuseum known as "*Yakunaj K'aax*" interpretive trail is continually being built by professors and students (beloved forest), where the interaction of the ancient and contemporary Maya community with flora and fauna is demonstrated. This project is proposed as an applied teaching strategy, involving professors and students from the Alternative Tourism and Agroecology degree programs. The design, planning and implementation of the ecomuseum and its supporting infrastructure (interpretive stops, signs, interpretive posters, bridges, reinforcement of the trail, speeches, and more) represents a successful collaborative effort between professors and students, with little financial support, since the trail's inception in 2011. The ecomuseum is located in an area characterized by tropical semi-deciduous and semi-evergreen preserved forest. The ecomuseum integrates a recreational tour through a natural setting, while simultaneously presenting the co-existence, and important examples of this interplay between of the Maya forest and the Maya community. The initial stop on the ecomuseum is a meliponary, demonstrating the ancient art of local beekeeping with a local stingless bee known in Maya as "xunancab" (*Melipona becheeii*). These bees nest in tree holes named "jobones". The "xunancab" was considered a gift from the gods and they were revered and cared for by specialists in meliponicultors. The second main stop in the trail is a representation of a traditional Maya house, whose use dates back to prehispanic times and continues in the present day. The next stop on the trail we could found a natural rock cavity used for water harvesting by Mayans, and known in Maya as "*haltuns*" (*ha* means water and *tun* is rock) or in Spanish as "sartenejas". Another stop is a place where is located a special medicinal tree named Chakaj (*Bursera simaruba*) that is used for Mayan people to treat wounds from another local tree known as Chechen (*Metopium brownie*), and there is a variety of legends around these trees. The trail also has some spaces dedicated to adventure tourism, one is a place for camping and other is where a system of zipline can be adapted. Finally, the last interpretive stop is an orchidarium, which displays a variety of local orchids, appreciated for their beauty by ancient and contemporary Mayans. The creation of this ecomuseum serves many purposes, promoting local cultural activities; engaging a variety of disciplines, promoting local and profesional knowledge and enriching heritage conservation through the use of local resources for educational and recreational purposes. The ecomuseum "Yakunaj K'aax" is a tool to engage the active participation of the local population, especially young college students, and through that engagement encourage the appreciation of their cultural identity.

Keywords: Outdoor ecomuseum, cultural and natural Maya heritage, interpretative trail.

Introducción

El turismo representa en la actualidad uno de los sectores económicos más importantes, ya que desde del siglo XXI ha tenido una expansión y crecimiento, principalmente en los últimos 20 años. Ante este fenómeno, se ha diversificado la oferta turística mundial, por lo que este ramo es cada vez más competitivo y especializado, contexto en el cual surge el Turismo sustentable, el cual tiene tres directrices principales que lo caracterizan: 1) involucra el turismo de naturaleza y el cultural, 2) con una perspectiva de sustentabilidad 3) con el fin de lograr un desarrollo local.

El turismo sustentable en México posee un gran potencial debido a la conjunción de la riqueza natural y cultural, con numerosos sitios arqueológicos, folklore, arte colonial, riquezas naturales y variados climas que forjan diversidad de paisajes, lo que permite un desarrollo óptimo. Sin embargo, la economía globalizada ha privilegiado el turismo de sol y playa que genera más ingresos provenientes del turismo masivo, que beneficia a las grandes empresas nacionales e internacionales dedicadas a vender productos.

En numerables foros se ha discutido sobre las desventajas sociales del turismo masivo, ya que el desarrollo turístico debe ser producto de una planeación sustentable y ordenada, de lo contrario, no son aprovechados adecuadamente y profundizan desigualdad social. Existen diversos ejemplos de que la inadecuada planeación, e incluso despojo a las comunidades de sus recursos naturales y culturales (Delgadillo 2005; Castellanos y Machuca 2008).

El turismo sustentable plantea incorporar el patrimonio de las comunidades en proyectos que permita generar ingreso, empleo y desarrollo de las poblaciones rurales, para lo cual es necesario el involucramiento de todos los actores sociales, por ello, los profesionales del turismo sustentable deben contar con las herramientas necesarias que les permitan generar la participación de los pobladores.

Desde la década de los años '70 se ha planteado una opción para acercarse al patrimonio desde la perspectiva de los museos al aire libre o ecomuseos, que permiten a la población conocer su herencia natural y cultural a través de un recorrido que armonice el entorno social e histórico con el medio ambiente en el que se desarrolla. Entre los principales objetivos que se pretenden alcanzar con la creación de los ecomuseos se tiene como prioridad identificar el patrimonio y fomentar su cuidado a través de la participación comunitaria fortaleciendo la identidad cultural de la región, así como el crecimiento económico sostenible a largo plazo (Fernández 2004).

El presente trabajo se suscribe en la corriente del turismo sustentable con una propuesta de ecomuseo al aire libre a través de un sendero interpretativo llamado "*Yakunaj K'aax*" (selva amada o amor al monte), en la Universidad Intercultural Maya de Quintana Roo, dentro de la Zona maya del estado. El sendero tiene el objetivo de que el visitante pueda apreciar la interacción del hombre maya actual con la flora y fauna silvestre, destacando entre varios elementos naturales, la meliponicultura, empleada desde tiempos ancestrales. De esta forma se pretende diseñar un medio de apreciación y conservación del patrimonio natural y cultural maya de Quintana Roo e involucrar a los estudiantes en el diseño, construcción y planeación de recorridos didácticos que permitan a la población local conocer sus bienes patrimoniales.

Antecedentes de estudio

Los museos han tenido cambios acorde con el momento histórico que se transite, de la visión de museos especializados para gente culta y conocedora, se vio confrontado a una nueva tendencia de un museo popular y social. La "Nueva museología" que propone hacer de los museos espacios abiertos y dinámicos, surge desde principios de la década de los '70, en la reunión de la *Mesa de Santiago de Chile,* organizada por ICOM (Consejo Internacional de Museos), en la cual se pretende resaltar el papel social del museo y ayudar a la formación una conciencia comunitaria (Casino 2004; Ortiz 2006), sin embargo, es hasta 1985 que en la *Declaración de Québec,* que se fijan los principios básicos, "reafirmando la proyección social del museo sobre las funciones tradicionales del mismo" (Fernández 2004).

Enmarcado dentro este panorama, surge una corriente denominada Ecomuseo, que retoma la propuesta de la Nueva museología y que plantea involucrar a las comunidades en la gestión y diseño de estos espacios, partiendo del supuesto que al ser considerados como propios permita un acercamiento entre la cultura y la población. Debido a que se trata de un concepto amplio, abarca diversas y heterogéneas categorizaciones, entre las que se pueden incluir: museos comunitarios, museos de vecindario, economuseos, museos a cielo abierto y museos territoriales (Ortiz 2006). A continuación nos centraremos en los ecomuseos, tema central de nuestro trabajo.

Aunque existen diversos antecedentes, es a partir de 1960 en Francia donde se puede ubicar los primeros museos al aire libre. Ortiz (2006) hace un análisis histórico de los ecomuseos y propone que han pasado por 3 estadios: el primero, durante su surgimiento, relacionados con la gestión de parques naturales y con los elementos culturales y arquitectónicos del medio rural agrícola y ganadero. Una segunda etapa, en la década de los setentas, se da a partir de la crisis de la industria francesa. Una tercera etapa se da cuando lo social cobra más importancia que lo natural.

En México, el primer proyecto de ecomuseo data de 1982 y es el primero en toda América Latina, fue una propuesta de la comunidad urbana de Metepec-el León-San Mateo, localizada en el municipio de Atlixco, en el estado de Puebla, que ha sido ganador de varios premios nacionales e internacionales. También en esta década, surge un fuerte impulso hacia los museos comunitarios, algunos de los cuales han sido muy exitosos y permanecen actualmente. En 1993 se crea el Programa Nacional de Museos Comunitarios y Ecomuseos por parte del Consejo Nacional para la Cultura y las Artes (CONACULTA) y el Instituto Nacional de Antropología e Historia (INAH), aunque son los primeros los más conocidos y que reciben más apoyo civil e institucional.

Otro medio por el cual se pueden representar los ecomuseos, es a partir de la interpretación del patrimonio, como lo son los senderos interpretativos, Vidal y Moncada (2006) señalan que son instalaciones que siguen un recorrido en el que se preestablecen una serie de estaciones en las cuales destacan diversos recursos naturales y/o culturales que representan un mensaje-tema relacionado con el conocimiento, valoración y la conservación del espacio. Así mismo Zarate (s/f) señala que los senderos interpretativos son una herramienta educativa, cuya principal finalidad es la de comunicar sobre el valor de la conservación del patrimonio cultural y la biodiversidad de nuestras comunidades, así como de las diferentes regiones, permitiendo el contacto directo de los visitantes con los valores sobre los que se quiere dar un mensaje. De esta forma podemos decir que el sendero interpretativo es un medio por el cual se puede promover que el turismo sustentable contribuya a la conservación y revaloración del patrimonio natural y cultural de la localidad donde se establezca.

Métodos y técnicas de investigación

El presente trabajo es una propuesta interdisciplinaria que, como se mencionó con anterioridad, pretende conjuntar en la elaboración del ecomuseo **"Yakunaj K'aax"** tres áreas de investigación: la primera, involucra el patrimonio, la segunda, pretende lograr la sustentabilidad para impulsar la tercera: el desarrollo local. De esta forma se pretende diseñar un medio de apreciación y conservación del patrimonio maya de Quintana Roo e involucrar a los profesores y estudiantes en el diseño, construcción y planeación de recorridos didácticos que permitan a la población local obtener beneficios de su entorno.

El ecomuseo tiene finalidades educativas, de interpretación y de difusión del patrimonio comunitario, ya que se pretende transmitir la herencia cultural a través de un recorrido que armonice el entorno natural, social e histórico y refuercen la identidad de la población aplicando el modelo de la acción participativa, herramienta metodológica empleada en las prácticas socio-educativas que propone soluciones surgidas de la misma comunidad.

Se plantea el presente proyecto como una estrategia didáctica aplicada, que involucra a los profesores y estudiantes permitiendo la aplicación de los conocimientos obtenidos en el aula con una aportación al desarrollo local. La importancia de la formación de profesionales en turismo comunitario, conlleva a la adecuada interpretación y aprovechamiento del patrimonio de la población. La preparación adecuada de los estudiantes de turismo debe ser valorada en su justa dimensión, ya que son quienes con su labor, difunde a los visitantes los conocimientos obtenidos en las investigaciones, desde su apreciación no mercantil, el profesional en turismo a través de su adecuada preparación y capacitación, es el que infunde en el visitante el interés y respeto por los bienes naturales y culturales.

Como parte de las asignaturas, los estudiantes de quinto semestre de la carrera de turismo alternativo tienen que presentar un proyecto de diseño y/o construcción de algún elemento interpretativo o infraestructura de apoyo dentro del sendero, por lo que realizan el diagnóstico que incluye el análisis medioambiental, socioeconómico, diagnóstico y del perfil del visitante. Con base a estos resultados, se procedió al diseño del sendero y la infraestructura que alberga para ofrecerse como una opción turística (Figura 1).

En el análisis cultural se procedió a participar en el proyecto de la M.C. Mc Cale Ashenbrener, becaria Fulbright, el cual se realizó con alumnos del primer semestre y consistió en indagar a través de recursos didácticos literarios los lugares que los alumnos reconocen como patrimonio y la relación con su identidad. Para ello se recurrió a la redacción de una guía que les permitiera elaborar poemas en los cuales reflejaran el lugar donde vienen y los lugares especiales

para su familia, así como su herencia y pasado; también se realizaron videos en los cuales grabaron y hablaron de los lugares importantes que les han formado como persona y han creado la interacción e historia familiar. Se realizó el análisis cualitativo de los materiales para determinar qué lugares son considerados importantes por los jóvenes de la localidad.

Figura 1. Cartel con la señalización e infraestructura del sendero de la Universidad Intercultural Maya de Quintana Roo.

Otra forma de contribuir a preservar el patrimonio cultural fue el desarrollo de proyectos para la conservación del ecosistema que involucran la meliponicultura como una actividad productiva ancestral, permitiendo la integración de los jóvenes estudiantes de sexto semestre de la Ingeniería en Sistemas de Producción Agroecológicos en el establecimiento de un meliponario escolar para transferir los conocimiento sobre la cría, reproducción y manejo de la abeja *Melipona becheeii*, (abeja local sin aguijón).

Resultados

A mediados de agosto y septiembre del 2009 se inició el estudio para llevar a cabo el sendero dentro de los terrenos propiedad de la Universidad Intercultural Maya de Quintana Roo. Para finales de septiembre se inició la construcción, con el financiamiento de la Secretaría de Desarrollo Social (SEDESOL) se otorgó un apoyo económico a los mismos alumnos para que participaran en la construcción del sendero donde pondrían a prueba sus conocimientos para ejecutar esta obra. La apertura de la brecha que sería el sendero fue terminado a principios de diciembre del mismo año otorgándole el nombre en maya de *"Yaakunaj K'áax"* que literalmente en lengua española significa "selva amada o amor al monte".

En el 2011 se llevó a cabo el diagnóstico general del sendero, incluyendo un estudio de la flora y la fauna, socio-económico, del perfil del visitante actual, la identificación de los atractivos, así como potencial turístico. A partir de esta fecha y de tal estudio, se ha tenido una labor continua dentro del sendero entre los profesores y los estudiantes participantes del Programa Educativo de Turismo Alternativo. Se han detectado alrededor de 86 especies de flora dentro de las cuales destacan: el chaka' (*Bursera simaruba*), jabín (*Piscidia piscipula*), tzalam (*Lysiloma latisiliquum*) y el huano o

Xa'an en maya (*Sabal japa*). Respecto a la fauna, a la fecha se tiene un registro de 98 especies de aves, nueve mamíferos, seis reptiles y ocho mariposas.

Con base a los estudios de factibilidad, se determinó construir la infraestructura del sendero con materiales de la localidad: sascab, maderas, piedra, arcilla, graba, bejuco; de esta forma se genera un menor impacto al ambiente, al evitar introducir la menor cantidad posible de materias inorgánicas ajenas y se disminuyen los costos de inversión. Hasta el momento se cuenta con un cartel de inicio que introduce al visitante al sendero, señalamiento de apoyo que orienta el recorrido del visitante, tres carteles interpretativos (*Jaltun*, meliponario y orquidiario), un área de descanso (o sitio de acampado), la estructura de un puente, una plataforma para realizar observación de fauna, una casa maya como museo y un orquidiario. Todo esto con apoyo de los estudiantes de turismo, los cuales generan las propuestas y durante un semestre se dedican a desarrollarla y finalizarla, consiguen financiamiento o apoyo en especie e inclusive aportan mano de obra. Este proceso ha consolidado la comunicación social para una toma de concientización entre los estudiantes, lo que favorece su participación en el proceso de protección del patrimonio natural y cultural. Así, ha sido posible que el estudiante perciba y reconozca el contexto en el cual está insertado desde una perspectiva de producción de conocimientos y reconocimiento con relación a su entorno (Figura 2).

Figura 2. Estudiantes de turismo alternativo de la UIMQROO en el proceso de construcción de infraestructura en el sendero.

En el análisis cualitativo de los escritos y videos proporcionados por los alumnos, fue posible identificar dos aspectos de mayor importancia que para ellos se relacionan con su identidad: en primer lugar esta su casa, lugar en el cual se desarrolla la mayor parte de la actividad familiar y en segundo lugar su milpa. Se editaron y subieron a la red los videos para que puedan ser consultados[1].

En base a estos resultados se decidió incluir una reproducción de la casa maya (Figura 3) y su entorno, como el Ka'anche', que forma parte de la práctica de la horticultura para autoconsumo, consiste en la siembra de traspatio de una variedad de productos. Otro elemento importante es el meliponario y actualmente la milpa se encuentra en proceso de preparación. Para la edificación de la casa se recurrió a la consulta bibliográfica (Landa 1997; Hernández 1991).

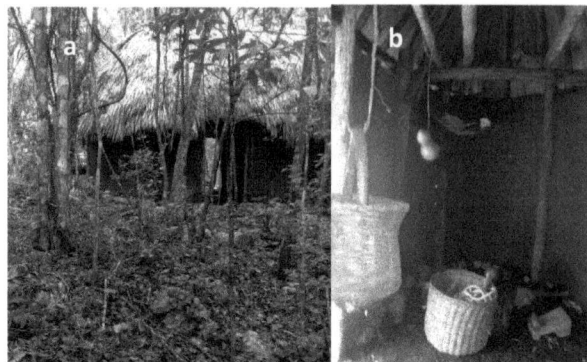

Figura 3. Casa Maya, a) vista exterior, b) vista interior

El área donde se encuentra desarrollándose esta propuesta, se caracteriza por conservar gran parte de la selva mediana subcaducifolia y subperennifolia del estado (Figura 4), y la propuesta del sendero no solo se ha planeado para que sea un lugar que integre un recorrido recreativo por un espacio natural, sino que se está concibiendo como un medio de apreciación de la importancia que tenía y tiene en la actualidad los recursos naturales que se presentan en la selva maya para los pobladores; por tanto se destacan aspectos naturales como el *Jaltún* (oquedad en la piedra que almacena agua), el cual ha sido un elemento de gran importancia para el asentamiento y desarrollo de la cultura maya (Figura 5). También se resalta la interacción con las plantas empleadas en diversas formas desde tiempos ancestrales, como medicina, ornato (orquidiario, Figura 6) y para su uso forestal o maderable.

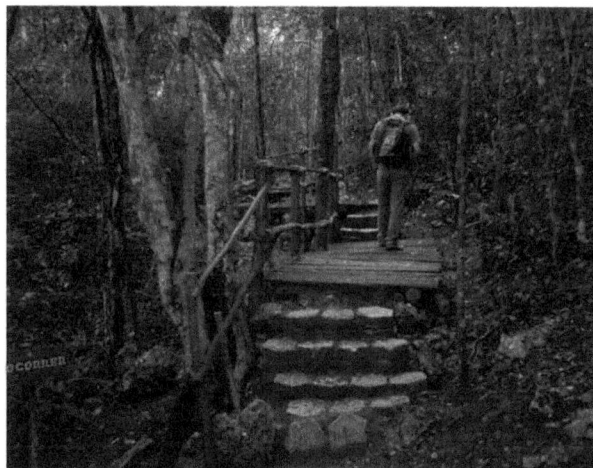

Figura 4. Imagen del sendero en la cual se aprecia el entorno natural.

[1]https://www.youtube.com/watch?v=KotwYk8KoQ&list=UUyiL6uKsP L7SaP9xlKFe5RA

Figura 5. Sarteneja o Jaltún

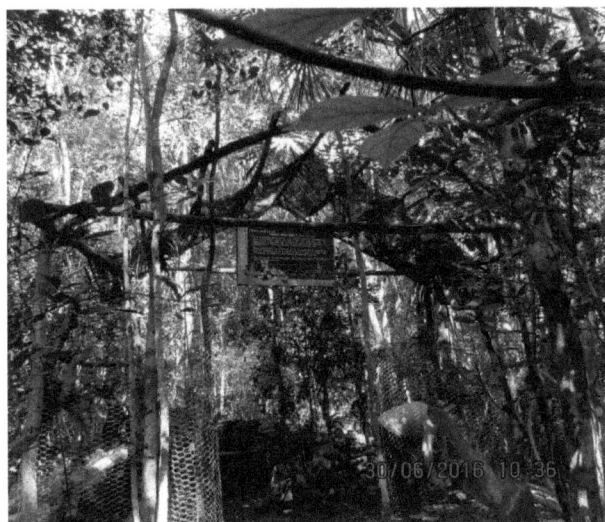

Figura 6. Orquidiario

Se ha integrado de igual forma la relación de la cultura maya con su biodiversidad a través de la meliponicultura, una de las formas productivas más antiguas de los mayas, en una de las estaciones se ha desarrollado un apiario.

Desde tiempos inmemorables, los grupos mayas se desarrollaron exitosamente en el arte de criar abejas. La *Melipona beecheii* es la única especie que ellos domesticaron, es un insecto conocido como "*xunankab*", estas abejas hacen nidos en trozos huecos de árbol llamados "*jobones*" (Pereira 2015). Entre los materiales arqueológicos es común encontrar discos de piedra de aproximadamente 10 cm de diámetro y 5 cm de alto, asociados a construcciones de tipo habitaciones, que son comúnmente identificadas como tapas de colmenas.

Los antiguos mayas lograron conformar extensos meliponarios, de los cuales obtenían considerables cantidades de miel empleada como alimento, medicina y ceremonias religiosas (De Jong 1999; Villanueva *et al.* 2003). Aun siendo una práctica tan antigua, la meliponicultura continúa vigente entre los habitantes de la región maya; originalmente la abeja "*xunancab*" era considerada como un regalo de los dioses y por ellos era cuidada y reverenciada por meliponicultores especialistas, gracias a esto la técnica cultivar la *Melipona beecheii* sigue siendo como en el pasado, sin embrago, actualmente se ha perdido el conocimiento del manejo de la abeja melipona, y los pocos productores que aun intentan reproducirla lo hacen en una etapa de desarrollo que no es el adecuado, por lo que generalmente pierden las colonias (Pereira 2015).

Tradicionalmente la meliponicultura se ha desarrollado en un sistema que se relaciona con el cultivo y el uso diversificado de plantas nativas en los huertos familiares, mismos que constituyen la forma más eficiente para la conservación de la biodiversidad. Las meliponas son un grupo de gran interés económico y una alta tradición de uso. En la actualidad es muy difícil hallar esta especie en estado silvestre debido a la reducción cada vez mayor de su hábitat: la selva caducifolia y la subcaducifolia, que están siendo severamente deterioradas por diversas causas (Pereira 2015).

Hoy en día dentro del ámbito científico el conocimiento popular está siendo revalorizado, tal es el caso de la apicultura, que trae muchos beneficios y ha sido una importante fuente de alimentos, medicinas y endulzante durante siglos, ha servido de transmisor de semillas de importantes cultivos además de tener usos medicinales y artesanales. Sin embrago, el conocimiento tradicional a cerca de los usos y beneficios de los productos de este tipo de abejas está en peligro debido a la reducción del contacto del ser humano con el entorno natural, por ello, el establecimiento de un meliponario didáctico tiene el objetivo de rescatar una práctica que se ha ido perdiendo así como promover la conservación de la especie *Melipona beecheei*, permitiendo reproducirla *in situ* para su posterior reintroducción en otros sitios, así como para fomentar su conocimiento a las futuras generaciones. Desarrollar y poner en marcha el meliponario (Figura 7) ha sido una propuesta importante debido a que es una actividad vital para la conservación y protección de las selvas y de la mayoría de los cultivos de los mayas. La meliponicultura se contempla como una propuesta de desarrollo rural para comercialización de los productos de la colmena donde particularmente a la miel se le da un gran valor medicinal por su efectividad para inhibir el crecimiento bacteriano de diversos patógenos (Dardon y Enríquez 2008). Actualmente la miel de Melipona es vendida alrededor de 100 pesos por 100 gramos siendo una importante fuente de ingresos para las familias Mayas conocedoras de ésta práctica.

Para garantizar el buen uso y aprovechamiento del ecomuseo, es necesario que sea sustentable, lo que implica que la conservación del patrimonio cultural debe armonizarse con la protección del medio ambiente y al mismo tiempo permitir el desarrollo económico-social de la población, lo que implica la autosuficiencia. Actualmente se está realizando el análisis de los costos que ha implicado la implementación del ecomuseo, para de esta forma establecer una cuota de recuperación a los visitantes externos a la población local, con la cual se pueda sostener el sitio y generar algún excedente para los estudiantes o personas locales que colaboren en él.

Figura 7. Meliponario.

Consideraciones finales

La creación de un ecomuseo favorece la actividad cultural de la localidad, por lo que en su realización intervienen una variedad de disciplinas, las cuales le aportan conocimientos y enriquecen la conservación del patrimonio a través del aprovechamiento de sus recursos con fines educativos y recreativos.

La integración de estudiantes a los proyectos comunitarios permiten un beneficio recíproco, ya que el alumno se involucra en la práctica del conocimiento y habilidades aprendidas en el aula y que al mismo tiempo le sirven como experiencia para la integración en los talleres de vinculación con la población, que favorezcan la identidad regional, propiciando el conocimiento y entendimiento entre estudiantes y comunidad.

Con este estudio proponemos un primer acercamiento a la difusión del patrimonio a través de actividades recreativas de turismo alternativo, que proporcione a los visitantes una forma atractiva de conocer el entorno natural y cultural de una comunidad maya. En futuros trabajos se pretende concluir con la infraestructura del sendero, la implementación de visitas escolares y publicar los resultados de los beneficios obtenidos por la comunidad en materia de sustentabilidad. Este tema tiene potencial como instrumento de análisis de patrimonio y turismo alternativo en funciones prácticas y cotidianas de una sociedad, así como de comparaciones a nivel local y regional.

Bibliografía

Casino, Pablo A. "Nueva Museología, hacia un nuevo paradigma," *Revista digital Nueva Museología*, 14 diciembre 2013, acceso junio 30, 2016, http://nuevamuseologia.net/wpcontent/uploads/2015/12/nuevop arafigma.pdf

Castellanos, Alicia y Jesús. A. Machuca. *Turismo, Identidades y Exclusión*, Primera edición, México D.F.: Universidad Autónoma Metropolitana-Iztapalapa, 2008.

Dardon, María J. y Eunice Enríquez, "Caracterización Fisicoquímica y antimicrobiana de la miel de nueve especies de abejas sin aguijón (Meliponini) de Guatemala,". *Interciencia*, 33, no.12 (2008): 916-922.

Delgadillo, Víctor. "Centros históricos de América Latina, riqueza patrimonial y pobreza social: la rehabilitación de vivienda en Buenos Aires, Ciudad de México y Quito". Tesis doctoral, Universidad Nacional Autónoma de México, 2005.

De Jong, John. "Land of Corn and Honey: The Keeping of Stingless Bees (Meliponiculture) in the Ethno-ecological Environment of Yucatán (México) and Salvador". Tesis de Doctorado, Utrecht University, 1999.

Fernández, Carlos. "El ecomuseo de sierra mágina: Una propuesta de desarrollo local a través del patrimonio," *SUMUNTÁN*, no. 20 (2004): 105-116.

Fray Diego de Landa. *Relación de las cosas de Yucatán*, México, D.F.: Editorial Porrúa, 1992.

Hernández, Concepción. *Posibilidades agrícolas de la costa oriental, inferencias del patrón de asentamiento arqueológico de Playa del Carmen, Quintana Roo, México. Homenaje a Julio César Olivé Negrete*. México: Subdirección de Salvamento Arqueológico, Instituto Nacional de Antropología de Historia, 1999.

Ortiz, Demián. "El ecomuseo: Un espacio comunitario para recordar, conocer y reinventar; Análisis y propuestas para su posible aplicación en Piedra Labrada, Veracruz". Tesis de licenciatura, Universidad Veracruzana, 2006.

Pereira, Ana L. "Abejas ancestrales, una mirada a la apicultura en Yucatán" *Revista de la Universidad Autónoma de Yucatán*, no 4 (2005): 86-91.

Vidal, Luz M. y José A. Moncada, "Los senderos de interpretación ambiental como elementos educativos y de conservación en Venezuela", *Revista de investigación*, no. 9 (2006): 41-63.

Villanueva, Rogel., Roubik, David., Colli-Ucán, Wilberto y Forsythe, Patrick S. "La Meliponicultura, una tradición maya que se pierde," Presentado en III Seminario Mesoamericano sobre abejas sin Aguijon, Tapachula Chiapas, México, 2003.

Zarate, Julia M. *Manual para la modificación de senderos interpretativos en ecoturismo: manual de capacitiación para la participación comunitaria*. México: GEM, TIES, Cuentas Sanas y Modo de Vida Sustentable Series de Manuales de Capacitación, s/n.

www.ingramcontent.com/pod-product-compliance
Lightning Source LLC
Chambersburg PA
CBHW061008030426
42334CB00033B/3411